A muchas personas les da miedo hacia dónde se encamina el mundo, y a menudo los cristianos parecen estar igual de asustados que el resto. Las visiones de Daniel mostraron a sus oyentes que no debían tener miedo, y los relatos sobre él y sus amigos ejemplificaron lo que significa ser valiente, franco y fiel. Chris Wright ha predicado asiduamente sobre Daniel, por lo cual es la persona idónea para ayudarnos a escuchar el mensaje del libro para el contexto acuciante de nuestras vidas presentes.

JOHN GOLDINGAY,
profesor, Seminario Teológico Fuller

Los vastos conocimientos que tiene Chris Wright del Antiguo Testamento, su soberbio don para exponerlos y su capacidad para aplicarlos de una forma relevante y práctica se combinan para producir este libro excelente sobre Daniel. Todo el que quiera vivir fielmente en una cultura que cada vez parece más ajena a los seguidores de Cristo encontrará en este libro una ayuda valiosísima.

PETER MAIDEN, director emérito internacional,
Operación Movilización; ministro general,
Keswick Ministries

Al igual que hizo antes que él su gran mentor y amigo, John Stott, Chris Wright tiene esa capacidad tan infrecuente de exponer al mismo tiempo la Palabra de Dios y el mundo de Dios. Los pastores, los líderes de grupos pequeños y los cristianos en general encontrarán en esta joya una exposición clara del texto de Daniel (lo cual no es fácil) y también un tesoro de ideas sobre cómo pueden vivir confiadamente los creyentes como minoría acosada en un mundo cada vez más secularizado. Este libro me indujo a releer Daniel y a predicar sus riquezas en mi propio ámbito. Además, el aroma internacional de las obras de

Chris significa que, sin duda, otros sentirán lo mismo dondequiera que vivan.

REVERENDO DR. JOHN DICKSON, autor y conferenciante; director fundador del Centre for Public Christianity; ministro sénior de St. Andrew's Roseville; socio honorífico del Departamento de Historia Antigua, Macquarie University, Australia

Este volumen, tremendamente accesible, enseña cómo Daniel, muy lejos de ser un libro para niños o una rareza bíblica, interpela directamente a las preguntas éticas más difíciles que tienen los cristianos contemporáneos. La atención cuidadosa que presta Wright a las palabras y a los detalles literarios, así como su imaginación pastoralmente respaldada, le permiten establecer una conexión genuina entre la Escritura y la experiencia vivida de personas tanto en las culturas del mundo mayoritario como en las del minoritario, de modo que podamos «conocer la historia en la que vivimos».

ELLEN F. DAVIS, profesora Amos Ragan Kearns de Biblia y Teología Práctica, The Divinity School, Duke University

Este es el tipo de libro que recomiendo a los predicadores. Está firmemente arraigado en la erudición bíblica más firme, pero también cumple la misión de escuchar el mensaje que Dios transmitió por medio de Daniel a los contemporáneos de este, de modo que podamos recibirlo también hoy. El mensaje de Daniel cobra vida cuando escuchamos lo que nos está diciendo el Espíritu en nuestro propio entorno misionero. Chris Wright no solo nos explica lo que dice el texto, sino que nos muestra qué intenta hacer este libro: moldear a un pueblo distintivo en medio de una cultura hostil, tanto entonces como ahora. Este libro encantador nos ayuda a leer y a predicar Daniel de una manera que es tanto fiel al contexto original como relevante para el presente.

MICHAEL W. GOHEEN, director de Teología,
Missional Training Center; Scholar in Residence,
Surge Network, Phoenix, Arizona

CÓMO *leer* DANIEL

Conservar la fe en el mundo actual

Christopher J. H. Wright

EDITORIAL CLIE
C/ Ferrocarril, 8
08232 Viladecavalls
(Barcelona) ESPAÑA
E-mail: clie@clie.es
http://www.clie.es

Publicado originalmente bajo el título *Hearing the Message of Daniel.* Copyright ©2017 por Christopher J. H. Wright. Publicado con permiso de Zondervan, Grand Rapids, Michigan.

Las versiones bíblicas usadas en esta obra han sido especificadas debidamente en el texto.

COMO LEER DANIEL
ISBN: 979-13-87625-18-4
Depósito legal: B 9850-2026
Estudios bíblicos
Antiguo Testamento - Poesía

Impreso en Estados Unidos de América / *Printed in the United States of America*

26 27 28 29 30 31 32 33 34 35 / TRM / 14 13 12 11 10 9 8 7 6 5 4 3 2 1

Para David y Rosemary Harley…
«pero incluso si no…».

ÍNDICE

PREFACIO

«*All Nations, enero–marzo de 1986*». Estas son las palabras escritas en la cabecera de la primera página de un puñado bastante manoseado de notas manuscritas. Son mis apuntes de la primera vez que prediqué sobre los capítulos del 1 al 7 de Daniel durante los cultos semanales en All Nations Christian College durante un permiso que me concedieron en mi ministerio en India, donde trabajaba con mi familia en el Seminario de la Unión Bíblica. Durante esos meses, All Nations nos proporcionó generosamente un alojamiento, y una parte del arreglo consistía en que diese algunas conferencias e hiciese algunas exposiciones del libro de Daniel cada miércoles por la mañana.

El director de All Nations en aquella época era David Harley, quien más tarde llegó a ser director internacional de OMF International en Singapur. Desde nuestros días en All Nations, cada vez que David y su esposa Rosemary me han saludado cuando nuestros caminos se cruzan, me recuerdan aquellas palabras: «Pero incluso si no...». Según parece, mi predicación sobre esas palabras que pronunciaron Sadrac, Mesac y Abed-nego en Daniel 3:17 y 18 produjeron una gran impresión en muchos de los alumnos de aquella época (o, como mínimo, en David y Rosemary). Por lo tanto, dado que este libro debe su origen distante a esa invitación de los Harley, se los dedico con afecto y gratitud por nuestros ministerios compartidos.

Como suele pasar, con el correr de los años, las exposiciones se reciclan, releen, repasan, amplían, actualizan y pronuncian en otras ocasiones. Volví a predicar sobre Daniel en el Union Biblical Seminary, y de nuevo en All Nations unos pocos años más tarde, cuando regresamos de India. La exposición de los capítulos 1 al 6 fue publicada en 1993 por Scripture Union, en una breve contribución a su serie Word for Today, bajo el título *Tested by Fire: Daniel 1 – 6: Solid Faith in Today's World.*[1] Ese libro, en su original en inglés, lleva años sin reimpresiones (aunque he visto que lo venden en Amazon por un céntimo), de modo que también estoy agradecido a Katya Covrett y a Zondervan por invitarme a devolverlo a la vida añadiendo secciones sobre el resto de los capítulos de Daniel, y a Nancy Erickson por su edición meticulosa de la versión final del manuscrito.

Debo añadir otras dos aclaraciones.

Primero, esto no es un comentario del libro de Daniel. Existen numerosos comentarios excelentes de este libro que ofrecen una exégesis detallada y un análisis exhaustivo de todos los temas que plantea el libro. Todo el que quiera estudiar Daniel en profundidad debe recurrir a esas fuentes. El libro que tienes entre las manos tuvo su origen en diversas predicaciones y conserva buena parte de ese estilo, aunque allanado

---

1 *N. del T.*: publicado en español por Publicaciones Andamio con el título *Probados por el fuego. Una fe sólida en medio del mundo actual* (1998).

ahora en su versión escrita. Como debería hacer toda predicación expositiva, intenta ser fiel a la línea argumental y al propósito del texto, explicar lo que debe explicarse (y omitir lo que no, lo cual siempre es un juicio subjetivo) y explorar qué respuesta al texto es idónea para nosotros dentro de nuestro propio contexto histórico y cultural.

Segundo, este libro no adopta una postura sobre las preguntas críticas de la unidad de Daniel, la datación de sus últimos capítulos o el libro en general. Está claro que el libro entero pretende ser de ánimo al pueblo de Dios en medio de unas culturas hostiles y amenazantes, y afirmar el control soberano de Dios sobre todo lo que sucede, incluso cuando los seres humanos caídos "hacen lo que les place" al ejercer sus propias voluntades rebeldes en oposición a Dios y a su pueblo. De modo que he intentado leer y exponer el libro desde su propia perspectiva y desde el ángulo de sus propias visiones. Quienes deseen escudriñar el debate académico sobre si las visiones de los últimos capítulos son realmente predictivas o una interpretación profética de sucesos pasados y presentes tendrán que consultar comentarios más extensos.

Entre los más útiles y exhaustivos de las últimas décadas figuran:

Baldwin, J. (1978). *Daniel: Tyndale Old Testament Commentaries*. Inter-Varsity Press.

Goldingay, J. E. (1989). *Daniel*. Word Biblical Commentary, 30. Word.

Lucas, E. C. (2002). *Daniel*. Apollos Old Testament Commentary. Apollos.

Wells, S. y Sumner, G. (2013). *Esther and Daniel*. Brazos Theological Commentary on the Bible. Brazos.

En un nivel expositivo más popular, como el de este libro, me han resultado de utilidad los siguientes libros:

Wallace, R. S. (2012). *Daniel.* Andamio Editorial.
Fernando, A. (2002). *Spiritual Living in a Secular World: Applying the Book of Daniel Today*. Monarch.
Reid, A. (1993). *Kingdoms in Conflict: Reading Daniel Today*. Aquila Press.

INTRODUCCIÓN

Después de haber renunciado a mis intentos de aprender a tocar bien el piano cuando era niño, siendo adolescente descubrí que sabía tocarlo de oído. A principios de la década de 1960 solía tocar el piano para todos los himnos y coritos del grupo de jóvenes de nuestra iglesia en Belfast, asesinando la mayoría de las melodías y forzando las voces de la mayoría de cantantes porque las ejecutaba solo con las dos o tres tonalidades que había conseguido dominar. Había un viejo himno que era muy popular —y que le resultaba fácil a un pianista aficionado como yo— titulado "El mundo no es mi hogar".[2]

Me gustaba tocar esa melodía pegadiza, pero en parte se debía a que me libraba de cantar la letra. Y es que, francamente, no me gustaba nada. Me parecía un contenido sentimentaloide, además de no ser del todo cierto. A mi idealismo juvenil le sonaba a puro escapismo. Recuerdo que pensaba:

---

[2] Reeves, J. (1962). "This World Is Not My Home". En *We Thank Thee*. RCA.

«Este mundo *es* mi hogar, y Dios me ha puesto en él con un propósito. O sea, los ángeles pueden ir y hacer señas a otro si les apetece: yo me quedo».

Pero aun así, claro está, la canción tiene su parte de razón. Este mundo *es* un territorio desconocido para el cristiano en un sentido: no el propio planeta Tierra, que es parte de la buena creación de Dios y es, en muchos sentidos, el hogar que él nos otorgó en la creación, sino "el mundo" tal como se describe a veces en la Biblia: el mundo de la humanidad organizado sin referencia a Dios y en rebelión contra él, el mundo como un lugar de caída y maldición, de maldad y pecado. *Ese* es el mundo del que hemos sido salvados, pero en el que tenemos que seguir viviendo. Ese es el mundo en el que no debemos "sentirnos como en casa".

Así que, en cierto sentido, sí, estamos "cruzando" ese mundo de pecado y de rebelión contra Dios. La metáfora del peregrinaje goza de un magnífico historial en la Biblia. Estamos en camino hacia algo mejor, aunque la Biblia no lo describe simplemente como un cielo allá arriba al morir, sino como una nueva creación en su totalidad: un cielo nuevo y una tierra nueva. De modo que vivimos *en* este mundo pero a la luz del destino que está más allá de él, un mundo nuevo liberado de la maldición del pecado y la maldad, un mundo en que podremos estar realmente "en casa" tal como Dios quiso.

El Nuevo Testamento mete una aguda cuña en esta tensión al hablar del reino de Dios en contraste y en conflicto con el reino de Satanás o los reinos de este mundo. Esta es la tensión primaria con la que tiene que vivir el cristiano. Seguimos *en el mundo, pero sin ser de él*; nos sentimos a gusto en el mundo porque sigue siendo propiedad de Dios, pero estamos alienados de él porque el propio mundo está alienado de Dios.

Entonces, ¿cómo puede el creyente vivir como ciudadano del reino de Dios mientras debe, al mismo tiempo, vivir sujeto a un reino terrenal? Más concretamente, ¿cómo puede el creyente dar testimonio de su fe (o incluso conservarla) en medio de una cultura extranjera y no cristiana, tanto si esto significa la cultura de alguna otra religión (p. ej., los países islámicos) como la cultura de Occidente, secular y cada vez más pagana? Especialmente, ¿cómo puede el creyente hacer esto si supone un precio alto de malentendidos, sufrimientos, amenazas o incluso la muerte?

Algunos cristianos en India me han dicho, con total seriedad, que es simplemente imposible dedicarse a un negocio y mantener los estándares de integridad plenamente bíblicos. Sea lo que fuere que *quieras* hacer, el negocio no puede funcionar sin el soborno y la corrupción que tiene lugar tras bambalinas. O, muy abiertamente, otros me han dicho que *es* posible hacerlo, pero solo con una gran dosis de fe y de valor. En algunas partes de India, los cristianos que se niegan a participar en los festivales hindúes del barrio o contribuir económicamente a ellos se enfrentan a la intimidación personal y al grave vandalismo contra sus hogares y sus propiedades.

Los maestros británicos señalan el clima de hostilidad y a veces la amenaza de acciones disciplinarias que penden sobre todo compromiso de fe cristiano declarado, al que se puede acusar de adoctrinamiento o intolerancia. Ahora se da por hecho que todo tipo de compromiso cristiano implica intolerancia, sobre todo en el área de la ética sexual. Y en el Reino Unido actual, los líderes políticos afirman abiertamente que "no toleraremos la intolerancia". Conozco a una cristiana que renunció a su empleo cuando descubrió que entre las expectativas de sus jefes estaba que aceptara las propuestas sexuales de los clientes como parte del proceso de firmar contratos. En Irlanda del Norte, una panadería que gestionaba una pareja cristiana fue condenada ante un tribunal por incumplir la legislación "igualitaria" porque rehusaron elaborar un pastel de bodas para una pareja del mismo género que debía llevar glaseadas las palabras "Respalda el matrimonio gay". Actuar conforme a su conciencia podía suponerles la pérdida de su negocio. Podría dar muchos más ejemplos de este tipo de hostilidad y de exclusión de baja intensidad. Y, por supuesto, son naderías comparadas con los ataques crueles y homicidas contra cristianos en Pakistán, Nigeria, Kenia, Egipto, Siria e Iraq, así como en otros lugares.

Estos problemas no son nada nuevo. Los cristianos los han soportado desde los leones de Nerón e incluso antes. Los judíos también se han enfrentado a estas cuestiones a lo largo de toda su historia, y en las ocasiones más trágicas, han soportado la persecución horrenda de Estados que se llamaban cristianos. Por eso no es de extrañar que la Biblia preste mucha atención a estos temas. El libro de Daniel aborda el problema directamente, tanto en los relatos sobre Daniel y sus amigos como al respecto de las visiones que recibió. Un tema central del libro es cómo las personas que adoran al Dios único, vivo y verdadero (el Dios de Israel) pueden vivir, trabajar y permanecer en medio de una nación, una cultura y un gobierno que son hostiles y que, en ocasiones, ponen en peligro la vida. Todo esto constituirá la materia de nuestro libro. ¿Qué significa vivir como creyentes en medio de un Estado y una cultura no cristianos? ¿Cómo podemos vivir "en el mundo", pero sin dejar que nos controle y nos meta a presión en el molde de sus propios valores y supuestos caídos?

Por supuesto, el libro de Daniel se ha usado para muchos otros propósitos —sobre todo a manos de quienes están dotados para la aritmética y tienen una fascinación por describir de antemano el fin del mundo—. Esto no es lo que me interesa en este libro. Parece que las personas que recurren a las matemáticas bíblicas complejas para formular predicciones detalladas acaban siempre teniendo que revisar sus cuentas. Existen casi tantas versiones del significado de todos los números que aparecen en el libro como números hay. En cualquier caso, el Nuevo Testamento nos dice que "el fin del mundo" (una expresión que, en realidad, no es muy útil) será un evento sorprendente e impredecible, quizá sobre todo para aquellos que lo han determinado con tanta precisión. En la década de 1970 surgieron muchas predicciones confiadas "sobre el fin del mundo" —basadas con inteligente plausibilidad en lecturas de Daniel y de Ezequiel— que decían que la Unión Soviética invadiría Israel y conduciría al mundo a la última gran batalla de Armagedón. Parece que nos lo hemos perdido, dado que la Unión Soviética ya no existe. Pero la industria de las predicciones "de los últimos tiempos" sigue avanzando a pesar de todo.

De modo que dejaremos ese escrutinio del futuro a los astrólogos y a los magos, como los que cruzan el escenario del libro de Daniel con semejante futilidad despreciable, y abordaremos en cambio las preguntas de nuestra vida y de nuestra misión como pueblo de Dios aquí y ahora, como hicieron Daniel y sus amigos. El libro fue escrito para animar a los creyentes a tener presente que el futuro, por más aterrador que pueda llegar a ser, está en manos del Señor Dios soberano; y para que continúen, desde esa certeza, con la desafiante tarea de vivir en el mundo de Dios en favor de la misión de Dios.

CAPÍTULO 1

COMPROMISO O CONFRONTACIÓN

El mundo se estaba viniendo abajo. Eso es lo que debió parecerles a las personas que vivieron los sucesos que se resumen en Daniel 1.

> En el año tercero del reinado de Joacim rey de Judá, vino Nabucodonosor rey de Babilonia a Jerusalén, y la sitió. Y el Señor entregó en sus manos a Joacim rey de Judá, y parte de los utensilios de la casa de Dios; y los trajo a tierra de Sinar, a la casa de su dios, y colocó los utensilios en la casa del tesoro de su dios. (Dn 1:1, 2)

Este pasaje se lee como la plasmación directa de un hecho, pero deja muchas cosas por decir, que es necesario exponer al lector moderno si queremos sentir el impacto pleno de los eventos arrolladores que subyacen en el libro.

Un choque de imperios (1:1)

Todo sucedió poco más de 600 años antes de Cristo. En la zona del mundo que hoy llamamos Oriente Medio (aunque los historiadores del período se refieran a ella como Antiguo Oriente Próximo), un imperio vastísimo se estaba desmoronando. Asiria había dominado esa parte del mundo durante 150 años, un siglo y medio de gobierno fuerte, centralizado, militar, que había aplastado a muchas naciones pequeñas durante sus conquistas implacables. El corazón del Imperio asirio era la región que hoy llamamos norte de Iraq y noreste de Siria, la misma región que en el momento en que escribo esto se encuentra sometida al llamado Estado Islámico (ISIS o ISIL). Asiria también tenía fama de ser un régimen duro e intransigente, y de tratar con brutalidad a quienes consideraba sus enemigos.

Entre las pequeñas naciones que habían sido destruidas se contaba Israel, el reino del norte, y su capital, Samaria. Aquel reino había sido aplastado, y su población esparcida a los cuatro vientos poco más de cien años antes, en el 721 a. C. El reino del sur, Judá, con su capital, Jerusalén, se había librado de aquel destino en aquel momento, pero durante más de un siglo había sido poco más que un país vasallo dentro del Imperio asirio.

Pero ahora la propia Asiria se estaba viniendo abajo. Toda la región estaba inmersa en el caos (parece ser que las cosas no cambian mucho en esa zona del mundo). De forma parecida a Europa en 1989–90, cuando el colapso de la Unión Soviética condujo al resurgimiento de los numerosos Estados que habían formado parte de ella y que nuevamente obtuvieron su independencia, el colapso de Asiria llevó al recrudecimiento del nacionalismo entre los pequeños Estados como Judá.

Sin embargo, había una nueva potencia creciente en el mapamundi. Babilonia, bajo el enérgico liderazgo de un rey joven,

Nabucodonosor, empujaba desde la esquina sur del valle mesopotámico. Pero en el otro extremo del mapa, la gran potencia occidental, Egipto, percibió que era el momento adecuado para restablecer su antiguo dominio sobre la región. De modo que en el 609 a. C., el rey egipcio, el faraón Neco, marchó con su ejército atravesando Palestina con la intención de ayudar a Asiria contra aquella nueva amenaza, Babilonia.

El rey de Judá en aquella época era Josías. Este ya estaba dando pasos para consolidar la independencia de Judá frente a Asiria. Por eso no tenía ningún deseo de que se demorase el tan anhelado colapso del aborrecido Imperio asirio. Así que Josías salió con su propio ejército para intentar impedir que el faraón Neco acudiese en ayuda de los asirios. Fue un gesto bien intencionado, pero inútil. Su ejército, en una tremenda inferioridad numérica, se encontró con los egipcios en Meguido (cerca del monte Carmelo) y fue derrotado. El propio Josías murió en la batalla. El faraón Neco capturó al hijo y heredero de Josías, Salum (también llamado Conías), y lo deportó a Egipto. Entonces colocó a Joacim en el trono de Jerusalén. Este es el rey que se menciona aquí, en Daniel 1:1. Joacim empezó su reinado en el 609 a. C. siendo, en la práctica, un vasallo de Egipto, aunque esa situación no duró mucho.

Nabucodonosor frustró el intento egipcio de saquear los restos moribundos del Imperio asirio. Derrotó contundentemente a Egipto en la batalla de Carquemis en el 605 a. C. Como resultado de esa batalla, Babilonia se convirtió en la potencia dominante de Mesopotamia y de toda Asia occidental, y siguió siéndolo durante más o menos los setenta años siguientes. Puedes leer el breve relato de este periodo de la historia de Israel en 2 Reyes 23:29-35.

Ese fue el final de una era y el principio de otra nueva. Los Estados más pequeños de la región tuvieron que someterse a la autoridad de Babilonia, y Judá fue uno de esos Estados. Poco después de su victoria en Carquemis, Nabucodonosor avanzó hacia el sur y amenazó Jerusalén. En esa ocasión tomó un número reducido de cautivos y los llevó a Babilonia, probablemente como rehenes para garantizar el buen comportamiento de ese nuevo Estado vasallo.

Entre esos primeros exiliados estaban Daniel y sus tres amigos, que en aquella época seguramente eran meros adolescentes. Es probable que los hubieran estado formando para el servicio religioso o gubernamental en Jerusalén. La expectativa era que en el futuro encontrasen empleo al servicio del Dios de Israel en la ciudad de David. En cambio, sin previo aviso, se vieron a 1600 km de su hogar, desgajados de todo lo que conocían y arrojados en medio de un Estado pagano, gentil y enemigo. En torno a ellos solo había extranjeros, un idioma desconocido, una cultura ajena y, lo peor de todo, dioses e ídolos en abundancia. Debió de ser una experiencia horripilante y traumática para aquellos chicos. Pocos años después de los acontecimientos descritos en Daniel 1:1 y 2, las cosas se pondrían aún peor.

En el 597 a. C., Joacim se rebeló contra Babilonia. Cuando Nabucodonosor se acercó a la ciudad en busca de retribución, Joacim falleció (o fue asesinado) convenientemente. Su hijo, el siguiente rey, Joaquín, tuvo la prudencia de rendirse ante Nabucodonosor, que perdonó la ciudad, pero no a él. Nabucodonosor se llevó a Joaquín al exilio en Babilonia junto con un gran número de los líderes esenciales del país, la llamada "primera deportación" (aunque, para hablar con propiedad, a la luz de otra más reducida que tuvo lugar en el 605 a. C., esta fue la segunda). Entre ese grupo de exiliados se contaba un joven llamado Ezequiel, al que cinco años más tarde Dios llamaría a ser profeta.

Nabucodonosor puso a Sedequías como rey en Jerusalén, esperando que se comportase con mayor sabiduría. Lamentablemente, no lo hizo. Diez años más tarde, a pesar de las advertencias y los avisos de Jeremías, volvió a rebelarse. Esta vez Nabucodonosor no perdonó nada ni a nadie. Sitió Jerusalén y, después de dieciocho meses de grandes sufrimientos, hambruna y enfermedad, su ejército atravesó las murallas en el 587 a. C. y se extendió por la ciudad, matando a todo el mundo a medida que avanzaba. Los soldados saquearon el templo y luego lo quemaron. Destruyeron e incendiaron la ciudad de David, reduciéndola a escombros y cenizas. Luego arrastraron al exilio a la mayor parte de la población, incluyendo al rey Sedequías. Solo se permitió permanecer en el territorio a los más pobres, incluyendo a Jeremías, y al final incluso ellos huyeron a Egipto. Fue el suceso más traumático de la historia del Antiguo Testamento, y el agudo horror de la situación se plasmó en el memorial de la poesía lastimera de Lamentaciones.

La fe en medio de una crisis histórica (1:2)

¿Por qué había pasado todo esto? El versículo 2 nos ofrece una respuesta increíblemente directa: «El Señor» —es decir, Yahvé, el Dios de Israel— «entregó en sus manos [de Nabucodonosor] a Joacim rey de Judá».

¡Lo hizo Dios!

«¡Pues claro que lo hizo!», decimos nosotros. Sabemos esto porque hemos leído a los profetas y estos no dejaron de anunciar al pueblo de Israel que Dios los iba a castigar por medio de sus enemigos. Podemos contemplar la historia con el beneficio de la mirada retrospectiva. ¿La caída de Jerusalén? ¿El exilio? Después de muchas advertencias, Dios al final ejecutó su juicio.

Pero en aquella época no había muchas personas en Judá que hubieran leído a los profetas. E incluso cuando tuvieron la oportunidad de escuchar a profetas como Jeremías, normalmente no les hicieron ningún caso —o más bien prefirieron escuchar a otros profetas que transmitían un mensaje más agradable—. Es decir, que en mitad de la turbulencia política y el postureo internacional durante la última década de la vida de Judá y los primeros años del exilio, para muchas personas aquella situación debió de ser algo tan sorprendente como inconcebible.

Mientras intentaban encontrar sentido a los sucesos del momento, se plantearon una montaña de preguntas. ¿Cómo podía el Dios de Israel permitir que tratasen así a su pueblo? ¿Es que Yahvé había encontrado la horma de su zapato? ¿Se había vuelto viejo y débil? ¿Es que los dioses babilónicos eran más jóvenes y fuertes? ¿No sería más sensato entonces seguir la corriente y pasarse a la adoración de los dioses de Babilonia? O si, tal como afirmaba Jeremías, realmente había sido Yahvé quien había hecho eso a su propio pueblo, ¿no era desleal e injusto? (Ezequiel abordó esta queja en el capítulo 18 de su libro). E incluso si, de alguna manera, merecían el juicio por haber cometido el pecado de incumplir el pacto, ¿acaso el castigo no era demasiado severo, no superaba los límites de lo que se podía soportar y, peor aún, aceptar? Ese es el talante de Lamentaciones.

Y quizá la pregunta más dura a la que se enfrentaban quienes aceptaban las palabras de los profetas (que era Dios quien había hecho aquello) era la siguiente: ¿había alguna esperanza para el futuro? Si Dios había derramado su juicio sobre Israel, ¿había algún lugar donde buscar refugio? Si se había roto el pacto, ¿ya no se podría arreglar? ¿De verdad aquel era el fin de Israel como el pueblo de Yahvé Dios?

¿Y qué pasaba con los propósitos de Dios *por medio de* Israel? Los israelitas creían que Dios los había convertido en una nación para que fuesen el medio por el que el resto de las naciones experimentasen las bendiciones de Dios. Esta idea se había incorporado a la promesa que Dios hizo a Abraham (Gn 12:1-3), y fue el motivo por el que Dios había forjado una relación tan estrecha con Israel. Aquella era la idea tras la presencia de Dios en su templo y del significado más profundo de todos los objetos sagrados que formaban parte de su mobiliario. Dios era *el Dios de Israel* para demostrar en última instancia que era *el Dios de toda la tierra.* Muchos de los salmos entonados en el templo celebraban esta creencia. Entonces, ¿cómo debía interpretar el pueblo el hecho de que esos mismos objetos asociados con la adoración del Dios viviente hubieran sido robados por un rey pagano y, peor aún, colocados en el templo de *su* dios (v. 2)?

Aquel templo pagano se alzaba en la tierra de Sinar. Esta es la palabra hebrea que la NVI traduce como "Babilonia" en el versículo 2 (como vemos en las notas al pie). Era un nombre inusual para aquella región del mundo, usado primero para describir la tierra donde se había edificado la torre de Babel (Gn 11:1-9). Era como una especie de funesto salto en el tiempo, como si Dios hubiese dado marcha atrás a la historia llevando a Israel a un momento justo antes de que nadie oyese hablar de Abraham, de vuelta a la tierra que Dios ordenó *abandonar* a Abraham. Sin duda algo estaba mal, muy mal. Todo avanzaba hacia atrás. La historia parecía fuera de control, ¿o acaso Dios lo había perdido?

Daba la sensación de que se había abierto una enorme brecha entre su fe, por un lado, y los sucesos mundiales, por el otro, de modo que los eventos parecían contradecir directamente su fe. Y así llegaron a la demoledora pregunta final: ¿Dios sigue teniendo el control de todo? Cuando sobreviene la catástrofe, ¿sigue siendo soberano? ¿Podemos aceptar la libertad que tiene Dios para actuar como quiera, incluso cuando hace algo que parece contradecir sus propósitos o, como mínimo, ir en contra de lo que *pensábamos* que era su voluntad?

A los cristianos no les costó ningún esfuerzo hablar de la mano de Dios al presenciar el colapso de las dictaduras comunistas europeas y la caída del Muro de Berlín en 1989–90.

Sin embargo, no les fue tan fácil comprender por qué Dios permitió que una Unión Soviética atea impusiera el telón de acero. Resultó especialmente difícil para aquellos que pensaban que el espantoso precio de la Segunda Guerra Mundial fue aceptable para librar a Europa de la tiranía nazi... solo para ver cómo fue sustituida por otra tiranía que duró incluso más tiempo. ¿Cómo reconciliar esos sucesos con la voluntad de Dios? ¿Dónde estaba Dios cuando tantos cristianos padecían bajo las dictaduras comunistas?

Si creemos que Dios ha mandado a los cristianos a extender el evangelio, y que el propósito divino es que la iglesia dé testimonio a todas las naciones y crezca en medio de ellas, ¿cómo podemos reconciliar esto con el hecho de que permite que tantos países cierren sus puertas a los misioneros cristianos y que restrinjan o prohíban las actividades de los cristianos?

Cuando la China comunista expulsó a todos los misioneros cristianos a principios de la década de 1950, esto produjo ondas de choque por toda la iglesia, porque China era uno de los mayores "campos de misión" de aquella época. Yo me crie en un hogar de misioneros en Belfast, Irlanda del Norte. Antes de que yo naciera (el más pequeño de cuatro hermanos), mis padres habían sido misioneros en Brasil durante veinte años. Soy lo bastante mayor como para acordarme de que, en aquella época, los adultos se ponían muy nerviosos y hablaban en susurros de las cosas terribles que estaban pasando en China. Si crees que Dios desea que la misión crezca hasta los confines de la tierra, y si crees que Dios tiene el control del mundo, ¿cómo asimilarás que Dios permita que la misión sea arrollada en la nación más grande del mundo? Al mirar atrás ahora vemos que el final de las misiones *occidentales* en China no supuso el final de *la misión de Dios* en ese país, ni tampoco significó el final de la iglesia en él. De hecho, actualmente hay más cristianos que adoran a Dios cada domingo en las iglesias de China de los que hay en toda Europa occidental en conjunto.

Todo eso lo vemos *ahora*, pero en aquel momento supuso un golpe demoledor. ¿Por qué permite Dios tales cosas?

Hoy en día, la amenaza más implacable para la presencia cristiana en una región del mundo tiene lugar en Oriente Próximo (la misma región gobernada en otro tiempo por Asiria). Las comunidades cristianas que han vivido y preservado su fe allí durante dos mil años están siendo brutalmente asesinadas, exiliadas o sometidas mediante humillaciones. Una vez más, nos cuesta entender cómo Dios puede permitir que sucedan tales cosas a su propio pueblo. ¿Cómo podemos aferrarnos a una fe que afirma la soberanía de Dios? ¿Cómo y dónde podemos discernir las señales del reino de Dios en medio de un sufrimiento y una pérdida tan atroces?

Tengo muchos amigos árabes que son cristianos y viven en esa zona. Escribí a uno de ellos para formular precisamente estas preguntas. En mi mensaje me preguntaba si quizá dentro de cincuenta años podremos echar la vista atrás y ver que Dios estaba obrando incluso en medio de la persecución, como pasó en China. Uno de mis amigos me respondió lo siguiente:

> Creo que, como cristianos árabes, no necesitamos esperar cincuenta años para ver que Dios está obrando. Lo que está sucediendo actualmente en Oriente Medio y en el norte de África, en medio de las tragedias de la llamada Primavera Árabe, escapa realmente a la imaginación. Déjame que te mencione algunos ejemplos.
>
> Nunca ha habido un intento serio de predicar a los musulmanes que vivían en las áreas estrictas y fundamentalistas de Siria. Para los cristianos sirios era casi imposible hacer esto debido a muchos factores religiosos y políticos. Pero ahora, con más de un millón de refugiados, la mayoría de ellos procedente de esas áreas, la iglesia en el Líbano ha podido acercarse a ellos con el mensaje del evangelio. No hace mucho prediqué en una iglesia de una ciudad cercana a la frontera con Siria; el 80 por ciento de los asistentes era musulmán, y en torno al 30 por ciento de ellos

> ya ha entregado sus vidas a Jesucristo. Una mujer le dijo a mi esposa: «Lo más sorprendente que nos ha sucedido no ha sido huir de la muerte y de la destrucción en nuestra ciudad de Siria, sino encontrar al Mesías Jesús, que ha transformado nuestras mentes y nuestros corazones».

Por supuesto, no sugiero ni por un instante que esas oportunidades para la predicación del evangelio hagan que esos acontecimientos sean buenos en sí mismos. El mal es el mal, y eso es tan cierto al respecto de quienes persiguen a los cristianos hoy como lo fue al respecto de quienes destruyeron Jerusalén en el 587 a. C. Pero creemos en el Dios cuya bondad y cuyos propósitos redentores triunfan al final sobre el mal, y que pueden incluso hacer que lo que iba destinado a producir el mal sirva a la causa del evangelio. Es la misma fe de José, quien pudo decir francamente a sus hermanos que lo que le hicieron (y pretendían hacer) fue "para mal". Pero por detrás de todo eso, Dios «lo encaminó a bien, para hacer lo que vemos hoy, para mantener en vida a mucho pueblo» (Gn 50:20).

El libro de Daniel empieza, entonces, con este tipo de contradicción entre la fe y los hechos. Prosigue luego mostrándonos la respuesta de unos jóvenes que vivieron la situación y quienes, a pesar de todo, consiguieron no solo sobrevivir, sino adaptarse a los nuevos hechos y mantener la integridad de su fe. Su Dios, fueron capaces de afirmar, seguía teniendo el control, incluso en un mundo que parecía haberlo perdido.

La fe en medio de una crisis personal (1:3-20)

La crisis internacional que había engullido su mundo también arrojó a Daniel y a sus amigos a una crisis cultural y personal que, a pesar de ser en aquel momento muy jóvenes, los puso duramente a prueba. Tuvieron que enfrentarse no solo al hecho de *vivir* en Babilonia, sino también a la exigencia de entrar al servicio de su administración política. Esto se debió a la política gubernamental de Nabucodonosor.

> Y dijo el rey a Aspenaz, jefe de sus eunucos, que trajese de los hijos de Israel, del linaje real de los príncipes, muchachos en quienes no hubiese tacha alguna, de buen parecer, enseñados en toda sabiduría, sabios en ciencia y de buen entendimiento, e idóneos para estar en el palacio del rey; y que les enseñase las letras y la lengua de los caldeos. Y les señaló el rey ración para cada día, de la provisión de la comida del rey, y del vino que él bebía; y que los criase tres años, para que al fin de ellos se presentasen delante del rey. Entre estos estaban Daniel, Ananías, Misael y Azarías, de los hijos de Judá. A estos el jefe de los eunucos puso nombres: puso a Daniel, Beltsasar; a Ananías, Sadrac; a Misael, Mesac; y a Azarías, Abed-nego. (Dn 1:3-7)

Nabucodonosor decidió ofrecer una reeducación cultural a la flor y nata de las poblaciones que había conquistado, y luego ponerla al servicio de su nuevo y creciente Estado. Quizá fue similar a la manera en que el Imperio británico proveyó educación inglesa a una élite de "nativos" en países como la India, de modo que pudiera haber una clase de administradores competentes que se ocupase de los asuntos civiles rutinarios bajo el gobierno imperial. Parece un acto generoso, y sin duda hubo algunos (como en la India británica) que se mostraron agradecidos por la educación y las oportunidades que obtuvieron. Por supuesto, ese proceder creó al mismo tiempo distancia entre los beneficiarios y el resto de la población; fue una táctica subversiva de privilegio que el poder imperial podía explotar para su propio beneficio.

Nabucodonosor fue concreto al respecto del tipo de personas que quería: deberían estar física e intelectualmente preparadas para el servicio. Daniel y sus amigos tenían esas cualidades —que los habrían abocado al servicio de Dios y del gobierno en Jerusalén, pero que ahora, por un giro cruel del destino, estaban a disposición del rey que pronto destruiría su ciudad natal—.

El curso para obtener el diploma de servicio gubernamental de Nabucodonosor duró tres años, e incluía cuatro elementos:

1. La formación en el idioma, la cultura y otros conocimientos babilónicos.
2. La manutención a cargo del Estado.
3. Una carrera en la administración política del Imperio babilónico.
4. La sustitución de sus nombres étnicos propios por otros babilónicos.

Para unos jóvenes que se habían criado en Jerusalén, esto exigió un cambio cultural y una reorientación descomunales. Seguro que lucharon arduamente con sus conciencias a la hora de decidir cómo reaccionar. ¿Podrían aceptar esas nuevas disposiciones? ¿Estarían comprometiendo su fe en Yahvé o incluso cometiendo idolatría al someterse a semejante programa?

Y, en definitiva, ¿es que tenían elección? Pues la verdad es que sí. Podrían haber elegido el camino del rechazo total, que podría haber acabado en su martirio. Habrían así pasado a la historia como parte de la larga lista de aquellos que han muerto por su fe y sus convicciones. No es que les faltase coraje para optar por semejante camino. Sabemos esto porque más adelante, en los capítulos 3 y 6, descubrimos que los cuatro, en ocasiones distintas, estuvieron dispuestos a morir en caso de ser necesario. Pero en vez de eso descubrimos que aceptaron tres de los cuatro requisitos. La mayoría de los sermones que escuché de joven sobre este capítulo de Daniel enfatizaba el rechazo negativo, la valiente firmeza de Daniel y de sus amigos. Los predicadores y los líderes de estudio bíblico nunca comentaron el notable grado de *aceptación* que evidenciaron. Antes de decir "no", en tres ocasiones dijeron "sí".

Dijeron "sí" a una educación pagana

Les iban a enseñar «las letras y la lengua de los caldeos» (Dn 1:4b). Es decir, que recibirían una reeducación completa en cultura y civilización babilónicas. Ahora bien, la civilización mesopotámica era una de las más antiguas y avanzadas del mundo antiguo. Había realizado grandes progresos en literatura, matemáticas, astronomía y ciencia primitiva. Pero también estaba ligada a todas las características del politeísmo, es decir, una religión con muchos dioses e ídolos. Estaba repleta de magia y prácticas ocultistas. Estaba especialmente obsesionada con la astrología y con todas las supersticiones que acompañan a esa seudociencia antigua. De modo que la educación babilónica tenía, claramente, un poco de todo. Buena parte se podía aceptar como un éxito del esfuerzo humano, pero muchos otros aspectos, desde el punto de vista del monoteísmo judío, habrían sido desagradables (como mínimo) y ofensivos e idolátricos (como máximo). La educación babilónica se basaba en una cosmovisión religiosa y cultural que difería fundamentalmente en muchos puntos de la fe del Israel del Antiguo Testamento.

No obstante, aquellos adolescentes judíos no solo se aplicaron al estudio, sino que incluso destacaron en él y obtuvieron una nota final en sus exámenes orales ¡superior a la de sus iguales babilonios! Esto, por sí solo, fue una verdadera hazaña. El idioma babilónico empleaba un alfabeto cuneiforme con cientos de símbolos semejantes a rasguños, un sistema mucho más complejo que el lenguaje alfabético hebreo. También debió ser una dura prueba espiritual, dado que muchos de los textos de la literatura babilónica eran religiosos, llenos de los dioses y rituales de Babilonia.

Y aun así nuestro texto nos dice que no solo trabajaron duro en sus estudios, sino que el propio Dios les dio la comprensión de todo lo que estaban aprendiendo. Esto también es notable.

Dios les ayudó a entender cosas que, en realidad, ¡contradecían lo que su fe les decía sobre Dios! Tenían la necesidad de saber qué creían los babilonios; no hacía falta que ellos mismos lo creyeran. Sin duda ahí hay una lección que expresa el desafío que supone vivir como creyentes dentro de la cultura secular. Tenemos que comprender la cultura en la que vivimos sin que eso signifique compartir su sistema ideológico.

> A estos cuatro muchachos Dios les dio conocimiento e inteligencia en todas las letras y ciencias; y Daniel tuvo entendimiento en toda visión y sueños. Pasados, pues, los días al fin de los cuales había dicho el rey que los trajesen, el jefe de los eunucos los trajo delante de Nabucodonosor. Y el rey habló con ellos, y no fueron hallados entre todos ellos otros como Daniel, Ananías, Misael y Azarías; así, pues, estuvieron delante del rey. En todo asunto de sabiduría e inteligencia que el rey les consultó, los halló diez veces mejores que todos los magos y astrólogos que había en todo su reino. (Dn 1:17-20)

El hecho de que en los siguientes capítulos los veamos manteniéndose firmes en su fe y resistiendo a la idolatría debe significar que el fundamento que de niños tuvieron en la fe de Israel fue lo bastante sólido como para resistir el currículo universitario babilónico. Se dedicaron a sus estudios objetiva y críticamente. Podían aprender todo lo que tenía que enseñarles, pero no tenían por qué creer en todo lo que asumía. Podían dominar su contenido sin creer sus mentiras. Además, la educación en la que sobresalieron les dio acceso a cargos sociales y gubernamentales desde los que pudieron ejercer una influencia notable.

Algunos cristianos tienen una línea de pensamiento que les dicta que los creyentes deberían tener un sistema educativo totalmente separado. Se dice que los supuestos humanistas y seculares sobre los que se basan nuestras escuelas y universidades occidentales no encajan con el concepto bíblico de la verdad. De modo que, o bien deberíamos educar a nuestros hijos en casa, o fundar centros educativos y universidades cristianas, donde todo el currículo se estructure sobre los cimientos de convicciones bíblicas. Conozco a personas que creen esto y actúan en consecuencia, y respeto su punto de vista. Estoy seguro de que hay lugar para escuelas, institutos y universidades cristianos, si realmente estos saben qué pretenden hacer. Pero no estoy tan convencido de que sea la única manera legítima de responder a la creciente secularización (y paganización) de la cultura occidental que nos rodea.

Me parece que lo que realmente cuenta no es proteger a los jóvenes del paganismo secular de nuestra cultura al apartarlos de todo contacto con ella, sino más bien enseñarles a ejercer un discernimiento informado de modo que, desde la posición de una fe firme y de un conocimiento bíblico, puedan interactuar con ella y distinguir lo que es bueno de lo que es malo. *Este* es el trabajo del hogar cristiano y de la iglesia (y, cuando sea pertinente, de las instituciones educativas cristianas), un trabajo en el que tristemente fracasamos a menudo. Porque ¿cómo pueden hacer los cristianos que la verdad bíblica sea relevante para las necesidades y las preguntas de nuestra cultura pagana a menos que entiendan no solo el evangelio, sino también esa cultura? Esto es lo que John Stott solía llamar "doble escucha", es decir, que tenemos que escuchar la Palabra de Dios y también el mundo que nos rodea. Escuchamos la Palabra de Dios para creerla, someternos a ella y obedecerla (o más bien para obedecer a Dios por medio de la atención prestada a las Escrituras). Pero también escuchamos al mundo, no para someternos o adaptarnos a él, sino para comprenderlo de modo que podamos transmitir coherentemente el mensaje y relacionar el evangelio con él.

Siempre me he sentido agradecido por el hecho de que nuestros hijos pasaran parte de su educación (cinco años) en escuelas indias, relacionándose con hindúes, sij y musulmanes, y una segunda fase en un instituto británico (dos años antes de su ingreso en la universidad), socializando con la cosecha habitual de agnósticos, escépticos y ateos (¡tanto alumnos como profesores!) que uno encuentra en un centro educativo estándar. Venían a casa con muchas preguntas que nos planteaban durante la cena. Tenían que defender sus propias creencias, sus decisiones y sus valores morales, pero creo que se volvieron más conscientes de la cultura circundante y se prepararon mejor para ser sal y luz en nuestro mundo secular que si hubieran exclusivamente recibido una "educación cristiana".

Dijeron "sí" a una carrera política

Sabían que los estaban preparando para el gobierno, pero ¿qué gobierno? No se trataba solamente del gobierno de una nación pagana, con su idolatría y su arrogancia, sino específicamente de *Babilonia*, una nación que ya había sido el blanco de varias diatribas de los profetas israelitas, quienes predijeron que se encaminaba hacia el juicio de Dios. Es probable que hubieran escuchado el rollo que envió Jeremías, que predecía la destrucción absoluta de Babilonia a su debido tiempo (Jeremías 50–51). En particular tendrían que servir al rey Nabucodonosor, el que los había desarraigado de su hogar y quien pronto atacaría de nuevo Jerusalén para arrasarla por completo. ¿Cómo iban a traicionar a su país natal y aceptar un empleo sirviendo a semejante rey y a ese país?

Pero lo hicieron. De hecho, estaban preparados para considerar su servicio al gobierno como un modo de servir al propio Dios, tal como más tarde dijeron a Nabucodonosor en su cara cuando los amenazaba con quemarlos vivos —«nuestro Dios a quien servimos…» (Dn 3:17)—. Quizá cobraron valor gracias a las historias de José, quien también había servido a un rey pagano. O quizá reflexionaron sobre cómo Abdías había ocupado un alto cargo bajo el rey Acab y la reina Jezabel a pesar de la flagrante idolatría de estos, su apostasía y su proceder maligno (1 R 18:1-14). En otras palabras, no eran ni mucho menos los primeros creyentes fieles que se encontraban sirviendo a un gobierno político que no prestaba fidelidad alguna al Dios vivo de Israel.

Hay cristianos que dicen que los creyentes no deben involucrarse en la política. Sostienen que el mundo de la política es ambiguo, está lleno de medias verdades, corrupción y amiguismo; y si sabemos que el mundo en general y nuestra nación en particular están bajo el juicio de Dios, ¿qué sentido tiene jugar a las cartas en un barco que se hunde? Una vez más, pienso que la Biblia supera este tipo de síndrome de abstinencia. Dios gobierna el mundo, y los cristianos, para ser la luz de este, deben ser algo más que velas de altar que reluzcan en las iglesias.

Siento gratitud y admiración por los cristianos que siguen el llamado de Dios a una vida en el ámbito político, en sus diversas formas y ramas: legislativo, ejecutivo, judicial o, como Daniel y sus amigos, la administración. Es un empleo donde los recursos de un hombre o una mujer se llevan al límite, sometidos a demandas constantes de su mente, su cuerpo, sus emociones y su conciencia. En lugar de cuestionar o criticar a los hermanos y hermanas que tienen esos empleos, deberíamos orar por ellos y exhortarlos a seguir los caminos de la integridad.

Dijeron "sí" a un cambio de nombre

Para nosotros, los nombres no tienen tanta importancia como tenían para los habitantes del mundo antiguo. En aquellas culturas (como en algunas tradicionales modernas), todo tu ser podía estar ligado a tu nombre, y sin duda los nombres podían señalar la identidad étnica y religiosa de las personas, como siguen haciéndolo en muchas partes del mundo hoy. De modo que, cuando Nabucodonosor insistió en que todos sus nuevos empleados civiles tuvieran nombres babilónicos idóneos, eso supuso un precio especialmente alto para cualquier judío cuyo nombre incluyera el de su Dios (Yahvé o El), como sucedió con aquellos muchachos. Daniel significa "Dios es juez"; Ananías significa "Yahvé es misericordioso"; Misael, "¿Quién es como Dios?"; y Azarías, "Yahvé es mi ayudador". Y era incluso peor cuando los nuevos nombres incluían a dioses paganos, lo cual era una ofensa adicional a la ya existente. Por ejemplo, Abed-nego probablemente significa "siervo de Nebo", uno de los dioses de Babilonia. De igual manera, el "Bel" del nuevo nombre babilónico de Daniel era otra de esas divinidades.

Vamos a aplicar esto a lo personal. Mi nombre, Christopher, incluye el nombre de mi Señor y salvador Jesucristo. Significa "portador de Cristo". Me alegro mucho de que mis padres pusieran a Cristo en mi nombre y en mi vida. Pero supongamos que cuando tenía que ir a la India, una de las condiciones para obtener un visado nacional hubiera sido cambiar mi nombre de Chris a Krishna, el nombre de uno de los muchos dioses poderosos del hinduismo. ¿Habría estado dispuesto a hacer eso? Aunque lo hubiera estado, me habría sentido muy mal.

Podríamos pensar que *esta* sería la gota que colmó el vaso de aquellos hombres. A ver, cambiar el nombre del Dios vivo de Israel por el de un dios pagano ¡era impensable para cualquier creyente israelita! Pero una vez más descubrimos que aceptaron ese reto. Quizá, con el mismo tipo de madurez que Pablo exigía en relación con los ídolos, sabían que aquellos dioses no eran nada y sus nombres tampoco, de modo que podían tragar saliva y llevar aquellos nombres paganos en sus labios y en sus identificadores de solapa, sabiendo muy bien que el Dios vivo de Israel no era solo *su* Dios, sino el *único* Dios. Aun así, hacer esto les debió de doler bastante.

Por tanto, vemos en ellos un notable grado de aceptación del cambio cultural que les había impuesto la acción de Dios en la historia. Ya estaban actuando de maneras que seguían la línea de lo que más adelante Jeremías diría a los exiliados en la carta que les envió (Jr 29), a saber, que debían asentarse en Babilonia; que debían vivir, trabajar, construir y crecer allí; que debían *orar* por Babilonia; y que debían considerarse no como meras víctimas de la deportación, sino como aquellos a quienes Dios había *enviado* allí.

Así que decidieron aceptar un grado sorprendente de adaptación cultural, aunque fuera dolorosa y desagradable. No se replegaron en un gueto. Tampoco se negaron a todo compromiso hasta el punto de perder la vida. Y como resultado de esa decisión dura, pero llena de discernimiento, no solo pudieron servir a Babilonia, sino también, de algunas maneras, influir en ella e incluso preservar las vidas de sus compatriotas judíos en un estadio histórico ulterior, como veremos en capítulos posteriores.

Dijeron "no" a la comida del rey

Pero Daniel decidió no contaminarse con la comida y el vino del rey, y pidió permiso al oficial responsable para no consumirlos. Dios había inducido a ese oficial a manifestar favor y compasión a Daniel, pero le dijo: «Temo a mi señor el rey, que señaló vuestra comida y vuestra bebida; pues luego que él vea vuestros rostros más pálidos que los de los muchachos que son semejantes a vosotros, condenaréis para con el rey mi cabeza».

Entonces Daniel dijo al guardia que el oficial jefe había destinado a Daniel, Ananías, Misael y Azarías: «Te ruego que hagas la prueba con tus siervos por diez días, y nos den legumbres a comer, y agua a beber. Compara luego nuestros rostros con los rostros de los muchachos que comen de la ración de la comida del rey, y haz después con tus siervos según veas». El guardia estuvo de acuerdo y los puso a prueba diez días.

Al final de ese tiempo tenían un aspecto más saludable y estaban mejor alimentados que los jóvenes que tomaron la comida del rey. Por eso el guardia se llevaba los alimentos escogidos y el vino que debían beber y en su lugar les proporcionaba legumbres. (Dn 1:8-16)

¡Esto es ridículo! Después de aceptar tantas cosas, ¿por qué plantarse con una cuestión tan trivial como la comida?

Cuando vemos cuánto estuvieron dispuestos a aceptar, resulta difícil entender por qué no aceptaron también la comida y el vino del rey. ¿Qué hizo que esos cuatro jóvenes, que sin duda tenían un apetito saludable, rechazaran un menú real tremendamente tentador todos los días durante tres años?

Ha habido muchos intentos por explicar las razones de la postura que mantuvo Daniel en este ámbito. Para mí, solo hay dos explicaciones que tienen sentido.

1. *La comida del rey habría sido impura* según las leyes alimentarias levíticas de los judíos, o bien se habría ofrecido a los ídolos antes de llegar a la cocina real, de forma que se habría "contaminado". En cualquier caso, habría sido ofensiva para los judíos estrictos. Esta explicación dice que Daniel y sus amigos quisieron preservar al menos una muestra simbólica de su identidad judía y de su fe monoteísta. Las leyes alimentarias de Levítico simbolizaban en sí mismas la distintividad de Israel frente al resto de las naciones (Lv 20:25, 26). Daniel y sus amigos ya no podían vivir en una tierra separada entre sus compatriotas israelitas, pero al menos sí conservar una dieta independiente y hacer así un gesto simbólico que les recordase regularmente su verdadera identidad y su compromiso con su Dios. Al negarse a tomar los alimentos del rey afirmaban su forma de vida distintiva como creyentes judíos.

Un gesto simbólico puede no ser muy importante por sí mismo, pero en algunas situaciones puede tener un significado poderoso y potencialmente peligroso. Salpicar de agua a alguien es divertido en la playa durante las vacaciones, pero si haces lo mismo en el nombre del Padre, el Hijo y el Espíritu Santo en el bautismo, por ese sencillo acto simbólico en algunos países podrías estar poniendo en peligro su vida y la tuya. Entonar canciones puede parecer bastante inocuo e ineficaz, pero los espirituales negros fueron una categoría propia de canciones que nacieron de la opresión de la esclavitud, muchos de los cuales mantenían viva la esperanza de la liberación eventual, a menudo al simbolizar una realidad futura mediante imágenes poéticas y aplicarla al presente. Algunos cristianos llevan en la solapa pines o broches con una cruz, un pez o algún otro símbolo cristiano para dar a conocer su identidad religiosa dentro de un entorno o lugar de trabajo irreligioso. Saben que, puesto que constituye una declaración silenciosa de su fe cristiana, los compromete a mantener estándares de conducta intransigentes. También puede meterlos en un lío. En los últimos años, en el Reino Unido, algunos cristianos han perdido su empleo por llevar una pequeña cruz, porque supuestamente ofendía a personas de otras creencias.

Hay veces en que las convicciones cristianas o la conciencia cristiana necesitan esa expresión simbólica, aunque la forma práctica del símbolo carece de importancia intrínseca. A veces, el mero *hecho* de plantarse al respecto de algo, de trazar la línea en algún punto, puede ser más importante como testimonio que la sustancia de la cuestión en sí misma. No todo aquello a lo que los cristianos han dicho "no" es necesariamente malo por sí mismo (de la misma manera que los alimentos ritualmente impuros tampoco lo eran). Pero un principio o un testimonio silencioso se puede expresar mediante la negativa o la no participación.

Cuando estudiaba en Cambridge formé parte del equipo universitario de remo. Normalmente no entrenábamos los domingos, pero en algunas ocasiones nuestro equipo participaba en una regata celebrada un domingo. Yo declinaba participar, diciendo que era cristiano y no quería practicar deporte el domingo. Naturalmente, esto no les sentaba bien ni al entrenador ni al equipo porque suponía buscar a un remero sustituto que ocupase mi puesto solo un día. (Eso sí, nadie se pasó por allí para hacer una película como *Charriots of Fire*[3] sobre mí). Mis propias convicciones sobre la naturaleza de la observancia del

[3] *N. del E.*: conocida como *Carros de fuego* en España, México y Chile; y *Carrozas de fuego* en otros países de Hispanoamérica.

domingo han cambiado un poco desde entonces, y ahora me preocupa más el abuso que hacen de ese día las fuerzas de la codicia y el beneficio mediante el comercio desbocado que el ejercicio físico. Es decir, posiblemente no adoptaría ahora la misma postura que tomé entonces, pero estoy seguro de que en ese momento fue la correcta dentro del contexto de mi propio testimonio cristiano y mi conciencia personal. Era una declaración sencilla: aunque amaba el deporte y sacrificaría con gusto muchas cosas por él, en mi vida había algo más importante que el remo —lo cual, dentro del equipo de remo de una universidad, ¡era casi una blasfemia!—.

En India, la cultura hindú predominante permea la sociedad, y a menudo los cristianos van a contracorriente en el vecindario y en aquellas prácticas laborales que conllevan el reconocimiento de deidades hindúes. A veces, esto puede ser tan inocuo como repartir caramelos o esparcir pétalos de flores. Puede parecer inofensivo, pero dentro de la cultura hindú tales prácticas pueden implicar honrar a los dioses. Si los cristianos no participan pueden ofender a otros, y esto puede llevar al ostracismo o al maltrato físico. Los cristianos indios adoptan actitudes distintas sobre la cuestión de dónde "trazar la línea" al respecto de si participar o no en esos rituales sociales. Pero dondequiera que se trace la línea y por insignificante que sea la acción en sí misma, los cristianos tienen que reflexionar sobre cómo preservar alguna indicación distintiva de su fe en medio de la cultura y la religión circundantes. Si esta interpretación de su negativa es correcta, Daniel y sus amigos conservaron la distintividad de su dieta judía.

Pero hay otra manera de interpretar su proceder.

2. *La comida habría simbolizado "la lealtad por pacto" al rey.* Esta explicación se centra menos en lo que habría simbolizado la comida desde un punto de vista *judío* y más en lo que habría simbolizado para las autoridades *babilónicas*. Quienes sugieren esta manera de entender la decisión de Daniel señalan que en

Babilonia *todos* los alimentos habrían sido técnicamente impuros, porque Babilonia era una tierra impura, extranjera. En cualquier caso, el vino no estaba prohibido por las leyes levíticas, y las legumbres podían haberse dedicado a los dioses antes de cocinarlas, como se hacía con la carne. Además, parece que su dieta vegetariana duró solamente mientras los estaban formando, y no fue una política de por vida, dado que Daniel nos habla de un periodo posterior de abstinencia temporal de carne, lo que sugiere que normalmente la consumía en su vida cotidiana (Dn 10:2, 3). Por eso la objeción quizá no se basaba en las leyes alimentarias levíticas.

En el mundo antiguo, compartir los alimentos de la mesa de alguien era a veces un modo de cimentar un pacto entre personas. Por consiguiente, comer de la mesa del rey se habría entendido como una declaración de dependencia y lealtad totales a él. Puede que fuese esta implicación (el voto de fidelidad y obediencia absolutas al rey) lo que Daniel y sus amigos hayan rechazado educadamente. Esto también explicaría mejor el temor que sintió Aspenaz por sí mismo y por ellos si se mantenían firmes en semejante negativa. Encaja además con una referencia posterior a "tomar la comida del rey"; Daniel 11:26 dice que «los que coman de sus manjares [los del rey] le quebrantarán». Esto quiere decir que habían jurado lealtad absoluta al rey (al comer de sus alimentos), pero más tarde se rebelarían y lo traicionarían.

Estos cuatro jóvenes judíos ya habían decidido que podían y debían servir a Nabucodonosor y a su Estado. Ciertamente lo harían hasta el límite de sus capacidades. Aceptarían todos los ajustes que requería el gobierno con objeto de formarse para ese rol. Pero no concederían a Nabucodonosor y a su Estado la lealtad y el compromiso últimos que podían dar solo a Yahvé. La lealtad *del pacto* era exclusivamente para Dios. No podían compartirla con un rey humano, por muy tentadores que fueran su menú y su carta de vinos.

En otras palabras, Daniel y sus amigos pudieron hacer una distinción vital (que muchos cristianos no hacen) entre, por un lado, el reconocimiento de que el rey y su gobierno fueron nombrados por Dios (como dice Pablo en Rm 13) y que él los había puesto allí para servir a su propósito durante esa etapa temporal, y, por otro, el ofrecimiento de una lealtad incuestionada al pacto con el rey. Servirían al Estado *bajo* Dios, pero no lo servirían como *si fuese* Dios. Buscarían "el bienestar de la ciudad" en la que Dios los había puesto, pero no lo harían con el tipo de patriotismo idólatra que silencia toda crítica o cuestionamiento. Sabían demasiado bien que un hombre como Nabucodonosor podría convertir fácilmente su *nombramiento* divino en un *estatus* divino, y hacer exigencias absolutas que ellos no podrían aceptar (como sucedió más tarde). De manera que optaron por preservar la independencia de su conciencia por lealtad a su prioridad más alta: la fidelidad al pacto a Yahvé, Dios de Israel. La importancia de esta conclusión y de la postura que adoptaron con base en ella quedó plenamente justificada un tiempo más tarde (Dn 3), cuando la comida del rey se convirtió en el horno del rey. La decisión que tomaron en el capítulo 1 los sustentó cuando tuvieron que tomar una decisión mucho más dura.

No podrían haber cantado ese himno prácticamente pagano con el que se han criado varias generaciones en Inglaterra:

> *Te entrego, oh patria mía, por sobre las cosas terrenales,*
> *entero, completo y perfecto, el servicio de mi amor;*
> *el amor que no cuestiona...*[4]

George Orwell definió el nacionalismo como «el hábito de identificarse con una sola nación u otra unidad, situándola por

[4] *N. del E.*: la frase es parte de "I Vow to Thee, My Country", himno patriótico británico de 1921.

encima del bien y el mal, y sin reconocer otro deber que el de fomentar sus intereses».[5] O, según reza el eslogan popular: «Mi país, bien o mal». Este tipo de patriotismo idolátrico equivale a muchas otras formas de lealtad que pueden entrar en conflicto con la fidelidad última al propio Dios. Podemos vernos arrastrados a una lealtad obsesiva, idolátrica, a partidos políticos, a un equipo deportivo, a una empresa comercial e incluso, en círculos cristianos, a una denominación, una confesión teológica particular o un líder grande y dotado que no puede cometer errores.

Tenemos que vigilar nuestras lealtades, compromisos y convicciones, y someterlos constantemente a un examen crítico a la luz de nuestra fidelidad última y única al propio Cristo como Señor. ¿He demostrado demasiado celo en una causa que tiene un gran valor, pero que no es la única prioridad cristiana? ¿Me he vuelto acrítico en mi respaldo de una figura pública o una organización (secular o cristiana), de modo que me encuentro a la defensiva y excuso incluso los errores o los pecados flagrantes? La lealtad que muestro a la empresa para la que trabajo, ¿es el deseo saludable de su éxito legítimo y honesto en el mercado, o una aceptación ciega y deletérea de lo que me pide, independientemente de lo que eso les haga a otros o a los principios de la verdad y la honradez? Mis lealtades y mis opiniones políticas, ¿se basan en el prejuicio o en el egoísmo en vez de en un concepto realmente bíblico de los intereses y las prioridades de Dios? ¿Permito que mi mente se "conforme a este mundo" en lugar de "transformarse" a semejanza de la de Cristo?

De modo que Daniel y sus amigos se plantaron con coraje, pero también con cortesía. Es destacable que admitieron que su postura al respecto de los alimentos del rey crearía un gran

5 Orwell, G. (1953). "Notes on Nationalism", en *England, Your England and Other Essays*. Secker and Warburg. Sus notas se publicaron primero en *Polemic* (octubre de 1945).

problema no solo para ellos, sino también para Aspenaz, su supervisor babilonio. Pero no adoptaron una actitud beligerante, del tipo: «No tomaremos la carne y el vino del rey. Supéralo. Arréglate como puedas». Más bien, presentaron una propuesta alternativa para ayudarlo a quedar bien, salvando su empleo y posiblemente su vida. Incluso su rechazo estuvo revestido de gracia y sabiduría, lo cual los hizo quedar bien delante de su superior.

Si esta era la actitud habitual que tenían con aquel hombre (que, recordemos, representaba al gobierno del Estado enemigo que había devastado sus jóvenes vidas), no extraña leer que «puso Dios a Daniel en gracia y en buena voluntad» con aquel servidor (Dn 1:9). Incluso cuando, como cristianos, tenemos que plantarnos frente a algo basándonos en nuestra conciencia, podemos y debemos hacerlo con tanta cortesía como sea posible y con sugerencias constructivas. Puede que esto no resuelva el problema a nuestro favor tal como lo hizo con Daniel y sus amigos, pero sigue valiendo la pena el esfuerzo.

De modo que Dios justificó su decisión y su acción. Nuestro capítulo sitúa a Daniel y a sus tres amigos en el centro del escenario de la narrativa. Pero cabe destacar que Dios participa en la historia tres veces, y en cada una de ellas el texto dice que «Dios dio...». Una traducción literal del hebreo dice:

- «*El Señor entregó* en sus manos [de Nabucodonosor] a Joacim...» (v. 2), lo cual habla de la soberanía internacional de Dios.
- «*Y puso Dios a Daniel* en gracia y en buena voluntad con el jefe de los eunucos...» (v. 9), lo cual habla de la soberanía personal de Dios en la vida de Daniel (similar a lo que leemos en el caso de José).
- «*Dios les dio* conocimiento e inteligencia...» (v. 17), lo cual es sorprendente, como dijimos antes, dado que el objeto de su conocimiento y su inteligencia eran la cultura y la literatura babilónicas paganas.

Y como resultado de este ejercicio de la soberanía divina, del campo de batalla al aula, llegamos al último versículo del capítulo, que dice: «Y continuó Daniel hasta el año primero del rey Ciro» (Dn 1:21). Esto no es una mera nota al pie: resume ambos aspectos del mensaje de este capítulo.

Por un lado, señala a la soberanía general de Dios a lo largo de toda la historia. Ciro fue el rey persa que destruyó el Imperio babilónico en torno a setenta años después de que Nabucodonosor lo hubiera levantado (motivo por el cual Daniel y sus amigos debían de ser muchachos muy jóvenes cuando fueron llevados a Babilonia). De modo que el imperio que había acabado con Israel en el primer versículo de este capítulo ha sido destruido y remplazado en el último; pero Daniel sobrevivió, como lo hizo su pueblo, el pueblo de Yahvé, el Dios de Israel.

Por otro lado, señala a la vindicación personal de la fe y del compromiso de cuatro individuos en medio de las turbulencias de su época, y apunta también a las pruebas en forma de decisiones que debieron tomar a lo largo de sus vidas desde una edad muy temprana. Demostraron su lealtad al pacto a su Dios bajo presiones y amenazas. Dios siguió siendo soberano y Daniel siguió siendo fiel. Por lo tanto, aprendemos dos cosas:

- Dios es soberano y sigue teniendo el control del mundo.
- Solo Dios merece nuestra fidelidad total frente a todos los competidores.

Estas son las dos grandes verdades que brillan en este capítulo y que seguirán resonando durante el resto del libro.

CAPÍTULO 2

CABEZA DE ORO O PIES DE BARRO

El capítulo 1 comenzó con una crisis internacional y acabó con una personal. El capítulo 2 hace lo contrario: empieza con un problema personal, pero acaba en el escenario de la historia mundial.

Nabucodonosor y su sueño (2:1-13)

> En el segundo año del reinado de Nabucodonosor, tuvo Nabucodonosor sueños, y se perturbó su espíritu, y se le fue el sueño. Hizo llamar el rey a magos, astrólogos, encantadores y caldeos, para que le explicasen sus sueños. Vinieron, pues, y se presentaron delante del rey. Y el rey les dijo: He tenido un sueño, y mi espíritu se ha turbado por saber el sueño.
>
> Entonces hablaron los caldeos al rey en lengua aramea: Rey, para siempre vive; di el sueño a tus siervos, y te mostraremos la interpretación.

> Respondió el rey y dijo a los caldeos: El asunto lo olvidé; si no me mostráis el sueño y su interpretación, seréis hechos pedazos, y vuestras casas serán convertidas en muladares. Y si me mostrareis el sueño y su interpretación, recibiréis de mí dones y favores y gran honra. Decidme, pues, el sueño y su interpretación.
>
> Respondieron por segunda vez, y dijeron: Diga el rey el sueño a sus siervos, y le mostraremos la interpretación.
>
> El rey respondió y dijo: Yo conozco ciertamente que vosotros ponéis dilaciones, porque veis que el asunto se me ha ido. Si no me mostráis el sueño, una sola sentencia hay para vosotros. Ciertamente preparáis respuesta mentirosa y perversa que decir delante de mí, entre tanto que pasa el tiempo. Decidme, pues, el sueño, para que yo sepa que me podéis dar su interpretación.
>
> Los caldeos respondieron delante del rey, y dijeron: No hay hombre sobre la tierra que pueda declarar el asunto del rey; además de esto, ningún rey, príncipe ni señor preguntó cosa semejante a ningún mago ni astrólogo ni caldeo. Porque el asunto que el rey demanda es difícil, y no hay quien lo pueda declarar al rey, salvo los dioses cuya morada no es con la carne.
>
> Por esto el rey con ira y con gran enojo mandó que matasen a todos los sabios de Babilonia. Y se publicó el edicto de que los sabios fueran llevados a la muerte; y buscaron a Daniel y a sus compañeros para matarlos. (Dn 2:1-13)

Los primeros años del reinado de Nabucodonosor fueron muy activos —y este suceso tuvo lugar en su segundo año (v. 1)—. Tuvo que luchar en muchas campañas para consolidar su nuevo imperio. Se produjeron algunas revueltas fronterizas y hubo otras amenazas externas. Tuvo que buscar maneras de fomentar su propio prestigio personal y su estatura como nuevo rey de una nueva potencia mundial. Parece que todo esto generó en él inseguridad y temor, que se manifestaron en sueños agitados.

En la antigua Babilonia, una pesadilla era un presagio nefasto, sobre todo si era recurrente, como indica el pasaje. ¡Y era especialmente terrible si no la podías recordar! Los babilonios tenían enormes libros de sueños, escritos por expertos en la interpretación de todo tipo de sueños imaginables, ¡pero no es que sirvieran de mucho si ya de entrada no sabías cuál había sido el sueño! La historia no deja muy en claro si Nabucodonosor realmente no podía recordar el sueño (que es nuestra experiencia habitual) y quería que los magos se lo revelasen, o si podía recordarlo perfectamente bien y quería poner a prueba las capacidades de su circo mágico personal.

Lo más interesante es el hecho de que Dios participaba en la vida subconsciente de aquel joven rey pagano. Sus consejeros admitieron que solo los dioses podían hacer lo que les estaba pidiendo: decirle qué había soñado e interpretar el sueño. Pero más tarde Daniel dejó claro que el Dios vivo no solo podía revelar e interpretar el sueño, sino que era también el mismo Dios vivo quien lo había puesto en su mente (Dn 2:23, 28, 45).

El Dios de Israel, soberano sobre la historia y las naciones, que hasta ese momento solo había hablado por medio de la boca de sus propios profetas (con algunas excepciones, como Balaam y su burra), opta por revelar sus planes para la historia mundial no a Daniel y su comunidad de oración, sino a un rey pagano que ni siquiera lo reconocía (todavía). Resulta destacable con qué rapidez Daniel aceptó este giro de los acontecimientos. Las actitudes de muchos de sus contemporáneos a todas las cosas ajenas y paganas eran mucho más hostiles. Recuerda quién era aquel extranjero concreto, Nabucodonosor: el hombre que había deportado a Daniel y a sus amigos y quien, al cabo de pocos años, destruiría su ciudad, Jerusalén, quemaría el templo del Señor y deportaría a Babilonia a la mayoría de población. ¿Cómo iba Dios a hablar a semejante hombre? Si Dios tenía que dar una revelación, ¿no debería usar a un miembro de su propio pueblo? Los caminos de Dios debieron resultar tan abstrusos para los judíos de la época como pueden serlo para nosotros hoy.

De hecho, esta historia es solo la primera ronda de una serie de encuentros entre Dios y Nabucodonosor en cada uno de los cuatro primeros capítulos del libro, que al final condujeron a su "conversión" cuando estuvo dispuesto a reconocer el señorío superior del Dios de los cielos (al final de Dn 4). Ya aquí Dios estaba obrando en la mente de Nabucodonosor por medio de sueños que, una vez Daniel los interpretó fielmente, le mostraron su propio lugar en la historia, le hicieron saber de dónde había obtenido su poder, le ofrecieron una perspectiva auténtica del imperio que estaba edificando tan enérgicamente y le advirtieron del gran poder que tiene Dios sobre todos los imperios humanos de la tierra. Una currícula de formación nada menor, incluso para un rey con una inteligencia superior a la media.

Tenemos que recordar, con la humildad pertinente, que el Dios vivo ha hecho a todos los seres humanos a su imagen y puede comunicarse con cualquier persona sin necesidad de un traductor o de un misionero que contextualice. El propio Jesús dijo a sus discípulos que sí, debían testificar de él, pero antes, durante y después de su testimonio humano, sería el Espíritu Santo quien testificaría, no en la iglesia, sino en y al mundo. No solo tenemos que creer que Dios *puede* hablar a los corazones y las mentes de los (por ahora) incrédulos, sino que debemos estar más alertas a las señales de cuándo lo *está haciendo*.

Daniel y su Dios (2:14-23)

> Entonces Daniel habló sabia y prudentemente a Arioc, capitán de la guardia del rey, que había salido para matar a los sabios de Babilonia. Habló y dijo a Arioc capitán del rey: ¿Cuál es la causa de que este edicto se publique de parte del rey tan apresuradamente? Entonces Arioc hizo saber a Daniel lo que había. Y Daniel entró y pidió al rey que le diese tiempo, y que él mostraría la interpretación al rey. (Dn 2:14-16)

Cuando volvemos a encontrarnos con Daniel, lo primero que nos llama la atención es que su negativa a comprometerse al respecto del tema de los alimentos del rey en el capítulo 1 no significó que hubiese adoptado una política de no cooperación radical con la potencia secular pagana. Parece bastante dispuesto y satisfecho de ayudar, ¡aunque es posible que la amenaza de la ejecución pesara en su mente más que un poquito!

Después de todo, Daniel podría haber adoptado fácilmente una actitud como: «¡Interpreta tu propio sueño, oh rey aborrecido! O mátanos si quieres, y entonces seremos mártires, pero tú seguirás sin saber qué significa tu sueño». Pero como vimos en el primer capítulo, Daniel y sus amigos no habían elegido la vía del desapego, del separatismo piadoso o del martirio santo. Ahora eran trabajadores gubernamentales cualificados, ocupados en el funcionamiento de la administración pública, pero habían adoptado una postura que preservaba la distintividad y la integridad de su fe.

Fijémonos en tres cosas en esta parte de la historia.

La comunión en oración de Daniel

> Luego se fue Daniel a su casa e hizo saber lo que había a Ananías, Misael y Azarías, sus compañeros, para que pidiesen misericordias del Dios del cielo sobre este misterio, a fin de que Daniel y sus compañeros no pereciesen con los otros sabios de Babilonia. Entonces el secreto fue revelado a Daniel en visión de noche. (Dn 2:17-19a)

Otro de los himnos que solíamos cantar en nuestro grupo de jóvenes de Belfast decía:

> *Atrévete a ser un Daniel, atrévete a quedarte solo.*

Es cierto que, en una historia posterior, Daniel tuvo que enfrentarse a los leones solo (cap. 6), pero en estos primeros capítulos descubrimos que él y sus amigos habían seguido ofreciéndose mutuamente apoyo y comunión a lo largo de sus carreras. Es cierto que Daniel era el portavoz y quien se jugó el cuello al acudir ante el rey, pero no fue un héroe solitario. Solicitó y recibió el respaldo en oración que necesitaba.

Aquellos cuatro jóvenes creyentes trabajaban juntos: se habían esforzado juntos durante los años de su reeducación, juntos sirvieron al Estado, juntos servían a Dios. De modo que, también juntos, podían respaldarse mutuamente para conservar la cabeza, literal y metafóricamente hablando. Y cuando se reunían para orar juntos no era para disfrutar de una simple escapatoria de su trabajo cotidiano y de un rato de comunión agradable y cómoda. Llevaban a la presencia de Dios el problema acuciante de su trabajo público.

Me gustaría que todos los grupos de comunión y de oración en la iglesia hicieran esto. Muy a menudo los grupos en casas son mediocres porque flotan en ese nivel en que todo el mundo se siente cómodo y en realidad nunca abordan las realidades complejas de las vidas de sus miembros. Podemos huir al estudio bíblico intelectual o a la adoración emocional, o incluso a la oración ferviente. Pero al entrar también podemos dejar en el recibidor, junto al abrigo, nuestras vidas personales.

Uno de los mejores grupos en casas que recuerdo fue uno en el que nos pusimos a debatir sobre algunas cuestiones morales a las que se enfrentan los cristianos modernos. Mientras lo hacíamos, uno de los miembros más jóvenes, Alf, que trabajaba en una tienda de neumáticos, de repente se puso a hablar de todos los chanchullos y los manejos turbios que veía en su trabajo: se alteraban recibos; se aplicaba el IVA, pero no se contabilizaba e iba a parar a los bolsillos de alguien; desaparecía material. Siendo un empleado reciente, ¿cómo podía asimilar esas prácticas? Si no participaba en ellas, destacaría como la oveja negra. Y aún peor: se arriesgaba a que el resto del personal lo marginara y odiase. Por otro lado, cuando acudió a la dirección (como hizo una vez), descubrió que ellos sabían perfectamente lo que estaba pasando, pero optaban por mirar para otro lado para evitar agitación y rebelión entre los trabajadores. De modo que, si denunciaba los chanchullos, tendría problemas tanto con sus compañeros como con los directivos, y seguramente perdería su empleo.

De repente, los del grupo nos dimos cuenta de que las cuestiones de moralidad y de integridad ya no eran un mero tema de debate filosófico, sino que para Alf eran una realidad cotidiana. Lo cierto es que lo estaban sometiendo a una presión mental considerable y a una gran tensión espiritual. No logramos ofrecerle soluciones precisas a sus dilemas, pero sí pudimos orar solicitando sabiduría y fuerzas para él. A partir de ese momento, el grupo se aseguró de que los problemas reales que tenían las personas en sus empleos formasen parte regular de nuestro tiempo de oración. También pedimos al pastor que preparase una serie de predicaciones los domingos en las que examinase cuidadosamente y desde el punto de vista bíblico algunas cuestiones sociales y morales presentes en el foro público.

Cuando vivíamos en India me invitaban con frecuencia a predicar en seminarios de laicos cristianos, tanto en el ámbito secular como en el profesional. Yo los llevaba directamente a la aguda enseñanza del Antiguo Testamento sobre la integridad, la justicia y la honestidad (el latido potente y ético de la ley y los profetas de Israel), y los desafiaba, como pueblo de Dios en el mundo actual, a entender su misión como un llamado a vivir de una forma distinta a la del mundo circundante.

Entonces les pedía que compartiesen las tensiones y los problemas de vivir como cristianos en la cultura y la sociedad indias. Todo salía de golpe: la presión para dar o recibir sobornos (que invade la sociedad de arriba abajo), la corrupción y las prácticas deshonestas, los sutiles incentivos y las amenazas no tan sutiles, la extorsión sin escrúpulos, la supuesta imposibilidad de hacer negocios sin participar en el mercado negro en todos los niveles.

En cierta ocasión pregunté a un grupo de profesionales de diversos ramos qué tenían que decir sus iglesias sobre estos temas. Les pregunté qué enseñanza recibían de sus pastores o qué apoyo y oración recibían de la comunión de otros creyentes en su iglesia que pudieran ayudarlos a vivir como cristianos en un mundo que no lo es. Recuerdo claramente la risa hueca y la sorpresa genuina que generó tan solo pensar en ello.

«Nuestros pastores no predican o enseñan sobre estos asuntos —dijeron—. ¡De hecho, algunos de ellos no son mejores!». Hubo personas que dijeron que, en cualquier caso, iban a la iglesia para *escapar* de la maldad del mundo, ¡y nos les apetecía oír hablar de ella también allí adentro! Sea cual fuere el motivo, era evidente que existía un abismo insondable entre su trabajo cotidiano y secular, con todas sus presiones y problemas, y sus vidas "religiosas". No recibían apoyo ni oración, no luchaban juntos ni aplicaban las enseñanzas bíblicas recibidas en sus iglesias. No es de extrañar que les resultase tan difícil plantarse como cristianos y dar un testimonio eficaz a la luz de la verdad de Dios en medio de las tinieblas morales y espirituales de su entorno. Eso pasaba en India. Pero me pregunto si no habrá multitudes de cristianos en profesiones y entornos laborales seculares en Occidente que tampoco reciben un mejor servicio de sus iglesias y sus pastores.

Daniel pudo plantarse delante del rey, él solo, porque se había arrodillado con sus amigos ante Dios.

El himno de alabanza de Daniel

Y Daniel habló y dijo:

Sea bendito el nombre de Dios de siglos en siglos, porque suyos son el poder y la sabiduría.

Él muda los tiempos y las edades; quita reyes, y pone reyes; da la sabiduría a los sabios, y la ciencia a los entendidos.

> Él revela lo profundo y lo escondido; conoce lo que está en tinieblas, y con él mora la luz.
>
> A ti, oh Dios de mis padres, te doy gracias y te alabo, porque me has dado sabiduría y fuerza, y ahora me has revelado lo que te pedimos; pues nos has dado a conocer el asunto del rey. (Dn 2:19b-23)

No todas las reuniones de oración tienen tanto éxito como esta, al menos directamente. Sin embargo, todas las reuniones de oración pueden seguir el ejemplo de la alabanza de Daniel aquí, de la misma manera que pueden aprender mucho sobre un tipo distinto de oración de sus labios en Daniel 9. Esta oración se centra en Dios y en sus caminos *antes* de llegar al aspecto personal al final.

Siempre es positivo comenzar la oración donde Daniel empieza aquí, afirmando las grandes verdades sobre Dios. Así es también como oró la iglesia primitiva cuando se enfrentó a una situación que amenazaba su vida en Hechos 4:23-31. Una vez has hecho eso, todo lo demás se pone en perspectiva. Entonces la verdad sobre Dios tendrá prioridad sobre nuestros sentimientos frente a la situación. Es importante que los grupos de comunión aprendan a hacer eso, porque de otro modo se pueden volver muy introvertidos y hundirse en una especie de hipocondría espiritual: «¡Fíjate cuántos problemas, ay, ay!». O pueden volverse poco más que un tipo de terapia de grupo para los miembros, una dosis de comunión inyectada en el brazo una vez a la semana que refresca aquellas partes a las que no llega el sermón.

Pero el objetivo de una comunión de oración es aprender a depender *de Dios*, no de la comunión; Dios debe ser exaltado constantemente, colocado en primer lugar. Las personas deben saber cómo afirmar su poder y su capacidad por sí mismas, y recurrir a ellos cuando vuelvan a estar solas. Porque incluso Daniel tuvo que estar solo más tarde, cuando por lo que sabemos no había una comunión de oración a su alrededor; pero su vida de oración sobrevivió y lo sustentó cuando miró a la muerte a la cara (Dn 6).

En su himno de alabanza, Daniel afirma dos cosas en concreto sobre Dios: primero, que controla la historia (v. 21); segundo, que revela sus propósitos (v. 22). Ambas verdades se demuestran repetidamente, en historias y en visiones, a lo largo del resto del libro. Dios actúa y Dios habla. Dios no es impotente ni está callado.

Nuestro mundo no cree esto. Incluso aquellos a quienes les gusta pensar que creen en Dios no siempre quieren este tipo de Dios: el Dios vivo y verdadero de la Biblia. Una encuesta de opinión que escuché en cierta ocasión preguntó a la gente si creían en el Dios que actúa en la historia. Una respuesta fue: «No, creo solo en el de siempre». Nabucodonosor no lo sabía, pero al pedir que interpretasen su sueño estaba solicitando un encuentro con el Dios que es muy distinto al "de siempre". Y al final eso lo transformó. En nuestras iglesias occidentales vemos tan poco cambio dinámico en las personas y en las situaciones porque hemos perdido la costumbre de afirmar la grandeza de Dios de una manera que tenga sentido.

Pero Daniel también se dio cuenta de que el Dios al que afirmaba era también el Dios al que le encanta compartirse. Fijémonos cómo las cosas que dice de Dios son las mismas que afirma que Dios le ha dado: «Suyos son el poder y la sabiduría…» (v. 20); «me has dado sabiduría y fuerza» (v. 23). Aquí no se aprecia ni rastro de arrogancia ni de blasfemia. Esto es simplemente la afirmación de un hecho. Daniel admitió que toda habilidad y toda capacidad que tenía eran suyas como regalo. Es lo mismo que reconoce ante Nabucodonosor en el versículo 30. Le costó mucho tiempo persuadir de la misma verdad a Nabucodonosor en su propio caso.

Jesús prometió a sus discípulos todos los recursos del Espíritu Santo. Prometió que haríamos las mismas obras (o incluso mayores) que él. La sabiduría y la fuerza están ahí; solo hay que pedirlas (St 1:5; 2 Co 12:9, 10). Pero proceden de Dios, no de nuestra inteligencia ni nuestros logros. Y esto nos lleva a nuestra tercera idea.

La capacidad de Daniel y su origen

> Entonces Arioc llevó prontamente a Daniel ante el rey, y le dijo así: He hallado un varón de los deportados de Judá, el cual dará al rey la interpretación.
>
> Respondió el rey y dijo a Daniel, al cual llamaban Beltsasar: ¿Podrás tú hacerme conocer el sueño que vi, y su interpretación?
>
> Daniel respondió delante del rey, diciendo: El misterio que el rey demanda, ni sabios, ni astrólogos, ni magos ni adivinos lo pueden revelar al rey. Pero hay un Dios en los cielos, el cual revela los misterios, y él ha hecho saber al rey Nabucodonosor lo que ha de acontecer en los postreros días. He aquí tu sueño, y las visiones que has tenido en tu cama. (Dn 2:25-28)

Había un anuncio televisivo británico para la Automobile Association donde se veía a algunos conductores presa de diversos grados de desesperación y de impotencia cuando se les estropeaba el coche. La pregunta clave la formulaba un pasajero, que preguntaba al conductor: «¿Puede arreglarlo?». La abatida respuesta era: «No», seguida de un alegre «¡pero conozco a alguien que sí puede!». Entonces entraba en escena el hombre de la Automobile Association y todo se arreglaba.

La respuesta de Daniel a Nabucodonosor sigue la misma línea clásica:

> **Nabucodonosor:** ¿Puedes decirme lo que vi y explicarlo?
> **Daniel:** No, ¡pero conozco a un Dios que sí puede!

La respuesta de Daniel no fue: «¡Claro! Mis amigos del grupo de comunión y yo hemos encontrado la respuesta sin esfuerzo». Dijo más bien: «Nadie puede hacer lo que pides, PERO hay un Dios en el cielo...».

Durante la campaña de elecciones al Parlamento de 1992 en Gran Bretaña intenté aportar mi granito de arena para ayudar a uno de los partidos políticos de mi distrito electoral. Una tarde salí con el candidato del distrito, tras recibir la invitación de su equipo, para visitar una residencia para adultos que tenía graves dificultades de aprendizaje. Estos hicieron todo tipo de preguntas e hicimos lo mejor que pudimos para responderlas pacientemente, explicando las diferencias entre los partidos. Nos dimos cuenta de que, a pesar de sus dificultades de aprendizaje, aquella buena gente entendía algunos de los problemas políticos clave y tenían ideas claras sobre lo que estaba bien o mal.

Una joven, Shirley, tenía una larga lista de temas que exponer, cada uno de los cuales acababa con la pregunta: «¿Qué podemos hacer al respecto?».

- Les hacía falta un minibús para que lo usaran los residentes: «¿Qué podemos hacer al respecto?».
- En su carretera no había semáforos: «¿Qué podemos hacer al respecto?».
- El personal del centro era escaso: «¿Qué podemos hacer al respecto?».
- No le gustaba la palabra "Discapacitado" en su tarjeta de autobús: «¿Qué podemos hacer al respecto?».
- A ella y a sus amigos los insultaban en la calle: «¿Qué podemos hacer al respecto?».

Shirley era muy persistente e hizo que tanto el candidato como yo nos sintiéramos impotentes frente al aluvión de preguntas. Podíamos sugerir esto y aconsejar aquello, pero al final no teníamos mucho poder para hacer gran cosa. No teníamos la autoridad o la capacidad de "hacer algo al respecto". Intentaríamos convencer a los que tenían semejante autoridad, pero no había mucho más que pudiéramos "hacer al respecto". Con toda sinceridad, a su pregunta «¿Qué podemos hacer al respecto?», deberíamos haber respondido: «Nada». Pero también podríamos haber añadido: «Pero conocemos a ciertas personas que pueden hacerlo... si quieren».

Entre los temas y los argumentos del libro de Daniel vemos la presión constante de Dios sobre Nabucodonosor para obligarlo a entender dónde se encuentran el poder y la capacidad *reales*. El motivo de "quién puede" aparece en varias ocasiones:

- En este capítulo, Nabucodonosor pregunta si Daniel es capaz, y este le dice que solo Dios lo es.
- En Daniel 3, Nabucodonosor pregunta a Sadrac, Mesac y Abed-nego si algún dios será capaz de librarlos de su mano, a lo que ellos responden fríamente: «Sí, nuestro Dios es capaz».
- Y en Daniel 6, otro rey, Darío, le pregunta a Daniel si su Dios había podido salvarlo de los leones. Y Daniel responde (más o menos): «¡Pues claro!».

Al final, Nabucodonosor tuvo que admitir que el verdadero poder no estaba en él, ni siquiera en la estatua de oro que soñó y que representaba a su imperio, ni en sus magos, ni en todo el esplendor de su corte, ni en su maquinaria militar, ni en su reluciente obelisco dorado del capítulo 3, sino en el Dios de aquel joven prisionero judío, un Dios que él pensaba haber derrotado y capturado, pero que en realidad era "el Dios de los cielos" y también el Dios de la tierra.

Este Dios, el Dios de Daniel, puede obrar.

Al final de este capítulo Nabucodonosor llega al punto de admitir esto, dentro del contexto limitado del remedio para su insomnio. Entiende que Dios es la fuente de la capacidad de Daniel. Pero podemos ver incluso más claramente que entre la verdad "Dios puede" y el hecho de que "Daniel pudiera" (2:47) se extendían la vida de oración y la comunión que respaldaron a Daniel y a sus amigos en sus vidas laborales cotidianas.

Dios y su reino (2:24-29)

De modo que, al fin, después de acumular un suspenso considerable (como pasa en toda buena narración), descubrimos de qué iba el sueño y qué significaba.

> Tú, oh rey, veías, y he aquí una gran imagen. Esta imagen, que era muy grande, y cuya gloria era muy sublime, estaba en pie delante de ti, y su aspecto era terrible. La cabeza de esta imagen era de oro fino; su pecho y sus brazos, de plata; su vientre y sus muslos, de bronce; sus piernas, de hierro; sus pies, en parte de hierro y en parte de barro cocido. Estabas mirando, hasta que una piedra fue cortada, no con mano, e hirió a la imagen en sus pies de hierro y de barro cocido, y los desmenuzó. Entonces fueron desmenuzados también el hierro, el barro cocido, el bronce, la plata y el oro, y fueron como tamo de las eras del verano, y se los llevó el viento sin que de ellos quedara rastro alguno. Mas la piedra que hirió a la imagen fue hecha un gran monte que llenó toda la tierra. (Dn 2:31-35)

El sueño de Nabucodonosor era extraño: una gran estatua —combinación de gloria deslumbrante y temeraria inestabilidad— estaba llena de contradicciones internas, al estar construida en parte con metales costosos y útiles, y en parte de una mezcla tan absurda como imposible de metal y barro. Y la parte más débil era aquella que debía ser más fuerte: los pies. Toda aquella gloria rutilante arriba, pero apoyada sobre una base frágil y quebradiza.

Y entonces llegó la roca, una roca que, según él sabía de alguna manera en su sueño, no había sido cortada por humanos. Entonces, ¿de dónde vino? Y cuando impactó en los pies de barro, toda la estatua se derrumbó, pero no solo cayó a tierra, sino que se desintegró en polvo que se llevó el viento, como el cadáver de Drácula al final de la película. Sin embargo, la roca, como algún monstruo vivo, fue creciendo hasta llenar toda la

Tierra. Este es el material con el que se hacen películas de ciencia ficción y de terror.

No es extraño que Nabucodonosor estuviera preocupado. ¿Qué significaba aquel sueño?

Si el sueño hablaba de él, ¿qué papel se suponía que debía desempeñar? Quizá la estatua se refería a sus enemigos, y él sería la roca que los golpearía y se haría con el poder universal. ¡Maravilloso!

Pero ¿y si la estatua era su propio imperio? ¿De verdad era tan frágil? ¿Era su pueblo una combinación tan imposible de razas que acabaría disgregándose? ¿Y quién o qué era aquella roca que impactaba y pulverizaba todo? ¿Algún enemigo desconocido que acechaba en sus fronteras, a punto de invadir su imperio y convertirlo en polvo? ¿Qué podía significar?

Luego Daniel pasa a interpretar el sueño para Nabucodonosor, sin duda para alivio del rey y también de los lectores.

> Este es el sueño; también la interpretación de él diremos en presencia del rey. Tú, oh rey, eres rey de reyes; porque el Dios del cielo te ha dado reino, poder, fuerza y majestad. Y dondequiera que habitan hijos de hombres, bestias del campo y aves del cielo, él los ha entregado en tu mano, y te ha dado el dominio sobre todo; tú eres aquella cabeza de oro.
>
> Y después de ti se levantará otro reino inferior al tuyo; y luego un tercer reino de bronce, el cual dominará sobre toda la tierra. Y el cuarto reino será fuerte como hierro; y como el hierro desmenuza y rompe todas las cosas, desmenuzará y quebrantará todo. Y lo que viste de los pies y los dedos, en parte de barro cocido de alfarero y en parte de hierro, será un reino dividido; mas habrá en él algo de la fuerza del hierro, así como viste hierro mezclado con barro cocido. Y por ser los dedos de los pies en parte de hierro y en parte de barro cocido, el reino será en parte fuerte, y en parte frágil. Así como viste el hierro mezclado con barro, se mezclarán por medio de alianzas humanas; pero no se unirán el uno con el otro, como el hierro no se mezcla con el barro.

> Y en los días de estos reyes el Dios del cielo levantará un reino que no será jamás destruido, ni será el reino dejado a otro pueblo; desmenuzará y consumirá a todos estos reinos, pero él permanecerá para siempre, de la manera que viste que del monte fue cortada una piedra, no con mano, la cual desmenuzó el hierro, el bronce, el barro, la plata y el oro.
>
> El gran Dios ha mostrado al rey lo que ha de acontecer en lo por venir; y el sueño es verdadero, y fiel su interpretación. (Dn 2:36-45)

La interpretación de Daniel es nada menos que una teología de la historia. Sin embargo, no es un *programa* de la historia. Las personas se embrollan intentando identificar y fechar todas las partes de su interpretación, algo que el texto no hace, y de este modo se pierden su verdadera importancia.

Daniel empieza en el presente y luego pasa al futuro. En el presente, afirma un hecho sencillo y luego le da una interpretación teológica: «Tú, oh rey, eres rey de reyes».

Ahora bien, para nosotros, que estamos acostumbrados a esa frase como expresión de la alabanza a Dios, esto parece un poco exagerado, puede que incluso blasfemo. Pero no, era un hecho simple: Nabucodonosor era el gran rey sobre un número de Estados pequeños, cuyos reyes habían sido sometidos a él, entre los cuales se contaba el rey de Israel. Realmente era rey sobre otros reyes. De modo que Daniel empieza por lo alto de la estatua onírica y afirma que el propio Nabucodonosor era la cabeza de oro. No era adulación, sino una realidad política palpable.

Pero entonces Daniel añade su corolario teológico: todo ese resplandor dorado, ese poder y esa gloria pertenecían a Nabucodonosor *solo porque el Dios de los cielos se los había dado*. Nabucodonosor era el jefazo de la nación suprema solo con el permiso divino y por su mediación.

Es probable que, de alguna manera, Nabucodonosor ya supiera esto. Los reyes de la Antigüedad tendían a atribuir su poder a sus dioses, dado que esto fomentaba su imperio al conferirle cierto aire de aprobación divina. Así que Nabucodonosor no habría objetado a la idea de que si estaba donde estaba era un regalo de los dioses de Babilonia. Pero no cabe duda de que Daniel, cuando usó la expresión «el Dios de los cielos», quería decir *Yahvé*, *su* Dios, el Dios de su pueblo y el único Dios vivo y verdadero.

¡El Dios de Israel había concedido el poder supremo al rey de Babilonia! Aquello debió de sonar tremendamente irónico, dada la posición de ambos pueblos: Israel en cautividad y Babilonia ostentando el poder. De modo que aquel humilde siervo del gobierno declara que fue *su* Dios el que dio al hombre más poderoso del imperio su estatus como "cabeza de oro".

Jeremías manifestó exactamente el mismo concepto de la historia contemporánea. Hubo una ocasión notoria en que Jeremías se coló en una conferencia diplomática internacional en Jerusalén, en la que todos los embajadores de los pequeños Estados alrededor de Judá se habían reunido para planificar la rebelión contra Nabucodonosor. Cargando un yugo sobre el cuello como gesto simbólico, Jeremías dijo a todos aquellos diplomáticos extranjeros que Yahvé, el Dios de Israel, había dado autoridad a Nabucodonosor, y que la única opción segura era que todos sus países se sometieran a él.

> Yo [Yahvé] hice la tierra, el hombre y las bestias que están sobre la faz de la tierra, con mi gran poder y con mi brazo extendido, y la di a quien yo quise. Y ahora yo he puesto todas estas tierras en mano de Nabucodonosor rey de Babilonia, mi siervo, y aun las bestias del campo le he dado para que le sirvan. (Jr 27:5, 6)

¡Nabucodonosor rey de Babilonia, mi siervo!

La idea parece escandalosa (y seguramente lo fue para el pueblo de Judá en la época en que Jeremías la expuso). Pero así es como Jeremías y Daniel interpretaron los sucesos por los que estaban pasando. Hacerlo requería una gran profundidad de fe y una visión amplia de la soberanía de Dios. Pensemos en los eventos trágicos en que estamos inmersos. Pensemos en el odio nacional por una figura como Nabucodonosor. Pensemos en la impopularidad de cualquiera que pudiera plantarse y llamarlo siervo de Yahvé o "cabeza de oro". Pero el control divino de la historia y el misterio de sus planes son más amplios que nuestros prejuicios. Dios había levantado a Nabucodonosor para cumplir el propósito divino en ese momento de la historia, y por este motivo Nabucodonosor era "siervo de Yahvé", tanto si sabía algo al respecto como si no.

A los occidentales de una generación posterior a la Segunda Guerra Mundial nos enseñaron a creer que el mundo estaba dividido en dos partes: "el mundo libre" y "el bloque soviético" (el *tercer mundo* se inventó más tarde). Sabíamos de parte de quién estaban los ángeles. Se nos dijo que todo lo que había al otro lado del telón de acero era "el imperio del mal". ¿De qué parte estaba Dios? La respuesta parecía evidente, y numerosos escenarios apocalípticos en libros, cómics y películas plasmaban la gran batalla final de Armagedón que libraban las legiones del comunismo, a un lado, y las fuerzas de la (auto) justicia, al otro.

Escribiendo a este lado de 1990, después de los cambios revolucionarios que recorrieron Europa en 1989–90, cuando el dominio del comunismo se desintegró y países enteros obtuvieron su independencia, parece difícil creer y recordar todas aquellas predicciones y "visiones proféticas". Pero si vemos la mano de Dios en aquella era trascendental (como sin duda hacen los cristianos de Europa central y oriental), entonces también debemos admitir que el inductor *humano* fue Mijaíl Gorbachov, que era el presidente de la ex Unión Soviética. Dios no utilizó a ninguno de los líderes del llamado "Occidente cristiano", aunque a algunos de ellos les gustaba jactarse de que "ganamos la Guerra Fría".

Pero ¿dónde está ahora Gorbachov? No solo ya no es presidente, sino que el Estado del que lo era ¡ya no existe! Percibimos una ironía divina, casi se palpa el sentido del humor: la sujeción de la tiranía comunista en Europa cayó no por el poderío de sus enemigos, sino por las políticas de su destacada cabeza de Estado. «Los caminos de Dios son inescrutables». Levanta a líderes humanos, les da una capacidad y un poder temporales para iniciar procesos y eventos que cumplen los propósitos de Dios, y cuando han cumplido ese rol, los derriba y sigue adelante. Nadie es indispensable. Así sería en el caso de Nabucodonosor.

Luego Daniel pasa a ofrecer un esquema general de la historia futura, basado en la sucesión de metales. Dice que estos representan una serie de reinos que vendrán detrás de Babilonia. No se los identifica, y en este punto no debemos detenernos para intentar ponerles nombre. Las ideas principales de lo que dice Daniel son las siguientes:

- *El poder del cuarto reino.* Será enormemente poderoso, pero tendrá una desunión y una inestabilidad inherentes debido a su naturaleza dividida.
- *La caída de la estatua.* Esto se deberá en parte a su propia fragilidad e inestabilidad internas. Aquí tenemos una imagen del fracaso último de todos los poderes humanos y sus afirmaciones arrogantes. Al final, de todo lo que construyen los orgullosos seres humanos se dice que «torre y templo caen en el polvo».[6] Esta imagen de una serie de gobiernos que llegan a su fin con la caída del más poderoso se podría ilustrar en muchos periodos de la historia humana, incluyendo nuestra propia generación. El siglo XX vio el auge y la caída del "*Reich* de los mil años" de Hitler, y de un muro de Berlín cuyo constructor declaró, pocos meses antes de que lo demolieran, que perduraría

[6] *N. del T.*: la frase proviene del himno "God, My Hope on You Is Founded", compuesto por Joachim Neander (1899).

cien años. Otro profeta lo expresó así: «Él convierte en nada a los poderosos, y a los que gobiernan la tierra hace como cosa vana. Como si nunca hubieran sido plantados, como si nunca hubieran sido sembrados, como si nunca su tronco hubiera tenido raíz en la tierra; tan pronto como sopla en ellos se secan, y el torbellino los lleva como hojarasca» (Is 40:23, 24).

- *La llegada de la roca.* La caída de la estatua no se debió solo a que tuviera pies de barro, sino a que fue golpeada y destruida por la roca no cortada por manos humanas. La estatua se derrumba, pero la roca permanece, y según la interpretación de Daniel, esta roca representa el reino de Dios que, al final, remplazará a todos los reinos humanos.

Aunque Daniel solo describe esta roca brevemente, sus palabras son intensamente proféticas de un número de facetas del reino de Dios tal como lo hallamos en los Evangelios. Por eso tiene sentido entender la secuencia de imperios aquí (y en la visión del propio Daniel de las cuatro bestias en el cap. 7) como una plasmación de un patrón simbólico en vez de un programa histórico con un único "significado" para cada elemento. Dentro del contexto del libro de Daniel (sobre todo a la vista de los caps. 10–11), es más probable que el cuarto reino se refiriese a la dominación de Palestina por parte de los griegos seléucidas, y especialmente al reinado de Antíoco IV Epífanes a mediados del siglo II a. C. Sin embargo, desde la perspectiva neotestamentaria parece que el cuarto imperio se consideraba el romano, dentro del cual la roca del reino de Dios "aterrizó" en la persona de Jesús de Nazaret y su proclamación del reino de Dios.

Fijémonos en estas ideas sobre la roca que presagian el reino de Dios en los Evangelios:

1. *Viene de fuera.* Es decir, el reino no es solo uno más en una serie de reinos humanos; tiene su origen en otro lugar. Esto es lo que quiso decir Jesús con «mi reino no es *de* este mundo».

No quería decir que era puramente espiritual o que no tenía nada que ver con el poder político. Quería decir que su origen y su fuente no estaban en el poder humano, sino en el de Dios.

2. *Se establece en el mundo.* Sustituye a los otros reinos, pero no a la propia tierra. El reino de Dios no es una mera vía de escape al cielo, sino el establecimiento del gobierno de Dios en la propia tierra. La creación se devuelve a su verdadero propietario y rey.
3. *Es obra de Dios* y, por lo tanto, indestructible. Pondrá fin a todos los reinos humanos, pero permanecerá para siempre.
4. *Crecerá y se extenderá.* Su establecimiento pasará por un *proceso*, hasta que al final llenará toda la tierra. Jesús estableció la misma idea en muchas de sus parábolas sobre el reino de Dios (p. ej., la semilla de mostaza, la levadura en la masa, una red en el mar, etc.). Y esto, claro está, apunta a la misión constante de Dios por medio de su pueblo para llevar las buenas noticias del reino de Dios en Cristo a pueblos de todas las naciones hasta los confines del mundo.

De modo que Daniel dio a este rey pagano una lección de teología. Su propio poder personal era un don del Dios vivo, pero no duraría para siempre. El futuro contenía toda una sucesión de reinos humanos, pero, en última instancia, el futuro pertenece al reino de Dios. Y esta es una lección que debe aprender reiteradamente toda generación.

Para Nabucodonosor, el sueño y su interpretación iban destinados a confrontarlo con las realidades espirituales que subyacen tras los elementos externos de la historia. Este rey humano debería ver su poder político a la luz de su transitoriedad. Ni él ni su imperio permanecerían para siempre. Las cabezas de oro tienen un futuro precario si descansan sobre pies de barro.

Pero hay un rey más alto y un reino más permanente. La pregunta era: ¿los reconocería Nabucodonosor? Y hasta cierto punto limitado, sí, lo hizo.

> Entonces el rey Nabucodonosor se postró sobre su rostro y se humilló ante Daniel, y mandó que le ofreciesen presentes e incienso. El rey habló a Daniel, y dijo: Ciertamente el Dios vuestro es Dios de dioses, y Señor de los reyes, y el que revela los misterios, pues pudiste revelar este misterio. (Dn 2:46, 47)

Sin embargo, a uno le da la impresión de que este no fue tanto el acto de un hombre aleccionado por un encuentro con el Dios vivo, cuyo reino era como una roca invasora, sino más bien el alivio de un hombre que piensa que su propio poder no se enfrenta a una amenaza inmediata. En el capítulo siguiente veremos cómo reacciona a la idea de que su reino estaba dividido y era vulnerable: con la pretensión de unificarlo mediante una religión aliada con el patriotismo y respaldada por la fuerza letal. Esta fue una combinación potente —y él no fue ni el primero ni el último en utilizarla—.

Para Daniel y sus amigos, y para todos los que estaban en su misma situación (creyentes atrapados en un imperio hostil), el sueño fue una garantía de que su Dios seguía en el trono. Podían pasar la vida bajo el pie de Nabucodonosor (combinando esta metáfora con la de la cabeza de oro), por no mencionar a sus "sucesores metálicos", pero al final, el futuro estaba asegurado porque estaba en manos de Dios y de la roca de su reino. Podían vivir con los metales sabiendo que la roca venía de camino.

Y es esta misma seguridad la que Daniel 2 ofrece a los cristianos atrapados en las presiones de vivir en medio de un entorno pagano, donde tantas cosas parecen obrar en beneficio de las potencias de este mundo con toda su pompa y gloria, su maldad y su corrupción.

Porque lo que Daniel vio solo como una visión del futuro es ahora una realidad presente que obra en el mundo. El reino de Dios ha comenzado con la venida de Cristo y su muerte y resurrección. Un día se establecerá en toda su plenitud cuando Cristo vuelva para reclamar su reino. Entonces «la tierra será llena del conocimiento de Jehová, como las aguas cubren el mar» (Is 11:9). Hasta entonces, Dios «está obrando su propósito mientras un año sucede a otro»,[7] y todo acto de obediencia, cada palabra de testimonio y toda defensa valiente de la verdad vale la pena y está justificada a la luz de ese futuro.

Es bajo esta luz como debemos leer los últimos versículos de este capítulo.

> Entonces el rey engrandeció a Daniel, y le dio muchos honores y grandes dones, y le hizo gobernador de toda la provincia de Babilonia, y jefe supremo de todos los sabios de Babilonia. Y Daniel solicitó del rey, y obtuvo que pusiera sobre los negocios de la provincia de Babilonia a Sadrac, Mesac y Abed-nego; y Daniel estaba en la corte del rey. (Dn 2:48, 49)

La idea no es meramente que Daniel y sus amigos obtuvieron un ascenso, sino que también prosiguieron con el servicio político al gobierno de un rey que ahora sabían que era una cabeza de oro sobre pies de barro. Volvieron al trabajo; al lunes siguiente se presentaron en la oficina. No crearon una comunidad de esperanza espiritual para aguardar la llegada de la roca. No es posible saber si pudieron seguir reuniéndose para orar juntos, pero sin duda la fuerza que habían sacado de esas reuniones les permitió enfrentarse a una prueba futura incluso más terrible.

Por lo tanto, concluimos destacando de nuevo la importancia que tiene integrar nuestras vidas laborales como cristianos con nuestra comunión espiritual y nuestra oración, y aferrarnos al llamado de Dios a hacer ambas cosas. Es probable que Daniel y sus amigos experimentasen más revelaciones y visiones de Dios de las que posiblemente tendrá en toda su vida

[7] Del himno de Arthur Campbell Ainger, "God Is Working His Purpose Out as Year Succeeds to Year" (1894).

cualquier grupo de cristianos que se reúnan en casas (y la mayoría de esos grupos estará encantada seguramente de no tener el tipo de experiencias y de visiones que tuvieron los amigos de Daniel). Sin embargo, el efecto que tuvieron sobre ellos no fue que escondieron la cabeza en nubes de piedad; tampoco se dedicaron a relucientes ministerios "proféticos"; no fueron a un seminario bíblico para desarrollar sus dones espirituales recién descubiertos —la oración y las visiones proféticas del futuro—. Simplemente siguieron con el trabajo para el que se habían formado. Se mantuvieron en sus puestos. Y Dios usó a Sadrac, Mesac y Abed-nego (Dn 3) y a Daniel (Dn 4) para tener un impacto mucho mayor sobre el rey que si hubiesen tronado como Amós o refulgido como Elías. Dios necesita profetas, pero también personas que entiendan la verdad profética y sigan adelante con sus vidas en el mundo en el que los ha puesto Dios.

En pocas palabras, podríamos decir que Daniel y sus amigos sabían en qué historia estaban viviendo. Vivían por necesidad en la historia de la estatua, sirviendo a su cabeza de oro. Pero ahora sabían también —gracias al sueño, aunque ya lo habrían intuido antes a partir de su comprensión, como israelitas, de las Escrituras que hablaban del gobierno de Yahvé)— que estaban viviendo en la historia de la roca, el reino eterno de Dios que al final sustituiría a todos los reinos terrenales.

Así que debemos preguntarnos, no solo los domingos, sino durante toda la semana laboral y todas nuestras vidas en este mundo: «¿En qué historia vivimos?». También nosotros vivimos dentro de la historia de la estatua, en el sentido de que debemos participar en la historia de este mundo con su sucesión de imperios y regímenes humanos. Pero esa historia, como la estatua de Nabucodonosor, es frágil, está rota y es vulnerable. Los imperios vienen y van. Todos ellos tienen pies de barro. Algunos pueden perdurar diversos siglos, pero muchos no sobreviven siquiera al siglo en el que comenzaron a existir. Gran Bretaña dominó el mundo desde finales del siglo XIX hasta mediados del XX. Estados Unidos se convirtió en la potencia mundial dominante después de la Segunda Guerra Mundial; ¿será testigo el siglo XXI de cómo el poder occidental acabará siendo eclipsado por China? O miremos más atrás. En otro tiempo, España y Portugal dirigieron imperios tremendamente fuertes que controlaban toda Latinoamérica; ahora se cuentan entre los miembros más pobres de la familia de las naciones europeas.

Si vivimos solo *en* y *para* la historia del mundo, esta está condenada a derrumbarse. La estatua tiene pies de barro. No durará para siempre.

Pero conocemos una historia diferente, la que está obrando incluso dentro de la historia de los imperios humanos. Es la historia de la roca, el reino de Dios. Es la historia, nada menos, de toda la Biblia: todo el consejo de Dios —como Pablo lo llamó (Hch 20:27)—; es la historia de la misión de Dios para sacar a personas de toda nación, tribu y lengua de entre todos los imperios que han transitado por el mundo para llevarlas a la nueva creación, redimidas y reconciliadas por medio de la cruz y la resurrección del Señor Jesucristo. *Esa* historia alcanza su clímax cuando «los reinos del mundo han venido a ser de nuestro Señor y de su Cristo» (Ap 11:15).

Dios nos llama a conocer la historia en la que estamos, y a invertir en *esa* historia y ese futuro. Porque el futuro pertenece en realidad al reino de Dios que nunca pasará.

Imperios potentes el mundo ha perdido;
se van sus glorias y su majestad;
mas tu excelso reino con los que han creído,
sus glorias retiene por la eternidad.[8]

---

[8] Del himno "The Day Thou Gavest, Lord, Is Ended", de John Ellerton (1870). Traducido al español por Jaime Clifford como "El día que diste".

CAPÍTULO 3

INCLINARSE O ARDER

Durante una de sus vacaciones escolares, mi hija consiguió un empleo de ayudante de cocina en un hotel bastante grande. Los ayudantes de cocina hacen los trabajos más humildes y menos populares dentro del departamento de cáterin. En medio de toda una colección variopinta de tipos humanos, aprovechó positivamente todo aquel alboroto de relaciones sociales en el entorno laboral: «La verdad es que es genial que la gente se entere de que soy cristiana —me dijo una vez—, ¡porque eso añade controversia a la conversación!».

¡Estupendo! Pero una cosa es disfrutar frente a un fogón de un ardoroso debate —dentro de un contexto en el que el hecho de que tengas algunas creencias y opiniones peculiares le ilumina el día a todo el mundo— y otra muy distinta es que esas convicciones te metan en graves problemas que pueden amenazar tu propio empleo y muchas otras cosas importantes de la vida.

Está muy bien defender tu fe cuando eres un estudiante joven, como Daniel y sus amigos lo fueron cuando llegaron a

Babilonia. En la época estudiantil es casi la norma estar llenos de idealismo y de intenciones y opiniones radicales, con el lujo añadido de verse libre de las responsabilidades de la familia y el empleo. Puedes poner en riesgo parte de tu popularidad debido a tus opiniones religiosas, pero no mucho más (aunque, como veremos más tarde, incluso esa libertad juvenil se está viendo limitada por un nuevo tipo de intolerancia).

Más adelante en la vida, las realidades del mundo del trabajo y los negocios "seculares" pueden arrinconar con mucha más fuerza la fe y la integridad de una persona. ¿Cómo puedes sobrevivir en "el mundo real" a menos que comulgues con los caminos del mundo? Sin duda, no se trata tanto de inclinarse ante ídolos como ante lo inevitable. El mundo puede exigir un alto precio a quienes se niegan a hacer las cosas a su manera. Pedro presenta justo esta idea en 1 Pedro 4:3, 4.

Aquí encontramos a los tres amigos de Daniel, que se habían unido a él en su acto de objeción de conciencia frente a un elemento de su reeducación en el Estado babilonio; ahora se enfrentaban a una prueba de lealtad mucho más amenazante para su fe. Ya no estamos hablando de comida y de vino: es una cuestión de vida o muerte.

Lo menos que Daniel había hecho por Nabucodonosor hasta ese momento era curar sus malos sueños. Lo que en realidad había intentado era confrontarlo con el Dios que gobierna la historia y el futuro, y hacer que este joven rey babilonio enfrentara su propio lugar dentro del gran diseño de las cosas en los propósitos de Dios. Nabucodonosor era la cabeza de un gran imperio, pero había un reino mayor que el suyo. Y, al final, sería el reino de Dios el que superaría la prueba del tiempo cuando la roca de su pesadilla hubiera reducido a polvo y a escombros todos los imperios humanos.

Pero Nabucodonosor todavía no estaba preparado para enfrentarse a algo así. Eso habría puesto en duda su estatus y su poder presentes a la cabeza del mayor imperio del mundo. Habría tirado por tierra algunos de sus sueños dorados. Al final de Daniel 4 encontramos a un Nabucodonosor muy distinto que ha cambiado de parecer. Pero por el momento su agenda se centraba en sus propios planes.

Liberado de la perturbación de su pesadilla recurrente, se dispuso a resolver el problema que esta representaba. Si la estatua era inestable debido a sus frágiles pies, Nabucodonosor decidió reforzar su cabeza de oro, es decir, a sí mismo y a su joven reino. Podía olvidarse de la roca destructora que escapaba del control humano. Si su imperio tenía debilidades causadas por la desunión (dado que los pies eran una mezcla inestable de hierro y de barro), entonces debía crear un pueblo unido, armonioso, cohesionado por vínculos de lealtad política, celo religioso y orgullo cultural. Fue esta decisión y la política a la que condujo las que crearon problemas para los amigos de Daniel, y sin duda para otros creyentes judíos.

El problema con el que se enfrentaban ahora era uno con el que los creyentes, tanto judíos como cristianos, han tenido que luchar a lo largo de los siglos. ¿Cuáles son los límites del patriotismo? ¿Cómo es posible, por un lado, obedecer instrucciones como Jeremías 29:7 y Romanos 13:1-7, que hablan de buscar el bienestar del país donde Dios te haya puesto, mostrando una sumisión fiel y una ciudadanía idónea, y, por el otro, seguir siendo fieles al mandamiento divino de adorarlo solo a él? La lealtad a la propia cultura y al país, ¿es buena? ¿Cuándo se vuelve idolátrica, es decir, cuándo ocupa ese lugar de importancia última que solo debe pertenecer a Dios? ¿Podemos negarnos a obedecer a las autoridades estatales y, si es así, por qué razones? Y si lo hacemos, ¿podemos tener la expectativa de que Dios nos echará un cable?

Estas pueden ser preguntas bastante difíciles para los creyentes que son ciudadanos de a pie. Para quienes ocupan cargos públicos, ya sea en la vida política o en la administración civil del gobierno, a veces pueden literalmente convertirse en un dilema de vida o muerte.

Las exigencias del Estado (3:1-7)

> El rey Nabucodonosor hizo una estatua de oro cuya altura era de sesenta codos, y su anchura de seis codos; la levantó en el campo de Dura, en la provincia de Babilonia. Y envió el rey Nabucodonosor a que se reuniesen los sátrapas, los magistrados y capitanes, oidores, tesoreros, consejeros, jueces, y todos los gobernadores de las provincias, para que viniesen a la dedicación de la estatua que el rey Nabucodonosor había levantado. Fueron, pues, reunidos los sátrapas, magistrados, capitanes, oidores, tesoreros, consejeros, jueces, y todos los gobernadores de las provincias, a la dedicación de la estatua que el rey Nabucodonosor había levantado; y estaban en pie delante de la estatua que había levantado el rey Nabucodonosor.
>
> Y el pregonero anunciaba en alta voz: Mándase a vosotros, oh pueblos, naciones y lenguas, que al oír el son de la bocina, de la flauta, del tamboril, del arpa, del salterio, de la zampoña y de todo instrumento de música, os postréis y adoréis la estatua de oro que el rey Nabucodonosor ha levantado; y cualquiera que no se postre y adore, inmediatamente será echado dentro de un horno de fuego ardiendo.
>
> Por lo cual, al oír todos los pueblos el son de la bocina, de la flauta, del tamboril, del arpa, del salterio, de la zampoña y de todo instrumento de música, todos los pueblos, naciones y lenguas se postraron y adoraron la estatua de oro que el rey Nabucodonosor había levantado. (Dn 3:1-7)

«La estatua de oro que el rey Nabucodonosor había levantado»... esta frase despierta ecos por todo Daniel 3. La propia estatua ocupa un lugar central en toda la escena. Pretende claramente recordar al lector la cabeza de oro en la estatua del sueño de Nabucodonosor en el capítulo previo. No se nos dice exactamente qué representaba aquella imagen de oro; seguramente no se trataba de ninguno de los dioses de Babilonia porque el versículo 12 la distingue de ellos. Por tanto, podría ser una imagen estilizada del propio Nabucodonosor o de su poder imperial. Quizá se trataba de un enorme monumento al propio Imperio babilónico, "el espíritu de Babilonia". Lo que está claro es que era enorme, treinta metros de alto y nueve de ancho en su pedestal: un pilar reluciente y agresivo de gloria imperial y de poder estatal.

¿Qué función tenía? No era un mero símbolo del orgullo personal de Nabucodonosor, aunque este era bastante grande. Más bien pretendía ser un símbolo de la unidad y de la fortaleza del imperio. Gracias a Daniel 1 sabemos que Babilonia gobernaba sobre una gran coalición de naciones y pueblos, a los que en este capítulo se menciona con las palabras «todos los pueblos, naciones y lenguas». El plan de Nabucodonosor era crear cierto tipo de unidad política imperial mediante la imposición de una ideología sagrada del propio Estado (una religión y una cultura nacionales) con propósitos oficiales. Encauzaría el celo religioso y el orgullo cultural (fijémonos en el énfasis sobre todo tipo de música), una combinación muy poderosa en cualquier era. Por supuesto, no se prohibiría la adoración a otros dioses. La gente podría conservar y adorar a los dioses de sus propias naciones y culturas, siempre que diesen prioridad a los dioses estatales oficiales de Babilonia. Un rey, un imperio, una religión oficial, todo simbolizado en aquella gigantesca estatua de oro.

Así que organizó un gran festival en Babilonia en torno a la estatua de oro. Debía ser un evento unificador espectacular, que quizá duraría varios meses. Este permitiría e impondría el tipo de lealtad y devoción imperial que necesitaba para estabilizar y fortalecer su relativamente joven imperio. Fue un ejemplo de cómo se forja un imperio: que todo el mundo declarase públicamente su fidelidad a él, el gran benefactor y padre de la nación. Todos los grupos étnicos de su reino podrían conservar su propia cultura y sus dioses, pero deberían subordinarse al culto común del imperio. Es posible que dispusiera que todas las tradiciones musicales de los distintos grupos pudieran manifestar su herencia por turnos, siempre y cuando todo se hiciera en honor de su estatua de oro. Quizá fue un gran festival de diversidad regional, pero todo para la gloria de Babilonia. De esta manera permitiría la expresión de las diferencias regionales y del orgullo local, pero sujetándola a su deseada unidad imperial.

Unidad nacional, seguridad nacional, orgullo nacional: estas eran las poderosas fuerzas impulsoras del festival de Nabucodonosor, grande, reluciente y dorado. Así, el Estado de Nabucodonosor declaraba su derecho a la fidelidad total y exigía a todo ciudadano leal que reconociese ese hecho.

Y lo hicieron, tal como la gente lo sigue haciendo cuando empiezan a sonar los tambores y la música del orgullo nacional. Desde lo más alto a lo más bajo de la sociedad, los súbditos acudieron a la celebración. Detectamos cierto humor intencional en las listas repetidas de oficiales y de instrumentos musicales que incluye el pasaje. Todo el mundo que era alguien estuvo allí. Era el lugar donde ser vistos: un entorno ruidoso, festivo, cautivador, contagioso. Era la Babilonia de Nabucodonosor. Y el poder seductor de esas celebraciones grandes, patrocinadas por el Estado, es tan fuerte que la mayoría de personas acudió voluntariamente, y puede que hasta agradecidas.

Sin embargo, por si acaso, en el fondo siempre se erguía el "horno de fuego". No porque se fuera a necesitar, por supuesto, sino porque las políticas estatales necesitan castigos estatales, y la gente debía darse cuenta de que el gobierno iba en serio. «¡Inclinarse o arder! ¡Un brindis por el rey o una barbacoa!». Sin duda, nadie en su sano juicio iba a oponerse.

Esta era, por lo tanto, la exigencia del Estado de Nabucodonosor. Tiene un regusto totalitario familiar: la idea de que el propio Estado es la realidad última que gobierna la totalidad de las vidas de sus súbditos y exige una lealtad y una obediencia completas. Es una declaración que ha despertado ecos y se ha reiterado muchas veces con el paso de los siglos, llegando hasta el nuestro.

Nabucodonosor no fue el primero ni el último en vincular el patriotismo, la religión y la cultura para el beneficio político del propio Estado. ¿En cuántos países, antiguos y modernos, occidentales o no, hemos visto esta combinación? El Estado exige la lealtad total y la justifica sobre el fundamento de la necesidad, la estabilidad, la supervivencia étnica, incluso de los ideales más elevados. Y cuando el Estado empieza a hacer estas exigencias, no deja más alternativa que el horno o sus muchos equivalentes. Bajo el Imperio romano, el culto de adoración al emperador ya había echado raíces en la época de la iglesia del Nuevo Testamento. Roma tuvo un problema con la diversidad étnica en sus dominios más alejados aún mayor que el que tuvo Babilonia. De modo que pidieron a todas las personas, independientemente de a qué otros dioses adoraran, que quemasen incienso ante un busto del emperador romano, reconociéndolo como ente divino, y a formular el "voto de lealtad" que decía "César es el Señor". Por supuesto, los cristianos no podían hacerlo ni lo hicieron. Los labios que habían confesado "Jesús es el Señor" no podían luego decir "César es el Señor". Por esa negativa se enfrentaron a leones y a otros castigos equivalentes al "horno de fuego".

El Estado es una institución humana que parece tener una tendencia innata a la idolatría, a reclamar la autoridad última y a exigir una lealtad total. Esta tendencia nace de nuestra inseguridad humana como seres caídos. Habiendo rechazado a Dios como fuente de autoridad y de seguridad, anhelamos cualquier cosa que aporte a la vida orden, estabilidad, seguridad, regularidad y cohesión social. Cuando un Estado poderoso promete estas cosas, estamos dispuestos a pagar un alto precio para adquirir esos beneficios aparentes —o, al menos, la promesa de ellos—. O quizá, más exactamente, cuando llega el momento de la verdad, no estamos dispuestos a pagar el precio más alto que supone no comprarlos.

Los cristianos occidentales estamos agradecidos y con razón por la libertad que tenemos hoy frente a semejante totalitarismo descarado. También somos muy conscientes del alto precio que se tuvo que pagar para destruir una tiranía así de virulenta en Europa en la Segunda Guerra Mundial. Pero incluso después de eso, los cristianos de Europa central y del este vivieron durante dos generaciones con las cadenas de semejante ideología estatal, según la cual, irónicamente, los Estados que se declaraban oficialmente ateos defendían el tipo de lealtad y de obediencia que condenaban al verlas en Estados teocráticos del pasado. Sin embargo, cuando los Estados excomunistas de la Europa del Este obtuvieron su independencia de la Unión Soviética, los cristianos más reflexivos entre ellos se preguntaron si habían cambiado la ideología del materialismo marxista por la idolatría del consumismo capitalista occidental. Ambas cosas pueden ser declaradamente idolátricas, y ninguna deja espacio para el Dios vivo.

Pero hay muchos otros lugares del mundo donde los cristianos viven bajo regímenes que exigen lealtad a otros dioses o a ideologías totalitarias, ya sean los Estados comunistas que aún quedan en el sureste asiático y en China, o en ese creciente número de países (como Pakistán y Malasia) donde los gobiernos islámicos están reduciendo o erradicando los derechos religiosos y civiles de los adherentes de otros credos, incluso en Estados con constituciones supuestamente democráticas. Y, por supuesto, somos testigos de la tiranía de la ideología y de la narrativa religioso-política que ha surgido en la región dominada por ISIS en Oriente Medio. La sumisión o la muerte (o la huida) se han convertido en las alternativas a las que se enfrentan millones de personas en esas zonas.

Incluso en un país como India, que es constitucionalmente secular, el peso del hinduismo es tan intenso en cada fibra de la vida pública y comunitaria que en algunos lugares preservar una identidad o una lealtad distintivamente cristianas puede exigir un alto precio. Sin duda, el objetivo de algunos movimientos nacionalistas hindúes es alcanzar el tipo de unidad de religión, nacionalidad y cultura que pretendió Nabucodonosor. Sostienen que para los indios patrióticos solo hay una religión; cualquier otro compromiso religioso se considera esencialmente traicionero. A los cristianos indios se les dice que no pueden ser verdaderos indios si se adhieren a "una religión occidental", a pesar del hecho de que el cristianismo es fácilmente una de las religiones más antiguas de la India, ciertamente más que el islam o la religión sij, y que llegó allí mucho antes de la conversión al cristianismo de "Occidente" (*i. e.*, la Europa pagana).

El precio del monoteísmo (3:8-15)

> Por esto en aquel tiempo algunos varones caldeos vinieron y acusaron maliciosamente a los judíos. Hablaron y dijeron al rey Nabucodonosor: Rey, para siempre vive. Tú, oh rey, has dado una ley que todo hombre, al oír el son de la bocina, de la flauta, del tamboril, del arpa, del salterio, de la zampoña y de todo instrumento de música, se postre y adore la estatua de oro; y el que no se postre y adore, sea echado dentro de un horno de fuego ardiendo. Hay unos varones judíos, los cuales pusiste sobre los negocios de la provincia de Babilonia: Sadrac, Mesac y Abed-nego; estos varones, oh rey, no te han respetado; no adoran tus dioses, ni adoran la estatua de oro que has levantado.
>
> Entonces Nabucodonosor dijo con ira y con enojo que le trajesen a Sadrac, Mesac y Abed-nego. Al instante fueron traídos

> estos varones delante del rey. Habló Nabucodonosor y les dijo: ¿Es verdad, Sadrac, Mesac y Abed-nego, que vosotros no honráis a mi dios, ni adoráis la estatua de oro que he levantado? Ahora, pues, ¿estáis dispuestos para que al oír el son de la bocina, de la flauta, del tamboril, del arpa, del salterio, de la zampoña y de todo instrumento de música, os postréis y adoréis la estatua que he hecho? Porque si no la adorareis, en la misma hora seréis echados en medio de un horno de fuego ardiendo; ¿y qué dios será aquel que os libre de mis manos? (Dn 3:8-15)

La situación llegó a un punto álgido para Sadrac, Mesac y Abed-nego, aunque probablemente no por incitación de estos. No parece que lo vieran venir. Nos vienen a la mente tres observaciones sobre esta parte de la historia.

Inmotivado

Antes que nada, el pasaje parece sugerir que este repentino conflicto entre ellos y el gobierno estatal fue *inmotivado*. La conducta y los comentarios de aquellos hombres al ser llevados delante del rey sugieren que, de hecho, habían intentado evitar aquella confrontación. Quizá se habían limitado a mantenerse alejados del festival y a no llamar la atención. Sea como fuere, en el texto no hay nada que justifique aquellas imágenes del franelógrafo de cuando era pequeño, en el que veíamos toda una llanura llena de miles de personas, todas ellas inclinadas con el rostro en tierra como musulmanes, excepto esos tres hombres que, orgullosa y destacadamente, se mantenían de pie en medio de todos. Parece mucho más probable que no adoptasen semejante postura deliberada de desafío, sino que simplemente optasen por no participar en los conciertos musicales. Eso encajaría mejor con su política, tal como vimos en el capítulo 1. Allí observamos su educada negativa a aceptar un detalle concreto de su formación, a pesar de la notable aceptación y adaptación culturales que habían manifestado en otras facetas. Aquellos hombres no aspiraban al martirio, no buscaban una ocasión para manifestar su afiliación religiosa ni habían planeado tener una confrontación con las autoridades. Eran, simplemente, siervos gubernamentales concienzudos que hacían cada día su trabajo, sirviendo al imperio sin adorarlo. De modo que la confrontación tuvo lugar porque otros los denunciaron, no porque la buscaran ellos mismos.

Inesperado

Segundo, nos da la impresión de que esta prueba repentina de su fidelidad a Dios fue *inesperada*. Esto es lo que nos induce a pensar la historia de este libro hasta este punto. Sin duda, pudieron pensar ellos, ya habían resuelto aquella cuestión justo al principio de su carrera como servidores del gobierno. Habían declarado su objeción de conciencia, por motivos religiosos, a la política de la "lealtad total" a Babilonia (al respecto del tema de los alimentos procedentes de la mesa del rey) y el gobierno la había aceptado. No se habían enfrentado a amenazas o castigos por la postura que habían adoptado justo entonces. Disfrutaban de cierto grado de tolerancia religiosa. Y después de eso habían proseguido con el trabajo para el que los habían formado y, por lo que sabemos, no se habían enfrentado a ningún otro problema de conciencia. Su servicio al gobierno de Babilonia no había supuesto ninguna concesión de su compromiso de fe con su Dios. Sin embargo, de repente, se vieron inmersos en un conflicto con el propio rey. No solo fue repentino e inesperado, sino que supuso una amenaza aterradora: en un momento desempeñaban un cargo respetable y responsable, y al minuto siguiente eran arrastrados a la presencia del rey y se enfrentaban a las llamas de la extinción inmediata.

Inmotivada e inesperada. Así es como en ocasiones llega la persecución. Los creyentes nunca se pueden permitir relajarse.

La marea de la política humana puede cambiar sorprendentemente rápido, tanto para bien como para mal. Los israelitas estaban cómodos en Egipto hasta que «se levantó sobre Egipto un nuevo rey que no conocía a José» (Ex 1:8), y súbitamente su estatus como huéspedes privilegiados se convirtió en una explotación genocida. David un día era un músico cortesano favorecido y al siguiente estaba esquivando jabalinas. Elías fue un héroe público en el monte Carmelo un día, y uno más tarde estaba huyendo de Jezabel para salvar su vida. Las multitudes que se apiñaron en torno a Jesús para su entrada en Jerusalén, llevando ramas de palmera el primer día de la semana, al final de la misma semana pedían a gritos su muerte.

Así ha pasado a lo largo de la historia. Algunos Estados que en una era han dado la bienvenida a los misioneros cristianos se han lanzado, más tarde, a una persecución feroz contra ellos. Estados Unidos, un país fundado por personas que huyeron de la intolerancia religiosa, ha engendrado recientemente el fenómeno increíblemente intolerante de lo "políticamente correcto". En Gran Bretaña, las leyes que fueron redactadas para criminalizar el odio racial y la incitación a la violencia, así como otras leyes más recientes sobre la igualdad, se han usado contra los cristianos para penalizarlos por actuar conforme a su propia conciencia en relación con la cultura y las normas sociales relativas al género. Esa intolerancia no ha adoptado la forma de violencia o de amenazas de muerte, pero en algunos casos ha destruido por completo la forma de ganarse la vida de muchas personas.

Debemos recordar que vivimos en un mundo que, en general, se encuentra en rebelión contra Dios. De manera que, aunque nosotros en Occidente vivamos en entornos sociopolíticos sustancialmente benévolos y tolerantes, esto bien pudiera ser un interludio transitorio en el gran avance de la historia humana, inducido por la aceptación relativa durante unos siglos de la cosmovisión cristiana y de sus valores asociados, en lugar de ser una situación permanente. Durante la mayor parte de la historia y para la mayoría de cristianos en la mayor parte del mundo, las vidas de los creyentes han tenido como telón de fondo amenazas, intolerancia y diversos grados de persecución. Quizá en Occidente debamos reconocer nuestra necesidad de estar preparados para enfrentarnos a tales cosas, y para tener la humildad de aprender de hermanos y hermanas en otras partes del mundo que nunca han conocido otra forma de vida.

Volviendo a nuestros tres amigos, el cariz que adoptan ahora las cosas justifica la importancia de la postura que adoptaron antes. En aquella época, en el capítulo 1, se mantuvieron firmes al respecto de lo que podría parecer un asunto intrascendente. Se habían negado a participar en el tipo de comunión pactual que suponía la mesa del rey, que habría simbolizado la lealtad y la dependencia totales al Estado. En aquellos momentos, los primeros tiempos de su cautiverio y del reinado de Nabucodonosor, debió de parecer muy improbable que este rey acabase haciendo una exigencia tan radical. En aquella época, su política parecía consistir en fomentar relativamente los diferentes grupos étnicos y religiosos de su imperio. Y, en cualquier caso, procedían de un pueblo conquistado; desde el punto de vista babilónico, sus dioses estaban sometidos a los del imperio. La exigencia totalitaria de lealtad absoluta, y lo que suponía la adoración al propio Estado, no se les exigió en aquellos momentos, o al menos pudieron encontrar una manera aceptable de evitarla.

Pero ahora aquella exigencia absoluta y blasfema se alzaba treinta metros recortada sobre el cielo azul, y no podían eludirla. E incluso si intentaron pasar desapercibidos, otros detectaron su negativa y la envidia profesional pronto hizo su trabajo, como vuelve a hacerlo más tarde (en Daniel 6). Sin embargo, lo que fortaleció *esta* decisión fue la que tomaron *antes*. En sus días como estudiantes habían marcado la dirección y los límites de su compromiso en lo tocante a un asunto relativamente pequeño. Ahora, cuando el asunto era más grande, aquella decisión fue probada por fuego. «El que es fiel en lo muy poco, también en lo más es fiel» (Lc 16:10).

Tentador

Tercero, podemos reflexionar sobre cuán *tentadora* fue la situación para ellos. Después de todo, no fueron llamados expresamente a *negar* a su Dios Yahvé, al menos según lo entendían el rey y sus contemporáneos politeístas. Solo era cuestión de hacer una leve reverencia a Nabucodonosor y a su estatua. El dilema que les planteaban era este: ¿Por qué insistir en vuestro peculiar monoteísmo cuando el coste es tan alto? Nadie os está pidiendo que neguéis a vuestro dios; aceptad simplemente que el nuestro es superior y honrad los símbolos nacionales para el bien común.

Este argumento tiene una fuerza persuasiva muy sutil. Señala el contraste absoluto entre el verdadero monoteísmo y todas las formas de politeísmo. Y, al hacerlo, también deja muy clara la diferencia entre la fe bíblica y el pluralismo religioso.

La seducción del politeísmo y del pluralismo es que amplían todas las decisiones y no ponen límites. Bajo el pluralismo puedes tolerar cualquier cosa menos, claro está, a la persona que insiste en que solo existe un Dios verdadero. Entonces la "tolerancia" puede conducir a hornos de fuego. En India, el vasto océano del politeísmo hindú parece permitir cualquier cosa e inundarlo todo. Dado que solo existe una realidad última, consideran que al final todos los caminos religiosos conducen a ella. De modo que se tolera todo *excepto* la idea de que exista un solo camino. El monoteísmo estrictamente bíblico, y en especial la convicción de la unicidad de Cristo como Salvador, se miran con desagrado.

Por esto es muy difícil que muchos cristianos ordinarios sean verdadera y coherentemente monoteístas tanto en su práctica como en su confesión. Las tentaciones y las demandas del politeísmo circundante, que es aparentemente inofensivo y una expectativa social, forman parte de la vida cotidiana. Resulta muy difícil mediar entre lo que es "cultural" y lo que es "religioso", dado que ambos elementos están íntimamente entrelazados y se refuerzan mutuamente. Los cristianos que defienden su monoteísmo y se niegan a tomar parte en dedicaciones a las deidades hinduistas en el trabajo o a ofrendar en su barrio para los festivales hinduistas pueden enfrentarse al ostracismo, el rechazo, la violencia contra sus personas u hogares, la discriminación de sus hijos e incluso amenazas de muerte. La lealtad solo a Cristo puede ser costosa, tanto personal como socialmente. Es mucho más fácil mantener tu monoteísmo en el corazón y contentar a la sociedad haciendo gentiles inclinaciones de cabeza a los dioses cuando haga falta.

Sin duda, así es como Nabucodonosor quiso razonar con sus tres oficiales del gobierno. Podemos imaginar que adoptaría un enfoque "de hombre a hombre":

> Caballeros, no convirtamos en una montaña un grano de arena. ¿Por qué tener una mente tan estrecha y dogmática? Después de todo, soy vuestro rey. De hecho, soy aquel que, como decís vosotros, ¡fue nombrado por vuestro propio dios! O sea, que hasta vuestro dios espera que demostréis vuestra fidelidad a mí y a mi estatua, ¿no? Sed razonables conmigo y yo lo seré con vosotros. ¿Por qué desperdiciar vuestras vidas por un gesto inútil de intolerancia religiosa?

Pero ellos no cedieron y se dispusieron a enfrentarse al coste de esa verdad crucial y revelada de su fe: «Jehová es Dios, y no hay otro fuera de él. [...] Jehová es Dios arriba en el cielo y abajo en la tierra, y no hay otro» (Dt 4:35, 39).

El coraje de la fe (3:16-18)

> Sadrac, Mesac y Abed-nego respondieron al rey Nabucodonosor, diciendo: No es necesario que te respondamos sobre este asunto. He aquí nuestro Dios a quien servimos puede librarnos del horno de fuego ardiendo; y de tu mano, oh rey, nos librará. Y si no, sepas, oh rey, que no serviremos a tus dioses, ni tampoco adoraremos la estatua que has levantado. (Dn 3:16-18)

Estos son unos versículos tremendamente impresionantes. La respuesta de los tres amigos a Nabucodonosor es serena, digna y segura, llena de confianza en Dios, pero sin ser presuntuosa delante del rey.

Lo primero que destacamos es la frialdad con la que desinflan la arrogancia del rey. Fijémonos en el contraste entre lo que dice este al final del versículo 15 y el modo en que responden ellos en el versículo 16.

«¿Qué *dios* os puede librar de *mi* mano?», pregunta, como diciendo: «Yo, Nabucodonosor, soy mejor que la deidad promedio». Fue una exigencia de divinidad apenas disimulada o, como mínimo, fue la declaración de que, por lo que concernía al tema presente, su poder real pesaba más que cualquier fe religiosa. Su estatus, de oro reluciente y fuego destellante, sobrepasaba lo que cualquier mero dios pudiera hacer por ellos.

Parte del problema de Nabucodonosor, como deja claro Daniel 4, era que estaba perfectamente dispuesto a que los dioses gobernaran en el cielo, siempre y cuando quedara claro quién gobernaba en la tierra. Con su horno de fuego a la vuelta de la esquina, debió de parecerle una suposición perfectamente razonable. En cualquier caso, así es como se dirige a estos tres simples funcionarios del gobierno. ¡Qué locura imaginar que sus absurdos y estrechos escrúpulos religiosos pudieran ser rival para su poder real absoluto!

Pero Sadrac, Mesac y Abed-nego se limitan a responder: «Nabucodonosor...», usando el nombre de pila del rey. (En el texto hebreo, la palabra "rey" llega más tarde, no en su discurso inmediato: «Dijeron al rey Nabucodonosor»). Sin títulos, sin rótulos honoríficos, sin un optimista «¡Oh, rey, para siempre vive!»... se dirigen a él como a un hombre, nada más. Puede que tuviera a su lado una estatua de treinta metros, pero en la ropa interior, bajo todos sus ropajes y sus adornos de oro, seguía siendo el mero Nabucodonosor. Era su rey, sí, pero no era otra cosa que un hombre con un nombre, tal como ellos.

A continuación, se negaron a rebajarse, excusarse o explicarse. Lo que dijeron habla por sí solo: «No es necesario que te respondamos sobre este asunto». Habían servido al rey con competencia e integridad durante años, y su afiliación religiosa nunca había sido un obstáculo para ello. Su trabajo era evidente para todo el mundo, y su servicio eficiente al rey nunca se había visto amenazado por su compromiso al pacto con el Dios de Israel.

Después proceden a hacer una imitación todavía más valiente. Ponen patas arriba las amenazas del rey, siguiendo precisamente la misma estructura de la amenaza última del monarca, pero convirtiéndola en una negativa.

«*Si* estáis dispuestos a caer», había dicho, «pues muy bien... *Pero si no*, entonces...» (v. 15).

«*Si* nos echas al fuego», respondieron, «*pero si no...*» (v. 17).

Tremendo. Valiente. Pero en realidad no era más que los hechos tal como ellos los veían. «Puedes hacer lo que quieras, Nabucodonosor. Sea como fuere, no pensamos satisfacer tu exigencia».

Pero junto a esta compostura se aprecia también una notable confianza en Dios, expresada en términos clásicos en el versículo 17. Cada frase cuenta.

- «*El Dios...*». ¿Y quién era? Yahvé, el Dios de Israel, el Dios de toda su historia, Yahvé el del éxodo, el del Sinaí, el de la conquista. Aquellos creyentes judíos, con su licenciatura de primera clase en literatura, filosofía, arte y ciencia de Babilonia, no habían olvidado la fe de su infancia. Seguían formando parte del pueblo del pacto con Yahvé, y sabían quién era su Dios.

- «... *a quien servimos*...». Dijeron esto cuando estaban delante de su señor y dueño político, la encarnación suprema del propio Estado. «Sí, Nabucodonosor, somos tus siervos y, además, de los buenos; pero al servirte a ti en realidad servimos a nuestro Dios, el Dios que te puso donde estás». No dijeron, como lo hizo otro famoso judío cuando estuvo delante de una potencia política hostil que lo juzgaba para condenarlo: «Ninguna autoridad tendrías contra mí, si no te fuese dada de arriba» (Jn 19:11), pero sin duda eso es lo que quisieron decir.
- «... *puede librarnos del fuego*...». ¡Pues claro que sí! ¿Quién fue el creador del fuego? El mismo Dios que hizo el mar y rescató luego a Israel de él. La omnipotencia de Yahvé, y sobre todo su poder para salvar, eran parte demostrada del credo de todo israelita. Como ya vimos en el capítulo 2, hay una subtrama que discurre por el libro de Daniel sobre quién es realmente "capaz". ¿Dónde reside la capacidad ejecutiva real en los asuntos del mundo? Los políticos y los funcionarios civiles no siempre conocen la respuesta a esta pregunta, pero aquellos tres hombres sí la sabían.
- «... *y de tu mano, oh rey, nos librará*». Como decimos en Irlanda del Norte, de donde procedo: «A ver si lo pillas, Nabucodonosor: si lo que buscas es bronca, tú y tu extravagante imagen no sois rivales para nuestro Dios». Lo impresionante es la simplicidad de su respuesta. Para sacarle todo el jugo tenemos que ampliarla, pero su simplicidad originaria es majestuosa. No revela polémica alguna, ni ruegos ni protestas; solo la apacible confianza en la capacidad que Dios tiene para salvar.
- Sin embargo, el versículo 18 es incluso más sobrecogedor: «*Pero si no, que sepas, oh rey*...».[9] Estas son las palabras crucia-

[9] Existe la posibilidad de que las palabras "y si no" se refieran a la afirmación de que su Dios es capaz de salvarlos. Es decir, estaban diciendo: «Incluso si no es capaz de salvarnos, no te serviremos a ti ni a tus dioses». Sin embargo, aunque

> les en su respuesta al rey. No deben interpretarse como una recaída repentina en la duda y la incertidumbre. No es una pérdida de fe ni "prepararse para lo peor, por si acaso". Más bien se trata de una afirmación constante de la fe absoluta en Dios, pero dejando a este la libertad de hacer lo que prefiera. Esta era la naturaleza de la fe israelita en el poder *y* la sabiduría soberana de Yahvé. Esperaban claramente un milagro, pero, aunque no lo obtuvieran, servirían a Dios. Declaraban la fe total en la capacidad de Dios junto con la aceptación completa del libre albedrío que él tiene.

Esta es una combinación que cuesta mantener en la vida cotidiana práctica, y mucho más en las pruebas de fe que amenazan nuestra vida. Parece ir en contra de algunos tipos de enseñanza modernos sobre la certidumbre de fe inconmovible. Ciertamente, no encaja bien con una fe "póliza de seguro", del tipo: «Diga qué quiere y reclámelo». Se nos dice que cualquier necesidad que tengamos y que requiera un milagro de Dios debería verse satisfecha si la reclamamos por fe. Según la enseñanza del llamado "evangelio de la prosperidad", esa fe debe encarnarse en una "semilla" o "voto", normalmente bajo la forma de algún regalo económico o material al predicador. Entonces, una vez haces esa petición de "fe seminal", puedes estar seguro de que Dios hará lo que pides.

A veces se aplica una forma más sutil de esta enseñanza al ministerio de sanidad. Recuerdo que, cuando era un joven pastor ayudante, nuestra iglesia creía en el ministerio de oración por sanidad, y lo practicaba para todo tipo de enfermedad física, mental y espiritual. Fue una bendición para muchos, y

---

los argumentos exegéticos son complejos, creo que el concepto plasmado en la NIV [*N. del E.*: equivalente inglés de la NVI] y la mayoría de versiones inglesas es el correcto: «... pero incluso si no lo hace». La NEB incluye este matiz: «Si hay un dios capaz de librarnos del horno de fuego, es nuestro Dios, al que servimos, y nos librará de tu poder, oh rey; pero si no es así, sepa vuestra majestad que no serviremos a tu dios ni adoraremos la imagen de oro...».

Dios respondió a diversas oraciones. Pero recuerdo que había algunas personas que decían: «Nunca digas "hágase tu voluntad" cuando ores por algo o alguien, sobre todo cuando pidas sanidad. Dios puede, Dios ha prometido y Dios siempre hará. Solo ten fe».

Bueno, el versículo 17 por sí solo nos podría llevar a pensar así de no ser por el versículo que viene inmediatamente después. Los tres amigos estaban diciendo: «Por supuesto que nuestro Dios puede salvarnos del fuego, pero Dios sigue siendo Dios, es soberano en sabiduría y también en poder, y puede optar por no hacerlo. Pero incluso si Dios no nos libra de ese horno, seguiremos dándole toda nuestra confianza y compromiso, y no serviremos a tus dioses» (no es que tras pasar por el horno hubieran estado en la condición idónea para hacerlo, pero no era el momento para precisiones lógicas).

Recuerdo a una estudiante africana que llegó un día a la reunión de comunión a la que asistimos una tarde de domingo cuando vivíamos en Pune, India. Ella estaba matriculada en una de las universidades de Pune. ¡Menudo testimonio tenía! ¡Dios le había proporcionado todo!

- No tenía la cualificación precisa para que la admitieran en la universidad, pero creía que era donde Dios deseaba que estuviera, de modo que se postuló… y la aceptaron.
- No tenía dinero para pagar la matrícula, pero lo reclamó… y lo obtuvo.
- No tenía billete para el vuelo, pero lo pidió… y lo consiguió.
- Al provenir de un país africano necesitaba un visado. Lo solicitó… y se lo dieron.

Y así siguió contando cada una de las cosas en las que había confiado en Dios, a las cuales él había respondido en todos los casos. Fue una historia emocionante, y todos nos regocijamos con ella y alabamos a Dios.

No me considero un cínico, y ni por un instante dudé de su palabra o de su sinceridad. Pero no pude sino preguntarme cómo superará su fe la primera vez que Dios le diga "no" a algo. Porque sin duda lo hará (o, sospecho, ya lo habrá hecho). ¿Seguirá ella confiando en Dios cuando "reclame" algo y no lo obtenga?

Para mí supone un gran alivio saber que la sabiduría de Dios es más grande que la mía y que puedo confiar en que, si mis peticiones son excesivas, me dirá que no. Dios puede hacer milagros en la vida de cualquiera de nosotros, pero me alegro de que no esté atado a nuestro concepto de lo que es una buena idea. Incluso nuestras peticiones más sinceras pueden verse frustradas por la sabia negativa de Dios.

Hablando más seriamente, la Biblia manifiesta claramente y a menudo que Dios puede rescatar a algunas personas, pero permitir que otros sufran o mueran sin explicación alguna. Y no hay indicios de que el primer grupo tuviera más o menos fe que el segundo. ¿Te has preguntado alguna vez cómo se sintió Juan, el hermano de Santiago, cuando Dios envió a un ángel a sacar a Pedro de la cárcel, pero su propio hermano había sido ejecutado por Herodes poco tiempo antes (Hch 12)? ¿Es que Santiago no tenía fe y Pedro la tenía a raudales? El pasaje ni siquiera menciona la fe de Pedro; como mucho, se quedó bastante sorprendido. ¿Es que la iglesia (y especialmente su propio hermano Juan) no oró por Santiago igual que lo hizo por Pedro? Suponemos que sí, pero Dios dijo "no". Una espada para Santiago, un ángel para Pedro. ¿Por qué salvar a Pedro y dejar morir a Santiago? Solo Dios sabe la respuesta.

Incluso ese famoso capítulo que describe a los héroes de la fe y lo que Dios consiguió por medio de ellos, Hebreos 11, nos recuerda que no todo fue gloria y milagros. Hebreos 11:33-35a se lee como una ampliación de Daniel 3:17. De hecho, alude claramente a dos de los relatos en Daniel:

> [Aquellos] que por fe conquistaron reinos, hicieron justicia, alcanzaron promesas, taparon bocas de leones, apagaron fuegos impetuosos, evitaron filo de espada, sacaron fuerzas de debilidad, se hicieron fuertes en batallas, pusieron en fuga ejércitos extranjeros. Las mujeres recibieron sus muertos mediante resurrección.

Pero Hebreos 11:35b-38 se parece mucho más a Daniel 3:18:

> ... mas otros fueron atormentados, no aceptando el rescate, a fin de obtener mejor resurrección. Otros experimentaron vituperios y azotes, y a más de esto prisiones y cárceles. Fueron apedreados, aserrados, puestos a prueba, muertos a filo de espada; anduvieron de acá para allá cubiertos de pieles de ovejas y de cabras, pobres, angustiados, maltratados; de los cuales el mundo no era digno; errando por los desiertos, por los montes, por las cuevas y por las cavernas de la tierra.

Ahora bien, la poderosa exhortación que supone tomar muy entretejidos esos versículos de Hebreos 11 es que, tanto si acabas entre los "aquellos" que experimentaron todos los milagros o entre los "otros" que fueron ejecutados, todos «alcanzaron buen testimonio mediante la fe» (Hb 11:39). *Todos* están incluidos en la gran nube de testigos (Hb 12:1). En otras palabras, cuando alguien que conocemos (o nosotros mismos, en ese sentido) parece quedar abandonado a su suerte a pesar de la oración y de cualquier otro ministerio realizado a su favor —cuando un amigo no es sanado, cuando el milagro no ocurre, cuando la persecución o el sufrimiento simplemente continúan—, no deberíamos apresurarnos a concluir que no tenía fe, o que no tenía suficiente fe. Pensar o decir eso suele ser falso y es pastoralmente desastroso. Dios sabe y Dios ve, tanto si actúa mediante una liberación inmediata como si no.

Volviendo a nuestros tres amigos, ¿cuál fue el verdadero fundamento de su capacidad para vivir con el "y si no"? Radica en su manera de usar dos veces la palabra "servir", una con sentido positivo y otra con sentido negativo: «Nuestro Dios a quien servimos… no serviremos a tus dioses».

Lo que estaban diciendo en realidad era:

> Servimos a nuestro Dios no solo porque sea más fuerte que los tuyos, aunque lo es.
>
> Servimos a nuestro Dios no solo porque pueda hacer milagros por nosotros, aunque puede.
>
> Servimos a Yahvé nuestro Dios, en definitiva, porque es el único Dios al que se debe servir. Solo él es Dios. Solo él es Señor. Solo él es digno de ser servido, adorado y obedecido.
>
> De modo que, como ves, no se trata de elegir entre servir a *nuestro* Dios o servir a *tus* dioses. Esta es una elección que solo está abierta a un politeísta que piensa que ahí fuera hay muchos dioses entre los que elegir; toma tu decisión y sirve al que quieras.
>
> No, es meramente una elección entre *servir o no servir al único* Dios vivo y verdadero. Y optamos por servirlo sin tener en cuenta lo que decida hacer por nosotros.

Esta es una señal de la fe verdadera. Es la determinación de seguir sirviendo a Dios y confiando en él frente a cualquier "y si no". Es decir, junto a Job: «Aunque él me matare, en él esperaré» (Jb 13:15). Podría significar que seamos capaces de decir:

- Señor, creo que puedes protegerme a mí y a mi familia de todo peligro, enfermedad, accidente o de la misma muerte. Te ruego que lo hagas. Pero si no es así, no me inclinaré ni serviré a los dioses de la amargura y del resentimiento.
- Señor, creo que puedes preservar mi reputación y mi empleo si defiendo aquello que sé que es correcto y justo, obedeciendo a mi conciencia, no solo órdenes, y te ruego que lo hagas. Pero si no es así, incluso si pierdo todo eso, no me inclinaré ni serviré al dios de la cobardía ni seguiré el camino del mundo.
- Señor, creo que puedes abrirme la puerta a ese puesto de trabajo, ese ministerio, ese país, esa oportunidad que me parece tan buena. Te ruego que lo hagas. Pero aun si no lo haces, y

parece que camino entre tinieblas, no me inclinaré ni serviré a los dioses de la desesperación y la ansiedad.
- Señor, creo que puedes ofrecerme todos los fondos que necesito para este ministerio que hacemos en tu nombre, para que sea exitoso y dé fruto. Te ruego que lo hagas. Pero incluso si no es así, no me inclinaré ni serviré a los dioses del éxito manipulado ni sacrificaré mi integridad produciendo estadísticas e historias que sé que son exageradas o falsas.
- Señor, creo que puedes ayudarme a encontrar una pareja y a disfrutar de todos tus dones habituales del matrimonio y la familia. Te ruego que lo hagas. Pero incluso si no lo haces, no me inclinaré ni serviré a los dioses de la autocompasión.

No tengas miedo del "y si no". No se trata de duda ni de incredulidad. Es la aceptación humilde de la libertad soberana que tiene Dios para hacer con nosotros como quiera, y someternos a la prueba última de la fidelidad, si así lo decide. Entonces, como hicieron los discípulos, debemos orar pidiendo gracia para considerar un honor padecer por su nombre.

Tenemos que afirmar con la misma pasión tanto la verdad gloriosamente objetiva y bíblica del versículo 17 como el compromiso escrutador, exigente, personal (e igualmente bíblico) del versículo 18.

Nabucodonosor, atónito (3:19-30)

> Entonces Nabucodonosor se llenó de ira, y se demudó el aspecto de su rostro contra Sadrac, Mesac y Abed-nego, y ordenó que el horno se calentase siete veces más de lo acostumbrado. Y mandó a hombres muy vigorosos que tenía en su ejército, que atasen a Sadrac, Mesac y Abed-nego, para echarlos en el horno de fuego ardiendo. Entonces estos varones fueron atados con sus mantos, sus calzas, sus turbantes y sus vestidos, y fueron echados dentro del horno de fuego ardiendo. Y como la orden del rey era apremiante, y lo habían calentado mucho, la llama del fuego mató

a aquellos que habían alzado a Sadrac, Mesac y Abed-nego. Y estos tres varones, Sadrac, Mesac y Abed-nego, cayeron atados dentro del horno de fuego ardiendo.

Entonces el rey Nabucodonosor se espantó, y se levantó apresuradamente y dijo a los de su consejo: ¿No echaron a tres varones atados dentro del fuego?

Ellos respondieron al rey: Es verdad, oh rey.

Y él dijo: He aquí yo veo cuatro varones sueltos, que se pasean en medio del fuego sin sufrir ningún daño; y el aspecto del cuarto es semejante a hijo de los dioses.

Entonces Nabucodonosor se acercó a la puerta del horno de fuego ardiendo, y dijo: Sadrac, Mesac y Abed-nego, siervos del Dios Altísimo, salid y venid.

Entonces Sadrac, Mesac y Abed-nego salieron de en medio del fuego. Y se juntaron los sátrapas, los gobernadores, los capitanes y los consejeros del rey, para mirar a estos varones, cómo el fuego no había tenido poder alguno sobre sus cuerpos, ni aun el cabello de sus cabezas se había quemado; sus ropas estaban intactas, y ni siquiera olor de fuego tenían.

Entonces Nabucodonosor dijo: Bendito sea el Dios de ellos, de Sadrac, Mesac y Abed-nego, que envió su ángel y libró a sus siervos que confiaron en él, y que no cumplieron el edicto del rey, y entregaron sus cuerpos antes que servir y adorar a otro dios que su Dios. Por lo tanto, decreto que todo pueblo, nación o lengua que dijere blasfemia contra el Dios de Sadrac, Mesac y Abed-nego, sea descuartizado, y su casa convertida en muladar; por cuanto no hay dios que pueda librar como este.

Entonces el rey engrandeció a Sadrac, Mesac y Abed-nego en la provincia de Babilonia. (Dn 3:19-30)

¡El cuarto hombre entre las llamas!

No tiene mucho sentido preguntarnos por su identidad. Puede parecernos fácil, desde nuestra perspectiva, decir que debió de ser el Cristo preencarnado. Lo importante de la historia es que, desde el punto de vista de Nabucodonosor, era uno «semejante a hijo de los dioses», es decir, un ser divino, alguien o algo más allá de toda comprensión o poder humanos, alguien que superaba a su experiencia o su control. En el versículo 28 dice simplemente que el Dios de Sadrac, Mesac y Abed-nego había enviado a su ángel para rescatar a sus siervos.

Por lo tanto, para Nabucodonosor esta fue una confrontación aplastante con la "roca" de su peor pesadilla. ¿Quién era este? ¿Qué era este poder exterior muy por encima de todos sus nimios esfuerzos y amenazas? Por supuesto, era Dios, que participaba en un episodio más de su relación con aquel hombre, que alcanzará su punto culminante en el capítulo siguiente de Daniel.

Es evidente que se trató de una experiencia intensamente emocional. Nabucodonosor, a lo largo de este capítulo y en unos pocos versículos, se llena primero de furia, luego de temor, y por último utiliza los halagos. Los últimos versículos del capítulo no son precisamente una conversión, ¡sino más bien una confusión! El rey está atónito. Había tenido un encuentro perturbador con el reino de Dios, un reino que puso límites tan dramáticos al poder del suyo. Solo que en esta ocasión no se produjo en un sueño privado, sino en una realidad públicamente testimoniada que ni él ni toda su corte podían negar.

¿Y para los tres amigos? ¿Y para todos los que leerían la historia más tarde, tanto judíos como cristianos con el paso de los siglos? Fue una prueba espectacular de la verdad de Isaías 43:2: «Cuando pases por el fuego, no te quemarás». Nunca estás solo entre las llamas, tanto si sales vivo de ellas como si no. Esta es una verdad que ha proporcionado consuelo y valor a todos los creyentes perseguidos. Porque, claro está, para cada Sadrac, Mesac y Abed-nego que disfrutaron de la verdad del versículo 17 al experimentar la liberación milagrosa del peligro de muerte, ha habido muchos, muchos más, que tuvieron que vivir con la experiencia del versículo 18 y que aun así han seguido afirmando su fe, llegando incluso al martirio.

CAPÍTULO 4

EL CIELO REINA... EN LA TIERRA

En cierta ocasión leí que, en una encuesta para descubrir los personajes más odiados de Estados Unidos (¡para lo que encuestan a la gente!), entre los diez primeros figuraban... algunos televangelistas. En cierto sentido, esto me parece saludable y estimulante. Demuestra que las personas no se ven engañadas por la prostitución del evangelio y la autoexaltación descarada de los manipuladores de los medios de comunicación humanos. Hay pocas manifestaciones del cristianismo occidental moderno que me resulten más desagradables o más alejadas de las enseñanzas, el ejemplo y el estilo de vida de Jesús de Nazaret que las imágenes de esos predicadores, expertos en el postureo y el autobombo. De modo que me alivia un tanto enterarme de que hay muchas otras personas que también los consideran aborrecibles. Pero por otro lado, por supuesto, me entristece mucho que el nombre de Cristo se vea tan manchado por la impopularidad de estos falsos profetas y comerciantes millonarios de promesas falsas.

Las conflictivas reacciones a los televangelistas se enturbian todavía más cuando, como ha sucedido varias veces en los últimos años, algunos de ellos se caen de sus pedestales y son atrapados con algo más que sus metafóricos pantalones abajo, avergonzados por escándalos sexuales o económicos. A veces podemos sentir la mano de Dios, capaz de humillar «a los que andan con soberbia» (Dn 4:37). Pero también cuesta no sentir una punzada de alivio, o algo que no dista mucho de la complacencia, cuando esas megafiguras quedan reducidas a su tamaño real y se evidencia que son pecadores tan ordinarios como nosotros. Pero en cuanto detecto estos sentimientos, inmediatamente me viene a la cabeza otro pensamiento aleccionador (como debería pasar a todos los que conozcan sus corazones): que, «de no ser por la gracia de Dios, ese podría ser yo». Como pasa con el propio orgullo, alegrarse de la caída de otros suele preceder a la propia caída. El orgullo y el triunfalismo pueden ser una grave tentación para los cristianos, tanto en el ministerio pastoral como en el de la predicación o en la vida pública.

A los cristianos dentro del mundo laboral secular puede resultarles difícil hacer frente al orgullo, ya sea el de otros o el que fácilmente se adhiere a uno. Supongamos que hemos de trabajar dentro de una estructura de autoridad que es opresiva e impopular. ¡Todo el mundo odia al jefe! ¿Cómo nos sentimos si lo despiden o lo degradan? ¿Participamos de la satisfacción y la alegría de otros? O supongamos que nos encontramos yendo de éxito en éxito en nuestra profesión. ¿Cómo distinguimos nuestras ambiciones piadosas de la mera sed de poder y de posición o de la codicia que aspira a obtener recompensas económicas?

Daniel 4 es un estudio colorido y muy penetrante del orgullo y la humildad desde distintos ángulos, y adopta la forma a la que instintivamente prestamos atención: ¡un testimonio! Aquí tenemos el testimonio escrito del propio Nabucodonosor para todo el que tenga oídos para oír. ¡Habría sido una gran atracción en algunas grandes conferencias y campañas cristianas!

Este es un cambio interesante de perspectiva en el libro. En los capítulos 1–3, el foco principal recae sobre Daniel y sus tres amigos. Pero los tres amigos no aparecen en el capítulo 2, y Daniel no figura en el 3. Sin embargo, hay un personaje que aparece en los cuatro: Nabucodonosor, rey de Babilonia. Y cada vez se ha ido aguzando más su consciencia de ese Dios que está tratando con él: pasa de estar meramente impresionado por la competencia de algunos jóvenes alumnos israelitas a quedar tan atónito frente al poder de su Dios que no permite que nadie diga nada malo de él. Ahora, en el capítulo 4, llegamos al punto culminante y al telón final de Nabucodonosor, y el narrador es el propio rey. No es solo el protagonista, sino también el redactor, lo cual contribuye al poder retórico de todo el capítulo: «Nabucodonosor rey, a todos los pueblos, naciones y lenguas que moran en toda la tierra: Paz os sea multiplicada. Conviene que yo declare las señales y milagros que el Dios Altísimo ha hecho conmigo» (Dn 4:1, 2).

Como un buen predicador, Nabucodonosor declara al principio (v. 3) la idea principal de su testimonio, la resume de nuevo al final (v. 34) y la repite tres veces en el medio (vv. 17, 25, 32). Es sencillamente esta: que el Dios Altísimo es rey, y no solo en el cielo: gobierna entre los reinos de los hombres en el mundo. En resumen, «el cielo gobierna» (v. 26). Esta es la lección que finalmente aprende Nabucodonosor al final de esta increíble historia.

El capítulo es como una obra teatral con tres actores principales.

Nabucodonosor, el constructor (4:1-8, 29, 30)

Yo Nabucodonosor estaba tranquilo en mi casa, y floreciente en mi palacio. [...]

Al cabo de doce meses, paseando en el palacio real de Babilonia, habló el rey y dijo: ¿No es esta la gran Babilonia que yo

> edifiqué para casa real con la fuerza de mi poder, y para gloria de mi majestad? (Dn 4:4, 29, 30)

Nabucodonosor fue constructor en muchos sentidos:

- *Edificó un imperio.* De las ruinas de Asiria y en competencia con Egipto, levantó un imperio que duró unos setenta años.
- *Forjó una cultura*, conocida por los historiadores como neobabilónica. Quizá quede reflejada en el gran festival musical de Daniel 3.
- *Creó una administración gubernamental educada y multirracial*, como vimos en Daniel 1.
- *Construyó una ciudad, Babilonia.* La glorificó y embelleció, de modo que no es por nada que los famosos "jardines colgantes de Babilonia" se cuenten entre las siete maravillas del mundo antiguo.

En conjunto, era un currículo notable y digno de alabanza. En términos humanos, Nabucodonosor tenía mucho de lo que estar satisfecho y enorgullecerse; su jactancia se fundamentaba en hechos. Incluso, hablando teológicamente, recordemos que fue Dios quien lo levantó y le dio autoridad, poder y amplio dominio, con todas las riquezas y oportunidades que acompañan semejante posición (Dn 2:37, 38; 5:18). Y había usado bien todas esas cosas, para beneficiarse mucho. Por supuesto, gracias a Daniel 3 también sabemos que Nabucodonosor tenía una cara muy oscura. Según parece, no se arredraba a la hora de quemar a unos cuantos disidentes, pero no tenemos que exagerar eso sacándolo de sus proporciones reales. En su época era una práctica bastante extendida (y lo mismo sucedió hasta una etapa relativamente reciente de la historia humana). Según los estándares de su época, Nabucodonosor fue un gobernante competente, eficaz y constructivo.

Sin embargo, como pasa a menudo, la Biblia ve más allá y detrás del esplendor externo de la realidad tal como Dios la conoce. La Biblia, hablando por Dios, mira dentro del corazón de Nabucodonosor y ve el orgullo que lo llenaba. Y mira por debajo de la gloria de Babilonia y ve el mal social sobre el que estaba levantada.

El orgullo de Nabucodonosor, como vemos, no era ese tipo de orgullo ordinario, cotidiano. Seguía teniendo las ilusiones de divinidad que vimos antes en el capítulo 3. Seguía negándose a admitir lo que Dios llevaba años intentando enseñarle. De hecho, había sido Jeremías quien lo había declarado públicamente en una conferencia diplomática internacional que se celebró en Jerusalén solo cuatro años antes de que Nabucodonosor llegase al poder (*cf.* Jr 27:1-11 y 28:1). No caben casi dudas de que Nabucodonosor escuchó lo que había dicho Jeremías en aquella ocasión; su servicio de inteligencia era eficaz. Jeremías había dejado en claro que todo el poder y la autoridad de Nabucodonosor eran estrictamente *ex oficio*, como «siervo de Jehová» (Jr 27:5-7). Fue el Dios de Israel (el Dios de Daniel, Sadrac, Mesac y Abed-nego) a quien Nabucodonosor debía su trono y los recursos que lo acompañaban.

En cambio, Nabucodonosor estaba usando el don de Dios para su propia gloria. Ya en el capítulo 3 vimos en él un modelo de arrogancia estatal y de totalitarismo idolátrico, el orgullo clásico de las grandes civilizaciones y de los "grandes proyectos" colectivos. Aquí, en Daniel 4, vemos un retrato del orgullo humano en el nivel personal.

Todos tenemos algo de Nabucodonosor en nosotros mismos. Por supuesto, muchas personas padecen una baja autoestima (¡no era el mayor problema de Nabucodonosor!). La falta de valor propio puede ser algo terriblemente esclavizante, pero seguramente podemos decir que el orgullo es un problema más común y mucho más grave. No por nada se incluye entre los clásicos "pecados capitales". Es incluso posible, según dicen algunos psicólogos cristianos, que la preocupación por una mala autoimagen pueda ocultar una forma de orgullo, o al menos de egocentrismo. Recuerdo que una vez describieron a un hombre arrogante como una persona que lucha con una mala autoimagen ¡y va ganando!

David Myers y Malcolm Jeeves son dos psicólogos cristianos que presentan las conclusiones de diversos proyectos de investigación que revelan la omnipresencia de la tendencia egocéntrica en la naturaleza humana. Describen el "filtro egoísta" por medio del cual las personas explican sus experiencias. Todos tendemos a arrogarnos el crédito cuando nuestros planes salen bien, pero intentamos encontrar maneras de culpar a otros, o a las circunstancias adversas, cuando fracasamos. Somos muy cínicos cuando decimos que esta es la actitud habitual de los políticos, pero aparentemente se trata de una tendencia universal. También señalan que, según revelan las encuestas publicadas sobre cómo son evaluadas las personas al respecto de una serie de habilidades y aptitudes, la mayoría creemos ser mejores que la media en todos los ámbitos estudiados. Y esto, claro está, es estadísticamente imposible, dado que el propio concepto de "media" requiere que el número de personas que estén por debajo sea aproximadamente el mismo que el de las que están por encima. Comentan las dificultades que tenemos todos para aceptar que hemos cometido un error, combinadas con nuestros enérgicos intentos de justificarnos o defendernos.

> La naturaleza humana está gobernada por un ego totalitario que constantemente revisa el pasado para conservar una autoevaluación positiva. Debido a la capacidad que tiene la mente de reconstruir, podemos estar seguros, arguye Mike Yaconelli, de que «cada ilustración emotiva, cada historia cautivante, cada testimonio, no tuvo lugar (o al menos, no de la forma como dice que

> sucedió el que lo cuenta)». Cada recuerdo anecdótico que cuenta una superestrella cristiana es una reconstrucción. Esto es algo que cabe recordar en momentos en que nos sentimos desencantados por la abulia de nuestras vidas cotidianas.[10]

Myers y Jeeves señalan también las graves consecuencias del orgullo en unos términos que este capítulo de Daniel confirma plenamente.

> La Biblia nos advierte contra el orgullo farisaico, un orgullo que nos aliena de Dios y nos impulsa a menospreciar a otros. Este orgullo se halla en el centro del racismo, el sexismo, el nacionalismo y todos los chauvinismos letales que llevan a un grupo de personas a considerarse más morales, merecedoras o capaces que otras. La otra cara de estar orgulloso de nuestros éxitos individuales y grupales, y arrogarnos el crédito por ellos, es culpar a los pobres de su pobreza y a los oprimidos de su opresión.[11]

Todos construimos algo. Puede ser nuestro pequeño imperio personal o tan solo nuestro nidito. Puede ser nuestra carrera profesional, nuestro proyecto o nuestro negocio. Incluso puede ser nuestro "ministerio" si somos llamados a la obra cristiana a tiempo completo. Tristemente, el complejo de Nabucodonosor puede infectar el trabajo que creemos (o afirmamos) que estamos haciendo para Dios. Si bien él pudo usar a Nabucodonosor, es igual de cierto que por ahí hay "Nabucodonosores" que "usan a Dios" para su propio beneficio.

De hecho, cuanto más nos da Dios (cuanto mayores son nuestros dones naturales y espirituales, cuantos más recursos pone Dios a nuestra disposición con los que construir algo), mayor es la tentación de jugar a ser Nabucodonosor. Estoy

---

[10] Myers, D. G. y Jeeves, M. A. (1991). *Psychology Through the Eyes of Faith.* Apollos, pp. 131-32.

[11] *Ibíd.*, p. 135.

agradecido a la persona que me dijo, en una fase temprana de mi ministerio ordenado (en un momento en el que empezaba a recibir alabanza y admiración por ser capaz de hacer algunas cosas moderadamente bien): «Recuerda, Chris, que cuanto más capaz seas, más peligroso te vuelves». Esta es una observación cierta y aleccionadora.

Es una tragedia que el mundo del ministerio y de la misión cristianos esté plagado de egos inflados y de dones maravillosos que se prostituyen para los ídolos del orgullo. Puede que la gente no lo diga con tantas palabras, pero el eco de Nabucodonosor está justo debajo de la superficie.

> ¿No es esta una gran institución que he levantado?
> ¿No es este un gran movimiento que he iniciado?
> ¿No es esta una gran misión que he ayudado a fundar?
> ¿No es este un gran negocio en el que he contribuido y que (con la ayuda de Dios, por supuesto) ha prosperado?
> ¿No es esta una gran iglesia que construí desde cero, siendo un pastor joven, y que he ayudado a que se convierta en la megaiglesia que es hoy?

Me preocupa que haya tantas fundaciones, becas, universidades y escuelas, ministerios y misiones cristianos que se levantan sobre el nombre de su fundador (normalmente incluyen al final "Internacional" o "Incorporado" para potenciar el efecto). A Martín Lutero le inquietaba mucho que la gente pusiera su nombre a iglesias. Nunca quiso que hubiera una Iglesia "luterana", dado que Cristo era su único Señor. Incluso el apóstol Pablo reprendió a los corintios por el mal uso de nombres humanos como etiquetas para las facciones y el orgullo. Durante bastantes años, la rama de la Langham Partnership con sede en Estados Unidos optó por usar el nombre John Stott Ministries, el del fundador. Fue una decisión que se tomó en una reunión de junta en la que él no estaba presente; a Stott nunca le gustó (aunque estuvo dispuesto a aceptarla por el motivo que le dieron los miembros de la junta: que permitía a muchos estadounidenses comprender y respaldar más fácilmente los ministerios de Langham). Poco antes de su muerte, pidió que la junta no perpetuase el nombre después de ella, sino que recuperase el nombre de Langham Partnership USA, una petición que ellos cumplieron. John Stott no deseaba que su nombre fuese glorificado en los ministerios que había iniciado para el beneficio de la iglesia y la gloria de Cristo.

Aun así, por supuesto, aquí tengo que ser muy escrupuloso. La tentación del orgullo (o, al menos, de un placer sutil) en los propios éxitos, incluso cuando uno trabaja para el Señor y le ofrece su servicio, es inevitable. O, al menos, no he encontrado la manera de eliminarla. Tengo que admitir que, aunque ciertamente pido a Dios que los libros que escribo sean de bendición para el pueblo de Dios, un medio de gracia y de crecimiento, y que den la gloria a Cristo, me gusta ver mi nombre en la portada. Cuando hablo en conferencias cristianas, por supuesto que quiero (y oro constantemente pidiéndolo) predicar y enseñar para la gloria de Dios, pero sería deshonesto negar que me gusta ver mi nombre en los programas. Cuando las personas dicen cosas positivas como alabanza o muestra de aprecio por alguna exposición, predicación o conferencia que he pronunciado, me reconforta el corazón. ¿Acaso podría no ser así? Soy tan humano y susceptible a las alabanzas y a la satisfacción conmigo mismo como cualquier otro pecador.

Entonces, ¿qué hacemos? Creo que hay dos cosas sencillas que ayudan a contrapesar útilmente la tentación de caer en el orgullo impío. Una es recordar uno de los dichos favoritos del propio John Stott. Solía decir: «Los halagos son como el humo de un cigarrillo. No te perjudica a menos que lo inhales». Creo que podríamos hacer una crítica pedante y políticamente correcta de esa frase, pero transmite una buena idea. Cuando la gente te halague, no permitas que esto se infiltre en tus pensamientos internos y alimente el cáncer del orgullo.

¡No lo inhales! Está claro que a John Stott le funcionó. Debió de recibir más alabanzas y halagos que la mayoría, pero siguió siendo uno de los creyentes más humildes y semejantes a Cristo que puedas encontrar (y el mundo entero así lo reconoció).

La otra estrategia es crear el hábito de que, en cuanto te dirijan palabras halagüeñas (habladas o escritas), debes mirar hacia arriba. Para mí, esto va acompañado de un gesto mental con mis manos, elevando el halago a Dios. «Aquí, Señor —digo (solo para mí, por supuesto, cuando alguien me está diciendo algo positivo en ese momento)—, toma esto. No me hará ningún bien si lo conservo. Además, el crédito es tuyo». He visto que este hábito convierte la tentación del orgullo en una oportunidad para la gratitud, que es una actitud mental más saludable. Entonces puedo dar gracias a Dios por darme la capacidad de ofrecer a otros algo que les bendice y, al darle gracias, neutralizar toda satisfacción conmigo mismo que sea pecaminosa.

Por lo tanto, ninguno de nosotros es inmune a las tentaciones del orgullo o de recurrir a la maquinación para fomentar nuestro propio beneficio, éxito o reputación. Solo cuando se admite sinceramente esta tendencia universal, y se confiesa y se expone ante Dios, podemos tener la esperanza de caminar en humildad con él y con otros. De otro modo, como Nabucodonosor, podemos descubrir que Dios, en su última actuación para hacer recuperar la cordura a Nabucodonosor, recurre a dos instrumentos familiares: un método bien probado (los sueños) y un mensajero de confianza (Daniel). Como en Daniel 2, Nabucodonosor se ve perturbado por una pesadilla extraña y amenazante, que hizo trizas su comodidad complaciente. Fijémonos en el cambio repentino.

> Yo Nabucodonosor estaba tranquilo en mi casa, y floreciente en mi palacio. Vi un sueño que me espantó, y tendido en cama, las imaginaciones y visiones de mi cabeza me turbaron. Por esto

> mandé que vinieran delante de mí todos los sabios de Babilonia, para que me mostrasen la interpretación del sueño. Y vinieron magos, astrólogos, caldeos y adivinos, y les dije el sueño, pero no me pudieron mostrar su interpretación, hasta que entró delante de mí Daniel, cuyo nombre es Beltsasar, como el nombre de mi dios, y en quien mora el espíritu de los dioses santos. (Dn 4:4-8)

Todos los sabios de Babilonia corren al escenario a hacer su trabajo, pero, como era de esperar, demuestran ser tan incompetentes como la última vez que Nabucodonosor tuvo una pesadilla (aunque al menos esta vez les dijo cuál era el sueño, pero esto no ayudó). De modo que salieron más deprisa de lo que entraron, y Daniel subió al escenario entre los susurros expectantes del público.

Daniel, el retador (5:10-28)

Nabucodonosor no pierde el tiempo para contarle su sueño a Daniel.

> Beltsasar, jefe de los magos, ya que he entendido que hay en ti espíritu de los dioses santos, y que ningún misterio se te esconde, declárame las visiones de mi sueño que he visto, y su interpretación. Estas fueron las visiones de mi cabeza mientras estaba en mi cama: Me parecía ver en medio de la tierra un árbol, cuya altura era grande. Crecía este árbol, y se hacía fuerte, y su copa llegaba hasta el cielo, y se le alcanzaba a ver desde todos los confines de la tierra. Su follaje era hermoso y su fruto abundante, y había en él alimento para todos. Debajo de él se ponían a la sombra las bestias del campo, y en sus ramas hacían morada las aves del cielo, y se mantenía de él toda carne.
>
> Vi en las visiones de mi cabeza mientras estaba en mi cama, que he aquí un vigilante y santo descendía del cielo. Y clamaba fuertemente y decía así: Derribad el árbol, y cortad sus ramas, quitadle el follaje, y dispersad su fruto; váyanse las bestias que

> están debajo de él, y las aves de sus ramas. Mas la cepa de sus raíces dejaréis en la tierra, con atadura de hierro y de bronce entre la hierba del campo; sea mojado con el rocío del cielo, y con las bestias sea su parte entre la hierba de la tierra. Su corazón de hombre sea cambiado, y le sea dado corazón de bestia, y pasen sobre él siete tiempos.
>
> La sentencia es por decreto de los vigilantes, y por dicho de los santos la resolución, para que conozcan los vivientes que el Altísimo gobierna el reino de los hombres, y que a quien él quiere lo da, y constituye sobre él al más bajo de los hombres.
>
> Yo el rey Nabucodonosor he visto este sueño. Tú, pues, Beltsasar, dirás la interpretación de él, porque todos los sabios de mi reino no han podido mostrarme su interpretación; mas tú puedes, porque mora en ti el espíritu de los dioses santos. (Dn 4:9-18)

Hay dos características notables de la respuesta que da Daniel al sueño del rey.

Su inquietud pastoral

Parece que el vínculo establecido entre Daniel y Nabucodonosor como resultado del último asalto del insomnio en Daniel 2 había perdurado durante su reinado. Una vez más, debemos maravillarnos ante el hecho de que Daniel, tan gratuita y competentemente, sirviera al hombre que había destruido su tierra natal, devastado su ciudad y deportado a su pueblo. No podemos imaginar un ejemplo más práctico de «amad a vuestros enemigos» en las filas del Antiguo Testamento. Daniel residía en Babilonia solo por la fuerza; no había pedido que lo llevasen allí. Como mucho, era un misionero forzoso. Podría haberse hundido en una vida de amargura permanente y en una actitud de descontento, antagónica, hacia sus empleadores y vecinos babilonios. Pero no hizo eso. Y dado que no se había hecho impopular con quienes lo rodeaban, pudo transmitir entonces una palabra de Dios a ese rey pagano tan preocupado.

También creo que la vida de Daniel fue un ejemplo del mandamiento de Jesús: «Orad por los que os ultrajan y os persiguen». Por supuesto, no tengo pruebas, pero creo que es muy probable que Daniel, dado que formaba parte de la primera oleada de deportados, hubiera escuchado la lectura de la carta que Jeremías envió a los exiliados en Babilonia mucho antes de la destrucción final de Jerusalén, ¡diciéndoles que *orasen por Babilonia*! Este, por sí solo, habría sido un consejo sorprendente. Los exiliados se preguntaban si podrían siquiera orar *en* Babilonia (está claro que sentían que no podían entonar sus cánticos en ese país, Sal 137:1-4), y mucho menos orar *por* Babilonia. Pero Jeremías les dijo que esa era su misión constante: la misión abrahámica de ser el medio de bendición entre las naciones.

> Así ha dicho Jehová de los ejércitos, Dios de Israel, a todos los de la cautividad que hice transportar de Jerusalén a Babilonia [...]: procurad la paz de la ciudad a la cual os hice transportar, y rogad por ella a Jehová; porque en su paz tendréis vosotros paz. (Jr 29:4, 7)

Sabemos que Daniel era un hombre de oración, con la costumbre de orar tres veces al día (Dn 6:10). Me pregunto si Nabucodonosor estaba en lo alto de su lista de oración. Para Daniel, servir al rey era en realidad un medio para servir al Dios que había nombrado al rey, y esta era una perspectiva forjada y preservada mediante la oración regular. La oración endereza nuestro pensamiento y fomenta el tipo de madurez que vemos aquí en Daniel. Había superado el deseo de venganza o el simple odio racial o religioso. Es difícil seguir odiando a alguien por quien oras todos los días.

Más bien, cuando Daniel escuchó a Nabucodonosor contándole el sueño, pudo discernir una vez más la voz de Dios que hablaba a su superior político pagano.

Pero pongámonos por un instante en la piel de Daniel y pensemos qué estamos escuchando. Ahí estás, de pie, escuchando un sueño en el que un árbol enorme es talado, alguien es llevado a comer hierba como el ganado, una voz emite el juicio divino sobre él... y de repente te das cuenta de *que todo eso tiene que ver con el hombre que te está contando su sueño*, el propio rey.

¡Van a talar a Nabucodonosor!

¿No habrías gritado de alegría por dentro? ¿No habrías pensado: «¡Bien!¡Ya era hora!»? ¿No habrías dicho en tu interior: «Gracias, Dios, por dejarme vivir lo bastante como para ver tu venganza sobre mi enemigo, sobre esta bestia de hombre que violó y saqueó tu santa ciudad y quemó tu templo»? Estas reacciones serían totalmente comprensibles. Pero no lo fueron para Daniel.

> Entonces Daniel, cuyo nombre era Beltsasar, quedó atónito casi una hora, y sus pensamientos lo turbaban. El rey habló y dijo: Beltsasar, no te turben ni el sueño ni su interpretación. Beltsasar respondió y dijo: Señor mío, el sueño sea para tus enemigos, y su interpretación para los que mal te quieren. (Dn 4:19)

Daniel se inquietó mucho. No podía ni hablar. No soportaba la idea de decírselo al rey. Solo pudo expresar el deseo desesperado (que seguramente era lo que el rey, en secreto, esperaba oír) de que el sueño se aplicase a los enemigos de Nabucodonosor. Pero Daniel supo que no era así. Era para Nabucodonosor, y debía interpretarse fielmente. Pero expuso el significado del sueño con renuencia, pastoralmente. Daniel había superado la malicia y la venganza y no podía complacerse en la destrucción de los malos. Creo que esta es la señal de una persona que cada vez se parece más al Dios con el que pasa tiempo en oración (Ez 33:11).

Si una prueba de nuestra madurez es la manera en que gestionamos el orgullo en nosotros, lo es igualmente el modo en que abordamos el orgullo, o su caída, en otros. El instinto de venganza es muy fuerte. Anhelamos que a los arrogantes y prósperos les bajen los humos. Pero ¿cómo reaccionamos cuando eso pasa? Entonces salen a la luz los verdaderos motivos de nuestros corazones. Entonces veremos si manifestamos una alegría farisaica por la fragilidad de otro ser humano o una tristeza semejante a la de Cristo incluso por aquellos que lo traicionan y niegan.

Su coraje profético

Hizo falta valor para que Daniel interpretase fielmente el sueño, para decirle al hombre más poderoso del mundo (hasta donde él conocía): «Tú eres ese árbol...» (v. 22); decir a ese monarca de todo lo que contemplaba que pronto estaría compartiendo el alimento de los animales del campo; decirle a esa "cabeza de oro", que estaba acostumbrado a mirar desde lo alto de su estatua a los pequeños mortales allá abajo, que debía alzar la vista y reconocer a un rey más alto que él mismo; dirigir su atención al reinado del Dios Altísimo antes de que fuera demasiado tarde...

Otro mandamiento del Nuevo Testamento sobre «decir la verdad con amor» (Ef 4:15) encuentra también aquí su ilustración veterotestamentaria. Pero aún hacía falta más coraje para lo que hizo luego Daniel. Había expuesto su interpretación directa del sueño y las palabras que formaban parte de él. Pero ahora se arriesga a añadir algunas palabras propias: «Por tanto, oh rey, acepta mi consejo» (Dn 4:27).

Nabucodonosor no había pedido ningún consejo. Lo único que había solicitado era la interpretación del sueño, que ya por sí sola debió sentarle mal. Necesitaba una copa cargada, no un consejo superfluo. Pero Daniel, valientemente, siguió hablando. Esto demuestra, creo yo, que Daniel tenía confianza en el respeto que el rey sentía por él, un respeto que se equiparaba al propio interés pastoral de Daniel y a su respeto personal por el monarca. Y el mensaje que transmitió Daniel exigió todo el coraje de un profeta. Seguramente, aquel no era terreno conocido para Daniel. No era un profeta profesional. Era un siervo del gobierno, y estas personas no destacan por aventurar opiniones arriesgadas a sus superiores. Las opiniones pueden meterte en un lío, sobre todo si nadie las ha pedido. «Si quisiera tu opinión, te la habría pedido» suele ser la respuesta en esas circunstancias. Pero Daniel mantuvo la calma y siguió hablando.

Daniel puso el dedo en la llaga de la gloria imperial babilónica y el precio que pagaba la sociedad en términos de opresión y de explotación humanas. Daniel pudo ver de primera mano lo que el profeta Habacuc había condenado cuando, al hablar de Babilonia, había transmitido palabras de reprensión y de juicio divino:

> ¡Ay del que multiplicó lo que no era suyo! ¿Hasta cuándo había de acumular sobre sí prenda tras prenda?... ¡Ay del que codicia injusta ganancia para su casa, para poner en alto su nido, para escaparse del poder del mal!... ¡Ay del que edifica la ciudad con sangre, y del que funda una ciudad con iniquidad! (Hab 2:6, 9, 12)

Eso era exactamente lo que estaba haciendo Nabucodonosor. De modo que Daniel tuvo el coraje de llamar al rey al arrepentimiento personal y a la reforma social con unas palabras resonantes, agudas como cuchillos, de las que se habría enorgullecido Amós: «Por tanto, oh rey, acepta mi consejo: tus pecados redime con justicia, y tus iniquidades haciendo misericordias para con los oprimidos, pues tal vez será eso una prolongación de tu tranquilidad» (Dn 4:27).

Esto deja muy claro que, a ojos de Dios, el pecado de Nabucodonosor no era meramente el orgullo personal y los delirios arrogantes de grandeza, sino una injusticia y una opresión reales, prácticas, en el entorno social. De modo que, para él, el mensaje de Dios no fue meramente: «Confiesa tus pecados y cambia de actitud». No, Nabucodonosor debía experimentar un cambio radical en su corazón y demostrarlo luego mediante un cambio en la política estatal oficial. Tenía que sustituir la explotación por justicia y amor. Tenía que *hacer* algo para aliviar la pobreza y la opresión, que eran la cara oscura de la majestad de Babilonia.

Hay una aguda ironía en las palabras que dice Nabucodonosor en el versículo 30. «¿No es esta la gran Babilonia que yo edifiqué?». *¿Que él había edificado?* Seguro que Nabucodonosor no había tocado un ladrillo en su vida. *Él* no había construido Babilonia. La había levantado el sudor de miles de esclavos anónimos y oprimidos, los inmigrantes y otros sectores pobres de la nación, el tipo de multitudes numerosísimas cuyos esfuerzos han levantado toda civilización jactanciosa de la raza humana caída a lo largo de la historia.

Pero el Dios de Daniel vio, escuchó y se interesó, igual que había escuchado el clamor proveniente de Sodoma y Gomorra (Gn 18:20, 21; Ez 16:49), igual que había escuchado el gemido de su pueblo en Egipto (Ex 2:23, 24). Daniel también, con el oído sintonizado a la mente de su Dios, sintió el deseo de aquel Dios cuyo compromiso con los pobres y los oprimidos formaba parte de su herencia espiritual, su historia y su adoración.

> Que hace justicia a los agraviados,
> que da pan a los hambrientos.
> Jehová liberta a los cautivos;
> Jehová abre los ojos a los ciegos;
> Jehová levanta a los caídos;
> Jehová ama a los justos.
> Jehová guarda a los extranjeros;
> al huérfano y a la viuda sostiene,
> y el camino de los impíos trastorna.

Reinará Jehová para siempre;
tu Dios, oh Sion, de generación en generación.
Aleluya. (Sal 146:7-10)

Así que ahora, el Señor Dios sabe lo que está pasando en Babilonia y responsabiliza al rey de la situación. Luego pronuncia un juicio sobre ella que es tan contundente como el que transmitió cualquier profeta a un rey israelita, ¡pero mucho más corto!

No debemos pasar por alto el tremendo drama de este momento en la vida de Daniel. Ahí tenemos a un mero siervo del gobierno, aunque respetado y con un título al que seguramente le habría gustado renunciar («jefe de los magos», v. 9), plantado delante de la cabeza suprema del Estado, retándolo en el nombre de Dios a cambiar el rumbo socioeconómico de su política estatal. Ha habido gente que ha perdido la cabeza por menos que eso. ¡Juan el Bautista la perdió por criticar a un rey insignificante al respecto de su matrimonio! Y Daniel no solo desafía al jefe del Estado, sino que lo llama al arrepentimiento, con la amenaza explícita de que si no lo hace será humillado. Es cierto que amortiguó un poco sus palabras al expresarlas mediante la educación política oficial («te ruego que escuches mi consejo» y todo eso), pero el contenido era un golpe mortal. Daniel enfrentó al rey con la maldad social de su gobierno, llamándolo a que aferrase la espina de la reforma o padeciera los cardos de su castigo.

Al final de esta historia, uno de los rasgos que Nabucodonosor acaba admitiendo del Dios con el que ha tratado es su justicia: «Todas sus obras son verdaderas, y sus caminos justos» (Dn 4:37), que puede ser una forma de decir que ahora Nabucodonosor sabe lo que *él* debe hacer para mostrar sumisión a Dios. Debe reflejar el carácter del Dios de los cielos en los asuntos de su propio reino terrenal. *Pero ¿quién puso esa idea en su mente en primer lugar?* Daniel, unos años antes. Daniel, que no solo tuvo el coraje de decirle la verdad al rey, sino *que estaba en posición de decírsela.* En otras palabras, Daniel pudo pronunciar aquellas palabras de reto y de reprensión que al final condujeron a la conversión del rey porque había pasado toda una vida de servicio fiel en la administración secular de ese país extranjero. ¿Cómo nos suena eso a los que estamos acostumbrados a resultados instantáneos? Tener un empleo secular de por vida y que de repente se presente una oportunidad efímera de transmitir un mensaje profético desafiante a la persona clave en el momento justo.

Cuando recordamos Daniel 1 y las decisiones que él y sus tres amigos tomaron siendo jóvenes, podemos ver cuánto dependió de esas decisiones tiempo después. Su decisión de decir "no" sobre el asunto (probable) de la lealtad total al Estado los llevó al horno de fuego, solo para demostrar allí el poder de su Dios. Pero su decisión de decir "sí" al programa de formación y a la carrera administrativa significó que Daniel estaba en el lugar correcto en el momento preciso cuando fue necesario lanzar el mensaje profético a los oídos del poder político.

Si Daniel no hubiera dicho "sí" al principio de su carrera, no habría estado en tesitura de decir nada más. Si no hubiera dicho "no", habría carecido de la distancia crítica necesaria para transmitir el tipo de mensaje retador que pronunció. Si él y sus amigos se hubieran distanciado de la vida pública secular, no habrían tenido ningún impacto en ella. Si se hubieran limitado a ser meros engranajes del gobierno, no habrían tenido influencia profética para decir nada que contradijese la política oficial. Estaban en el mundo, pero no le habían vendido su alma. De manera que este capítulo tardío justifica su discernimiento en el capítulo 1 sobre la necesidad de decir tanto "sí" como "no" al mundo en distintos ámbitos, con objeto de preservar una participación relevante junto con la distintividad crítica. No es una frontera muy fácil u obvia de detectar, pero hay mucho que depende de ese discernimiento práctico y de su puesta por obra.

Creo que aquí encontramos una tremenda exhortación para los cristianos que trabajan en el mundo secular. Como alguien que ha vivido la vida, en cierto modo cobarde, de un entorno cristiano —primero en el ministerio pastoral ordenado en la Iglesia de Inglaterra; luego como misionero en la India, pero viviendo y trabajando en un colegio cristiano; después en una comunidad de personas en formación para la misión intercultural; y ahora dentro de una organización que busca fortalecer el ministerio de la Palabra de Dios en iglesias y seminarios del mundo mayoritario—, siento un profundo respeto por los cristianos que perseveran en todo tipo de trabajos seculares, y especialmente por aquellos que sirven en la esfera pública o política en cualquiera de sus formas. Vosotros sois la verdadera "sal de la tierra" en el sentido que dijo Jesús. Sois los que os enfrentáis a la corrupción y brilláis como luces en medio de «una generación maligna y perversa» (Flp 2:15, un versículo que probablemente refleje Daniel 12:3). Sois Danieles *in situ*.

Sin embargo, a menudo la iglesia da la impresión de que lo que realmente importa es "el ministerio" o "la obra misionera", cuando de hecho, en relación con el mundo que nos rodea, lo que es muchísimo más importante es la presencia, el trabajo y el testimonio fieles de las huestes de cristianos modernos llamados "laicos". Por eso generalmente prefiero hablar en conferencias de cristianos dedicados a empleos seculares que en reuniones de pastores o estudiantes de teología. Existe un sentido de realidad. Hay una consciencia de los bordes agudos y ásperos de la vida. Allí se combate con dilemas angustiosos; también está presente la saludable negativa a permitir que el teólogo domesticado se escabulla con respuestas difusas que no abordan los verdaderos problemas.

Y mi mensaje para esos grupos es siempre que comprendan que el ministerio y la misión en el mundo de Dios son demasiado importantes para que queden en manos de ministros y misioneros. Daniel tuvo una misión, pero le costó toda una vida de duro trabajo gubernamental cumplirla. Se ganó el respeto del rey y el derecho de hablar, y cuando llegó el momento tuvo el coraje de hablar en nombre de Dios. Es decir, que allá donde te haya colocado Dios y sea cual sea tu trabajo cotidiano, entiéndelo como el ámbito en el que puedes ser llamado a ser la bujía que haga que el poder de la Palabra de Dios se propague explosivamente al otro lado del abismo que nos separa del mundo secular.

Dios, el que humilla (4:28-37)

Dios le dio a Nabucodonosor doce meses, un año entero, para actuar conforme a las implicaciones de su sueño y de su valiente interpretación por parte de Daniel; un año para hacer algo en respuesta al consejo y a la advertencia que le fueron dados. Pero el rey los ignoró. En los versículos 29 y 30 lo vemos igual que siempre:

> Al cabo de doce meses, paseando en el palacio real de Babilonia, habló el rey y dijo: ¿No es esta la gran Babilonia que yo edifiqué para casa real con la fuerza de mi poder, y para gloria de mi majestad? (Dn 4:29, 30)

Al final, Dios pasa a su último acto para humillar a este hombre y devolverlo a su sano juicio. Nabucodonosor tenía el delirio de ser más que humano, de modo que, usando un poco de justicia poética, ¡Dios le envió el delirio de ser menos! El delirio de ser un animal en particular y actuar como él es un conocido tipo de enfermedad mental.

> Aún estaba la palabra en la boca del rey, cuando vino una voz del cielo: A ti se te dice, rey Nabucodonosor: El reino ha sido quitado de ti; y de entre los hombres te arrojarán, y con las bestias del

> campo será tu habitación, y como a los bueyes te apacentarán; y siete tiempos pasarán sobre ti, hasta que reconozcas que el Altísimo tiene el dominio en el reino de los hombres, y lo da a quien él quiere.
>
> En la misma hora se cumplió la palabra sobre Nabucodonosor, y fue echado de entre los hombres; y comía hierba como los bueyes, y su cuerpo se mojaba con el rocío del cielo, hasta que su pelo creció como plumas de águila, y sus uñas como las de las aves. (Dn 4:31-33)

El hecho de que hubiese una demora de doce meses antes de que se cumpliera la amenaza del sueño manifiesta la propia reticencia de Dios. A él no le agradaba reducir a un ser humano, hecho a su semejanza, al nivel de una bestia sin entendimiento. Dios quiere humildad, no humillación. Pero si es necesario, si no hay otro modo de hacerlo, humillará a los orgullosos para que tengan una auténtica humildad. No solo es capaz de humillar «a los que andan con soberbia» (v. 37), sino que es algo característico de él y que hace típicamente (ver Pr 3:34 y su aplicación en St 4:1-10).

La humillación duró el tiempo justo para que Nabucodonosor aprendiese la lección. "Siete tiempos" es una expresión deliberadamente imprecisa; no tiene por qué significar siete años. Entonces, ¿qué necesitaba aprender? Respuesta: la verdad enunciada tres veces que compone el tema de todo este capítulo: que el Dios Altísimo rige sobre los reinos de los hombres. Nabucodonosor, cabeza de un reino humano, se había topado con el reino de Dios y, por decirlo suavemente, fue una experiencia incómoda.

Sin duda Nabucodonosor habría aceptado que el Dios Altísimo reinara en el cielo. Eso no era un problema; para eso existen los dioses. Que gobierne en el cielo todo lo que quiera... mientras no se mueva de ahí. Pero lo que no estaba dispuesto a aceptar era que el Dios del cielo gobernase *en la tierra*. El reino de Dios está "inserto" entre los reinos humanos. Esta idea se la transmitió brutalmente su primer sueño, bajo la forma de la roca que derrumbó todos los imperios humanos y creció para llenar todo el mundo. Daniel le dijo entonces que esto reflejaba el gobierno de Dios, que era indestructible. Pero Nabucodonosor aún no había captado la idea. No aceptó que el cielo reinase en la tierra, de modo que se sintió libre para edificar su ciudad y su imperio sobre la injusticia y la opresión. Cuando los seres humanos actúan sin percibir el sentido de una autoridad superior, sin sentirse responsables ante Dios, entonces tanto individualmente como a nivel de sociedad somos capaces de una terrible crueldad unos con otros. El orgullo individual y el estatal se descontrolan cuando no los frena la sumisión a una autoridad trascendente.

Este es un motivo por el cual el Jesús *real* fue y es tan incómodo para muchos. Jesús desafió a la gente de su época a admitir que el reino de Dios estaba entre ellos. En sus enseñanzas y parábolas demostró que era un reino que ponía al revés los valores del mundo. Contradecía la tendencia política de su nación; iba en contra de los valores económicos que llevaban a algunos a la riqueza y a otros a las deudas y la pobreza. Se oponía a las actitudes y conductas personales que excluían y marginaban a categorías enteras de personas. La única manera de relacionarse con ese reino era someterse, arrepentirse, aceptarlo y vivir una vida radicalmente transformada; o bien resistirse a él y ser destruidos.

También es el motivo por el cual, cuando la iglesia actual intenta que la gente admita la presencia del reino de Dios haciéndolos moralmente responsables de las políticas públicas y sus consecuencias sociales, se vuelve impopular. Ningún gobierno acepta alegremente la crítica, y mucho menos cuando viene del "clero entrometido". Que los religiosos se queden en sus púlpitos y se ocupen de los asuntos espirituales. Que Dios siga en el cielo y lo mantenga calentito hasta que lleguemos. Así es como preferirían que fuesen las cosas el Estado y sus siervos políticos. De esta manera podemos seguir preservando el *statu quo* injusto, sin que medien los conceptos incómodos de un Dios vivo que puede llamarnos a rendir cuentas.

Sin embargo, por fin Nabucodonosor vio la verdad que Dios había estado intentando enseñarle durante años.

> Mas al fin del tiempo yo Nabucodonosor alcé mis ojos al cielo, y mi razón me fue devuelta; y bendije al Altísimo, y alabé y glorifiqué al que vive para siempre, cuyo dominio es sempiterno, y su reino por todas las edades. (Dn 4:34)

¡Es interesante que un ataque de humildad condujera a la cordura! El orgullo, en especial el que intenta ignorar a Dios y sus exigencias, es en realidad un tipo de locura. Vivir en el mundo de Dios y comportarnos como si tuviéramos derecho a poseerlo, tratando a los otros como nos apetezca sin tener a Dios en cuenta, es una locura. Incluso intentar vivir nuestra vida y nuestro trabajo cotidianos como si Dios solo fuera para los domingos es estar pidiendo problemas. Dios se niega a que se lo margine de este modo; tenemos que caminar en humildad delante de él, dispuestos a decir, como dijo Nabucodonosor (aunque no con estas palabras): «Venga tu reino, hágase tu voluntad, *así en la tierra como en el cielo*».

Porque sigue siendo cierto que «él puede humillar a los que andan con soberbia» (v. 37). Pero Dios preferiría infinitamente que nos humillásemos primero nosotros.

CAPÍTULO 5

LA ESCRITURA EN LA PARED

Si eres un hombre de negocios y no has conseguido llegar a tus objetivos, puede que «no des la talla». Si la situación empeora, puede que te digan que «tus días están contados». Incluso podría ser que «el futuro esté escrito» para tu empresa. Estos tres dichos sobre el fracaso y el destino inminente se extraen de Daniel 5. Este es un capítulo realmente oscuro, sobre todo porque viene después del capítulo 4, con su resonante testimonio y su final feliz.

La blasfemia de Belsasar (5:1-9)

> El rey Belsasar hizo un gran banquete a mil de sus príncipes, y en presencia de los mil bebía vino. Belsasar, con el gusto del vino, mandó que trajesen los vasos de oro y de plata que Nabucodonosor su padre había traído del templo de Jerusalén, para que bebiesen en ellos el rey y sus grandes, sus mujeres y sus concubinas.

> Entonces fueron traídos los vasos de oro que habían traído del templo de la casa de Dios que estaba en Jerusalén, y bebieron en ellos el rey y sus príncipes, sus mujeres y sus concubinas. Bebieron vino, y alabaron a los dioses de oro y de plata, de bronce, de hierro, de madera y de piedra. (Dn 5:1-4)

No cabe duda de que el autor del libro quiere que percibamos un marcado contraste entre Nabucodonosor y Belsasar, al menos en dos sentidos:

- Nabucodonosor fue constructor (como vimos en el último capítulo). Belsasar despilfarraba. Aquí lo encontramos borracho e incapacitado justo cuando todo su reino estaba amenazado. Históricamente, Belsasar fue el único representante oficial de Nabónido, el sucesor de Nabucodonosor. Nabónido estaba ausente de Babilonia en ese momento, pero el hecho de que fuera el rey auténtico explica por qué Belsasar solo pudiera ofrecer el cargo de «tercer señor en el reino» como recompensa a quien interpretara el mensaje en la pared (Dn 5:7). El propio Belsasar ocupaba el segundo lugar, pero queda claro que el Imperio babilónico estaba mal gestionado y a punto de venirse abajo.
- Nabucodonosor sentía cierto respeto religioso por las cosas santas de otras naciones. Había tomado los recipientes sagrados del templo de Jerusalén y como mínimo los había depositado en otro templo, un lugar santo para objetos sacros (Dn 1:2). Belsasar se burló intencionadamente de esos mismos objetos con ánimo de profanarlos.

¿Qué hizo que su acto fuera tan ofensivo? Aquellos recipientes del templo eran objetos muy simbólicos y emotivos. Igual que el propio templo, estaban asociados con la presencia y la santidad del Dios de Israel. El templo era la morada terrenal del nombre de Dios, y por tanto de su persona, en medio de su pueblo. El robo de los objetos preciosos que había dentro simbolizaba entonces no solo la humillación y la derrota de Israel, sino que también se interpretaba como prueba de la inferioridad de su Dios. Yahvé era una deidad derrotada y capturada, y sus reliquias sagradas acabaron en una capilla pagana. La sensación de ira y de vergüenza debió de ser tan grande o más que la bochornosa captura del arca de la alianza por parte de los filisteos, muchos siglos antes, en tiempos de Elí (1 S 4).

Las vasijas del templo se mencionan con mayor detalle en algunos otros pasajes, así como al principio del libro de Daniel (2 R 25:13-15; 2 Cr 36:18). Pero queda claro que, aunque su robo fue una gran vergüenza nacional, el mero hecho de que seguían *allí*, en algún lugar, era un símbolo de esperanza. En los primeros días del exilio discutieron por ellos Ananías, un falso profeta que predecía que pronto estarían de vuelta en Jerusalén, y Jeremías, quien contestó que, aunque también le gustaría creer eso, no iba a suceder, al menos durante mucho, mucho tiempo (Jr 28). Jeremías tuvo razón, y Ananías, quien dijo que los vasos volverían en el plazo de dos años, al cabo de dos meses estaba muerto.

En otras palabras, debemos comprender que la blasfemia de Belsasar no fue solo que manifestase cierta falta de respeto por unos pocos objetos religiosos de otra cultura, como la irreflexión de un turista que se olvida de quitarse el calzado en el lugar santo de alguna religión extranjera, o incluso el proceder estúpido de unos cuantos adolescentes británicos que se desnudaron en la cumbre del sagrado monte Kinabalu, en Saba, Malasia, en junio de 2015. Aquella fue una burla calculada e intencional hacia aquel a quién representaban aquellas vasijas, a saber, al Dios de Israel: el Dios de aquella malhadada minoría étnica a los que aún llamaban, despectivamente, «los exiliados de Judá» (Dn 5:13; 6:13); el Dios que, a ojos de Belsasar, había sido derrotado hacía más de una generación, quien sin duda era impotente para hacer algo al respecto de las burlas del grupo de jóvenes fiesteros del rey Belsasar.

La blasfemia de Belsasar fue incluso más lejos. El pasaje sugiere que para llegar a ese extremo tuvo que estar borracho. Porque no fue solo que usara los recipientes sagrados para beber en su fiesta; eso sería ofensivo por sí solo, como tomar las bandejas de plata de la santa cena en una iglesia y usarlas en un picoteo de queso y vino. Hizo más que eso. Él y sus amigotes juerguistas usaron esos vasos sagrados (que se habían utilizado al servicio del único Dios vivo) ¡para hacer libaciones dedicadas a *otros dioses*, dioses inertes, meros objetos (Dn 5:4)! Esto fue tan escandaloso como usar la mesa de la santa cena y sus artículos en rituales ocultistas, satánicos. El flagrante sacrilegio y la idolatría de este acto dejarían sobrecogido a cualquier oyente judío de esta historia. ¿Cómo podía tolerar Dios semejante ofensa para su santidad? Pues no la toleró mucho tiempo, dado que la siguiente frase es: «En aquella misma hora…».

Pero antes de que pasemos a la intervención de Dios, debemos hacer una pausa y pensar un poco más sobre qué queremos decir realmente al hablar de "blasfemia" en nuestros tiempos. ¿Sigue siendo algo real? ¿Sucede? ¿Importa?

La blasfemia de Belsasar consistió en tomar lo que pertenecía al Dios vivo y verdadero y usarlo para sus propios propósitos corruptos y decadentes en un contexto de desprecio por la presunta impotencia de Dios. Podía usar el nombre y las cosas de Yahvé para reírse, para el placer o el menosprecio, creyendo que Yahvé era irrelevante, anticuado e impotente. Creo que, cuando lo enfocamos así, la blasfemia bajo la forma de actitudes y actos como esos no está ni mucho menos muerta en nuestro mundo. Es algo más que un mero lenguaje obsceno. Conlleva usar lo que pertenece a Dios de un modo que rebaja el objeto así utilizado explotándolo por odio, para beneficio propio, diversión, ventaja política o fines militares.

En el Reino Unido hay una ley contra la blasfemia, pero se aplica solo a algo que se burla de la religión cristiana o la insulta. Hay quienes arguyen que una ley tan unilateral debería ampliarse para incluir las sensibilidades religiosas de todos los credos del territorio, incluyendo a musulmanes, judíos, hindúes, etc., o bien abolirse. Debo decir que tiendo a estar de acuerdo con esta visión. No creo que *el propio Cristo* necesite la "protección" de nuestras leyes humanas. Pero, por otro lado, si la ley va destinada a proteger a todos los ciudadanos, de la fe que sean, de una ofensa irrazonable y gratuita, y de la angustia provocada por la burla deliberada de lo que tiene valor para su religión, debería aplicarse también a personas de otras creencias.

Sin embargo, en nuestra sociedad hay formas más graves de blasfemia que, como la idolatría, a menudo no se detectan porque prácticamente las damos por hecho.

Los medios de comunicación

Aunque situaría este elemento en el extremo menos grave de mi escala, creo que es blasfemo que el nombre de Cristo, la propia cruz y otros preciosos factores de la fe bíblica se usen tan fácilmente en los medios de comunicación como improperios o material para chistes. Recuerdo haber visto a un talentoso cómico británico, que normalmente me encanta, usando el vino de la comunión y las obleas para hacer un gag que combinaba el sacerdocio con connotaciones sexuales. No me considero mojigato en mi sentido del humor. Sinceramente, no creo que no debamos reírnos nunca de la religión o del sexo (los humanos hacen cosas bastante risibles en ambos campos), pero aquel número me resultó incómodamente cercano a la blasfemia, porque usaba objetos que algunas personas consideran puros para hacer un chiste procaz.

El uso casi irreflexivo de nombres divinos y de símbolos cristianos en los medios de comunicación puede no ser una burla deliberada de aquello que representan, pero sin duda se basa en el supuesto de que no hay realidad alguna tras palabras como Dios, Jesús, Cristo, infierno, etc., y claramente nada que importe. De modo que, quizá, el hecho de que el mal uso constante que hacen los medios refleje y amplifique el abaratamiento y la irrelevancia del mensaje cristiano en la sociedad en general convierte esto en un problema más grave de lo que sugiere mi "escala de blasfemias" personal.

El patriotismo y el militarismo

Amo mi país, y creo que el caleidoscopio humano de naciones y la diversidad étnica son un don creacional que nos ha dado Dios para que lo disfrutemos. Por eso estoy seguro de que existe un afecto saludable y positivo para el país en que nacimos, siempre que no se hunda en el odio y el desprecio por los países de otros. Sin embargo, está claro que existe otro tipo de patriotismo que es innegablemente idólatra y blasfemo, como ya observamos en el capítulo 3.

Creo que algo más grave en cuanto a la blasfemia sucede cuando la iglesia usa el nombre de Dios y de Cristo para "bendecir" las armas de guerra y destrucción, o cuando santifica actos bélicos afirmando que «Dios está de nuestra parte». Por supuesto, esta fue la gran declaración que hicieron tanto Alemania como Gran Bretaña (así como Rusia y Estados Unidos) durante la Primera Guerra Mundial. Fue un uso y un abuso de la fe cristiana que ha tenido efectos perjudiciales durante todo el siglo siguiente, como ha registrado formidablemente Philip Jenkins en su libro *The Great and Holy War: How World War I Changed Religion For Ever* (La gran guerra santa. Cómo la Primera Guerra Mundial cambió la religión para siempre).[12]

Pero mucho antes de que ese libro sacara a la luz el uso implacable del cristianismo como respaldo de objetivos bélicos nacionales, siempre me había sentido incómodo con la

[12] Jenkins, P. (2014). *The Great and Holy War: How World War I Changed Religion For Ever*. HarperOne.

vinculación de la iglesia y el ejército. En Inglaterra, por ejemplo, muchas iglesias exponen en lugares destacados emblemas militares, como las banderas de regimientos. ¿Qué mensaje transmite semejante localización de los símbolos de la guerra? Y aunque, como dije, no cuestiono el patriotismo saludable y el amor por el propio país, también me incomoda el hábito que tienen algunas iglesias de colocar la bandera nacional en lugares destacados en los edificios eclesiales, o de situar la bandera en la iglesia junto a la Biblia, los elementos de la santa cena, el coro y el predicador. ¿Qué tipo de asociación se produce en las mentes (y los corazones) de quienes se reúnen para adorar al Dios vivo con esa lealtad exclusiva que exige la Biblia cuando los símbolos de la presencia de Dios (en especial la santa cena) se colocan junto a símbolos estatales? ¿Se está sometiendo al Estado a la sujeción pertinente a Dios, o se usa a este para fomentar las declaraciones del Estado? ¿Qué mensaje se supone que debía recibir yo cuando vi cierto ornamento en la librería de una iglesia: una pequeña cruz de madera envuelta en la bandera de barras y estrellas estadounidense? Como mínimo, estas cosas me resultan confusas y potencialmente sincretistas; como máximo, rozan lo blasfemo, si usan los objetos más preciosos y los símbolos costosos de la obra sacrificial y redentora de nuestro Señor y Salvador como expresión del orgullo nacional o como un instrumento de provecho corporativo.

El consumismo

Creo que es blasfemo que la Navidad y el nombre de Cristo (belenes, pesebres, etc.) hayan sido conquistados por la idolatría a Mammón. Sin embargo, creo que esto es solo parte de la blasfemia más amplia mediante la cual nuestra sociedad ha sacrificado prácticamente todo lo esencial en el altar del consumismo. Ahora vivimos con una filosofía "de mercado" que recibe una fidelidad casi religiosa, y según la cual nos están convirtiendo en "clientes" en todas las esferas de la vida. Los valores morales, como la compasión, y los sociales, como la educación, están sujetos al rigor de la competición mercantil. Los enfermos ya no son pacientes: son clientes por quienes los hospitales deben competir. Los jóvenes ya no son alumnos: son clientes por los que compiten escuelas y universidades. Incluso los usuarios de los trenes son siempre clientes, quizá con mayor justificación, aunque ya no se desplazan en trenes, sino en "servicios".

¿Empezarán las oenegés a llamar "clientes" a sus proyectos y beneficiarios? Quizá algunas ya lo estén haciendo. Los adoradores, ¿se volverán clientes de la iglesia? Ciertamente, en Occidente hemos convertido la iglesia en un mercado consumista. Puedes adquirir el tipo de experiencia de adoración que prefieras: megaiglesia o iglesia misionera; hay iglesias que ofrecen cultos como si fueran autocines, o te los pueden servir a domicilio para que los disfrutes en la comodidad de tu hogar.

En un mundo donde Mammón es dios, el nombre del Dios viviente puede usarse para servirlo, tal como han demostrado los charlatanes de la iglesia en todos los tiempos, desde Tetzel —que vendía sus indulgencias para comprar el perdón en el siglo XVI— hasta los televangelistas modernos —que venden salvación, sanidad y prosperidad—.

No le desearíamos el destino que alcanzó a Belsasar a nadie, fuera cual fuese su blasfemia. Pero esta es una solemne lección práctica de la verdad de que «Dios no puede ser burlado», y de que su juicio es implacable, tanto si conduce al arrepentimiento, como en el caso de Nabucodonosor (Daniel 4), o simplemente a la destrucción, como en este caso.

> En aquella misma hora aparecieron los dedos de una mano de hombre, que escribía delante del candelero sobre lo encalado de la pared del palacio real, y el rey veía la mano que escribía. Entonces el rey palideció, y sus pensamientos lo turbaron, y se debilitaron sus lomos, y sus rodillas daban la una contra la otra.

> El rey gritó en alta voz que hiciesen venir magos, caldeos y adivinos; y dijo el rey a los sabios de Babilonia: Cualquiera que lea esta escritura y me muestre su interpretación, será vestido de púrpura, y un collar de oro llevará en su cuello, y será el tercer señor en el reino.
>
> Entonces fueron introducidos todos los sabios del rey, pero no pudieron leer la escritura ni mostrar al rey su interpretación. Entonces el rey Belsasar se turbó sobremanera, y palideció, y sus príncipes estaban perplejos. (Dn 5:5-9)

La profecía de Daniel (5:10-28)

Al menos, a Nabucodonosor se le permitió tener sus pesadillas en la privacidad de su dormitorio. Belsasar se enfrenta a la irrupción del mensaje divino en público. El dedo de Dios, que había esparcido plagas sobre faraón (Ex 8:19), que escribió los diez mandamientos (Ex 31:18; Dt 9:10), que más tarde expulsaría demonios (Lc 11:20), adopta forma visible y escribe misteriosamente en la pared. El rey pasa de la alegría sacrílega al pánico que lo hace temblar y venirse abajo.

Una vez más se nos presenta el espectáculo cómico del desfile de magos, y una vez más no nos decepcionan: son tan inútiles como siempre. «Ni todos los caballos del rey ni los hombres del rey pudieron juntar sus rodillas otra vez».[13] Por supuesto, la incompetencia nunca ha sido un obstáculo para acceder a cargos políticos importantes.

Y aquí llega la reina.

> La reina, por las palabras del rey y de sus príncipes, entró a la sala del banquete, y dijo: Rey, vive para siempre; no te turben tus pensamientos, ni palidezca tu rostro. En tu reino hay un hombre

[13] *N. del T.*: paráfrasis de la canción infantil "Humpty Dumpty", muy conocida en el mundo de habla inglesa.

> en el cual mora el espíritu de los dioses santos, y en los días de tu padre se halló en él luz e inteligencia y sabiduría, como sabiduría de los dioses; al que el rey Nabucodonosor tu padre, oh rey, constituyó jefe sobre todos los magos, astrólogos, caldeos y adivinos, por cuanto fue hallado en él mayor espíritu y ciencia y entendimiento, para interpretar sueños y descifrar enigmas y resolver dudas; esto es, en Daniel, al cual el rey puso por nombre Beltsasar. Llámese, pues, ahora a Daniel, y él te dará la interpretación.
>
> Entonces Daniel fue traído delante del rey. Y dijo el rey a Daniel: ¿Eres tú aquel Daniel de los hijos de la cautividad de Judá, que mi padre trajo de Judea? Yo he oído de ti que el espíritu de los dioses santos está en ti, y que en ti se halló luz, entendimiento y mayor sabiduría. Y ahora fueron traídos delante de mí sabios y astrólogos para que leyesen esta escritura y me diesen su interpretación; pero no han podido mostrarme la interpretación del asunto. Yo, pues, he oído de ti que puedes dar interpretaciones y resolver dificultades. Si ahora puedes leer esta escritura y darme su interpretación, serás vestido de púrpura, y un collar de oro llevarás en tu cuello, y serás el tercer señor en el reino. (Dn 5:10-16)

Y aquí llega Daniel.

Los discursos introductorios destinados a Daniel sobre lo que ha pasado, que pronuncian la reina y el propio Belsasar, son más completos que nunca. Si no supiéramos que el rey estaba sumido en un estado de terror etílico, sus palabras de alabanza habrían sonado casi deliberadamente sarcásticas. La auténtica ironía es que ahora pide ayuda justo a la misma persona a cuyo Dios había estado insultando poco antes.

En este momento, siguiendo la secuencia y la cronología de las historias hasta este punto, Daniel debía de ser un hombre anciano, seguramente de ochenta y tantos años. Lo habían llevado a Babilonia antes de la caída de Jerusalén en el 587 a. C., y está a punto de presenciar la caída de Babilonia en el 539 a. C. Y sin embargo ahí está, prestando servicio al gobierno, como llevaba haciéndolo cincuenta años, disponible para un príncipe borracho, tan valiente como siempre. Apartando a un lado las ofertas de recompensa material y política, que ya no necesitaba, pronuncia un candente mensaje de juicio divino sobre el monarca ebrio y tembloroso que tiene delante, incluso antes de dignarse a leer e interpretar la escritura en la pared como le han pedido.

Existe un notable contraste entre la postura que adopta aquí Daniel y el modo en que abordó el problema de Nabucodonosor en Daniel 4. Allí, como vimos, su enfoque tenía calidez pastoral, una interpretación reticente, pero veraz del sueño, seguida por el consejo urgente de arrepentirse y cambiar con la esperanza de evitar el azote del juicio. Aquí transmite un mensaje más característicamente profético, una palabra directa de airada justicia divina y de santidad a un hombre que se burlaba deliberadamente de Dios. Un mensaje que concluye con una declaración de condena ineludible.

> El Altísimo Dios, oh rey, dio a Nabucodonosor tu padre el reino y la grandeza, la gloria y la majestad. Y por la grandeza que le dio, todos los pueblos, naciones y lenguas temblaban y temían delante de él. A quien quería mataba, y a quien quería daba vida; engrandecía a quien quería, y a quien quería humillaba. Mas cuando su corazón se ensoberbeció, y su espíritu se endureció en su orgullo, fue depuesto del trono de su reino, y despojado de su gloria. Y fue echado de entre los hijos de los hombres, y su mente se hizo semejante a la de las bestias, y con los asnos monteses fue su morada. Hierba le hicieron comer como a buey, y su cuerpo fue mojado con el rocío del cielo, hasta que reconoció que el Altísimo Dios tiene dominio sobre el reino de los hombres, y que pone sobre él al que le place.
>
> Y tú, su hijo Belsasar, no has humillado tu corazón, sabiendo todo esto; sino que contra el Señor del cielo te has ensoberbecido, e hiciste traer delante de ti los vasos de su casa, y tú y tus grandes, tus mujeres y tus concubinas, bebisteis vino en ellos; además de esto, diste alabanza a dioses de plata y oro, de bronce, de hierro,

> de madera y de piedra, que ni ven, ni oyen, ni saben; y al Dios en cuya mano está tu vida, y cuyos son todos tus caminos, nunca honraste. Entonces de su presencia fue enviada la mano que trazó esta escritura. (Dn 5:18-24)

El discurso de Daniel a Belsasar tiene dos facetas.

La lección que no quería aprender

Daniel relata qué le sucedió a Nabucodonosor. Los sucesos seguían estando muy claros en su mente, aunque habían tenido lugar años antes. Nabucodonosor no era el padre biológico de Belsasar; se habían sucedido un par de reinados breves entre la muerte dc Nabucodonosor y el reinado de Nabónido, en cuyo nombre actuaba ahora Belsasar. Pero «tu padre Nabucodonosor» era una manera estándar de referirse al ilustre ancestro.

Daniel también repite la verdad teológica sobre la que se había edificado toda su relación con Nabucodonosor. Fue Dios mismo quien levantó al rey babilonio y le dio soberanía humana sobre todo el antiguo Oriente Próximo, como la cabeza de oro de la estatua de su sueño. Su poder y su gloria fueron un don de Dios. Pero dado que se negó a reconocer ese hecho, esos mismos dones fueron su caída. Y así, como vimos en Daniel 4, fue necesaria una aguda y humillante enfermedad mental para que Nabucodonosor reconociera la verdadera identidad y la soberanía de Dios. Todo esto es lo que Daniel expone, seguramente impacientando a la multitud ebria, que seguía observando con ojos como platos la escritura en la pared. No querían una lección de historia sobre el gobierno anterior: querían saber el significado de lo que había escrito el dedo que se movía.

Entonces llega el golpe letal: «*Sabiendo todo esto...*» (v. 22). Belsasar había conocido plenamente todos los hechos sobre el glorioso reinado de su famoso antecesor y sobre su ignominioso periodo de locura. También habría conocido (quizá incluso leído) la proclamación de Nabucodonosor, que daba testimonio sobre la realidad viva del Dios Altísimo cuyo reino gobierna sobre todos los reyes (y príncipes) humanos. Belsasar habría conocido la ominosa advertencia al final de ese testimonio, que decía: «[Dios] puede humillar a los que andan con soberbia» (Dn 4:37). Sabía todo esto; conocía la verdad. Pero saberla no supuso ninguna diferencia: prosiguió con su burla arrogante del Dios vivo que había humillado tanto a su predecesor.

En otras palabras, el pecado de Belsasar fue contra la luz, contra la verdad, contra lo que sabía, contra la gracia de haber tenido un ejemplo y una lección que deberían haber supuesto una advertencia eficaz. Y ese pecado deliberado, lúcido, es el más grave. En su forma extrema se convierte en lo que Jesús llamó "el pecado contra el Espíritu Santo". Esto es cuando una persona, habiendo visto y conocido el poder de Dios en la práctica, se niega a reconocer la mano de Dios y la atribuye a Satanás o al mal. El tipo de perversión moral y espiritual necesaria para alcanzar ese estado imposibilita que la persona reconozca el mal, se arrepienta de él y sea, por tanto, perdonada. Por lo que respecta al mal, han endurecido su mente y su corazón hasta un estado de no admisión y no arrepentimiento. Por eso Jesús dijo que ese pecado no será perdonado: porque cuando no hay arrepentimiento, no hay perdón. Es algo muy serio y peligroso seguir haciendo lo que *sabes* que está mal justificándolo como algo perfectamente válido. Es algo grave ser testigo de la obra de Dios e ignorarla o negarla. Si se convierte en un hábito, puede ser mortal.

El Dios al que no honraba

Lejos de aprender la lección que asimiló Nabucodonosor (por las malas), Belsasar recibe un duro mensaje: «Contra el Señor del cielo te has ensoberbecido» (v. 23). A la luz del capítulo 4, la mera idea de hacer algo así resulta temeraria. Y Daniel puede señalar a la evidencia de su acusación. No estaba hablando solo del orgullo interior o de las actitudes mentales. Los vasos que se habían usado para verter libaciones para dioses sin vida, burlándose del Dios vivo al que pertenecían, seguían rodando y goteando sobre las mesas. Si Nabucodonosor había sido juzgado por unas simples palabras que salieron de sus labios, ¿cuánto más merecía recibir Belsasar por una blasfemia tan deliberada y flagrante?

Al final Nabucodonosor estuvo dispuesto a admitir que lo debía todo a Dios, pero Belsasar ni siquiera atribuía a Dios su próxima inspiración de aire. «Al Dios en cuya mano está tu vida, y cuyos son todos tus caminos, nunca honraste» (v. 23). Podemos imaginar a Belsasar, repantigado en su silla, aferrando todavía en una mano la figurilla de un ídolo, sin darse cuenta de que él mismo está sujeto por la mano del Dios de quien se ha burlado. «¡Horrenda cosa es caer en manos del Dios vivo!», dijo el autor de Hebreos (10:31) hablando del pecado deliberado que menosprecia la gracia de Dios. A lo mejor tenía en mente a Belsasar.

Belsasar es un ejemplo de lo que tiende a hacer la raza humana en general. Una de las características originales de nuestra condición caída es nuestra negativa a honrar a Dios. Sabiendo la verdad sobre él, optamos por negarla. Y cuanto más persistimos en hacerlo, más llegamos a creernos nuestras propias mentiras, hasta que llegamos al punto en que la propia verdad se considera mentira, mientras pregonamos nuestros propios embustes como verdades absolutas. Nuestra cultura occidental lleva casi dos siglos haciendo esto sistemáticamente. Hemos desterrado a Dios de lo que nos gusta llamar "el mundo real", creyéndonos en cambio todo tipo de mitos: sociales, económicos, científicos, políticos y ahora también religiosos, bajo la forma de los dioses de la nueva era, hechos de madera y de piedra —es decir, el mundo natural en sí mismo—.

Los comentarios de Pablo sobre esta gran trasposición son increíblemente relevantes.

> Pues habiendo conocido a Dios, no le glorificaron como a Dios, ni le dieron gracias, sino que se envanecieron en sus razonamientos, y su necio corazón fue entenebrecido. Profesando ser sabios, se hicieron necios, y cambiaron la gloria del Dios incorruptible en semejanza de imagen de hombre corruptible, de aves, de cuadrúpedos y de reptiles. (Rm 1:21-23)

Como cristianos que vivimos en semejante mundo, debemos estar preparados para enfrentarnos a esta blasfemia. Esto supone más que tener que tolerar un lenguaje deshonroso en el lugar de trabajo. Como vimos anteriormente, el tipo de blasfemias implícitas del mundo que nos rodea es mucho más grave que la forma de hablar. Y es que nuestra sociedad como un todo, habiéndose negado a honrar a Dios, se inclina ante un ejército de ídolos. Es una corriente contra la que cuesta luchar. Si las cosas van bien, el cristiano será el blanco de preguntas y escarnios sobre la irrelevancia de su creencia anticuada en Dios. Si hay alguna catástrofe, es posible que se encuentre siendo el blanco de acusaciones contra Dios por permitir que pasen tales cosas. Es típicamente humano aceptar el crédito por el éxito y culpar a Dios de las desgracias. También es típico de algunos ateos culpar a un Dios en el que no creen por cosas que, de existir, no debería haber permitido.

Pero no podemos exculparnos solamente al señalar con el dedo al mundo caído. Como cristianos, ¿aprendemos de las lecciones que conocemos bien u honramos al Dios que tiene en sus manos nuestras vidas y todos nuestros caminos? «Sabiendo todo esto» (Dn 5:22) es una frase terrible. El dedo de Dios nos ha dado los mandamientos, y el mundo de Dios nos ha ofrecido muchas ilustraciones del peligro que supone ignorarlos.

- Aunque sabemos muy bien (desde David y Betsabé) las consecuencias peligrosas del adulterio, cada vez son más los matrimonios cristianos que se ven heridos y a menudo rotos debido a él.

- Aunque sabemos (desde Acán y gracias a las advertencias del propio Cristo) cuál es el horrendo pecado de la codicia, seguimos flirteando con los dioses del consumismo y de la avaricia, junto con el resto de nuestra sociedad, mientras tantas personas de este mundo viven en la pobreza y pasan hambre.
- Aunque sabemos la importancia que Dios concede a la verdad y a la integridad, seguimos contaminando nuestras iglesias con chismorreos, traiciones de la confianza, murmuración y falsas acusaciones.
- Aunque sabemos que los pesos y las medidas deshonestas son abominación para Dios, seguimos haciendo concesiones a tratos turbios y justificamos prácticas injustas sobre la base de que "el negocio es el negocio".

A veces me estremezco al pensar en algún video apocalíptico donde podría salir *todo lo que sabemos* gracias a la Biblia, la historia y la experiencia, proyectado en una pantalla dividida con *todo lo que hacemos o no hacemos* a pesar de lo que sabemos. «Y tú… no has humillado tu corazón, sabiendo todo esto; y al Dios… nunca honraste». Que Dios nos libre de tener que escuchar semejante juicio.

Así llegamos por último a la interpretación de las tres palabras enigmáticas.

> Y la escritura que trazó es: **MENE, MENE, TEKEL, UPARSIN.**
> Esta es la interpretación del asunto:
> MENE: Contó Dios tu reino, y le ha puesto fin.
> TEKEL: Pesado has sido en balanza, y fuiste hallado falto.
> PERES: Tu reino ha sido roto, y dado a los medos y a los persas.
> (Dn 5:25-28)

Las tres palabras en el muro significan, literalmente, una mina, un *shékel* y una media, que eran tres monedas de valores descendentes, pero en la lectura alternativa que hace Daniel de las raíces de las palabras significan "numerado", "pesado" y "dividido". Y ese fue el veredicto de Dios sobre Belsasar y su reino. El honor y el cargo que un rey sumido en su ebria vaciedad confirió a Daniel (v. 29) duraron apenas unas pocas horas: «La misma noche fue muerto Belsasar rey de los caldeos. Y Darío de Media tomó el reino, siendo de sesenta y dos años» (Dn 5:30).

El misterio de la providencia (5:29-31)

Daniel 4 y 5 nos dejan con una pregunta no respondida sobre la actividad de Dios en la historia humana. Ciertamente han respondido a la pregunta de quién gobierna: Dios lo hace, y toda autoridad humana está sujeta a él. Ambos capítulos han reforzado esta afirmación bíblica fundamental. Pero todavía podemos formular la pregunta de por qué Nabucodonosor y Belsasar recibieron un trato tan diferente. ¿Por qué humillar a uno hasta el arrepentimiento, la gracia y la restauración, pero humillar al otro comunicándole con pocas horas de antelación su muerte y su destrucción?

El texto no nos ofrece una respuesta real, excepto por los datos distintivos del arrepentimiento de Nabucodonosor y el rechazo deliberado que hizo Belsasar del conocimiento que tenía. Pero externamente, humanamente, por lo que respecta a la observancia pública, los dos eran autoridades estatales, ambos fueron gobernantes seculares, los dos eran autócratas y ambos fueron orgullosos.

Así que pensemos en el rol de Daniel en relación con ambos. Él fue un siervo público de ambos gobiernos, y también consideró que servía al Dios de los cielos mediante su servicio a los dos reyes. Además, fue llamado a ser fiel a las exigencias de la palabra de Dios tal como le fue revelada al respecto de estos dos gobernantes babilonios. A Nabucodonosor tuvo que transmitirle una advertencia y un desafío al que responder, con la esperanza de que pudiese eludir el juicio, un mensaje que permitiera a Nabucodonosor encontrar la restauración después del juicio. Sin embargo, Daniel tuvo que comunicarle a Belsasar un mensaje unívoco de condena irreversible. Sin advertencias, sin apelaciones. Presuntamente, el momento de la paciencia y del posible arrepentimiento ya había pasado hacía mucho.

¿Cómo supo Daniel la diferencia? ¿Cómo identificó el mensaje de Dios en cada situación? Sospecho que, una vez más, su agudeza tuvo algo que ver con su vida de oración (tres veces al día) en medio de sus ajetreados deberes administrativos. Me pregunto si, de hecho, no fue en esa vida de oración combinada con su oficio público donde se forjó el filo agudo de la verdadera misión de Daniel. Como dijimos antes, Daniel no fue un profeta en el sentido pleno. Fue un administrador público. Sin embargo, en estas ocasiones fue llamado a transmitir la palabra de Dios, expuesta claramente hasta el punto de producir una gran incomodidad, justo en el corazón mismo del gobierno.

Ahora sabemos, gracias a Daniel 7 en adelante, que Daniel recibió más información sobre la actividad de Dios en la historia y sobre el sentido espiritual de los asuntos contemporáneos de su época de la que es probable que "disfrute" cualquiera de nosotros. Pero incluso si nunca tenemos visiones como las de Daniel —¡cosa que, por lo que a mí respecta, es un alivio!—, *podemos* emular tanto su vida de oración persistente como su fe osada al afirmar la superioridad del reino de Dios sobre todas las autoridades humanas.

En cualquier momento, el Estado secular, dentro del cual y bajo el cual tenemos que vivir, trabajar y desempeñar nuestra misión humana, puede convertirse en un Nabucodonosor o un Belsasar. Nuestra misión consiste en seguir haciendo el trabajo que Dios nos ha dado, pero estando listos en todo momento con el mensaje del testimonio, la advertencia pastoral o la protesta profética, respaldados por la oración constante. Y debemos estar listos para llegar hasta el final. No es probable que se repita mucho la respuesta de Belsasar (honores cívicos y grandes alabanzas). En el mundo actual es más probable el foso de los leones de Daniel 6 o, con más frecuencia, sobre todo en nuestra sociedad cansinamente cínica, simplemente quedarnos paralizados por las oleadas de apatía hostil y asfixiante.

CAPÍTULO 6

FRENTE A LOS LEONES

Mi mujer dice que nunca me había visto realmente enfadado ¡hasta que fuimos a India! Por lo general soy una persona bastante apacible, no dada a grandes extremos emocionales ni en la parte superior ni en la inferior de la escala. La ira y yo no solemos relacionarnos, al menos durante largos períodos de tiempo. Pero fue allí, en una institución cristiana, donde experimenté por primera vez en mi vida lo desagradable que es que a uno lo malentiendan. Y estoy hablando de un malentendido a lo grande, ¡y no solo debido a mi acento de Irlanda del Norte! Las circunstancias ya no son importantes, y la verdad es que apenas las recuerdo, pero fue uno de esos asuntos comunitarios en los que los problemas administrativos se agravan debido a la ineptitud de algunas personas y su animosidad, y luego se inflan debido al orgullo y al temor a perder prestigio. Se dijeron e hicieron cosas que carecían de integridad en sí mismas y que fueron injustas con otras personas, sobre todo con alumnos. Me vi inevitablemente arrastrado a la confrontación debido a algunas responsabilidades oficiales que tenía en la institución. Luego descubrí que mis motivos se habían juzgado y malinterpretado. Escuché cosas que se habían dicho sobre mí en juntas directivas en las que no estaba presente. Mi familia también fue blanco de críticas. Incluso hablaron mal de mi hija. Me sentí ofendido y dolido. Llegó en una época muy agobiante de exámenes y de su corrección en el momento más caluroso del año, de modo que también me sentía exhausto y me compadecía de mí mismo. Así que pasé por una época de intensa ira, parte de la cual expresé y parte de la cual oculté cuidadosamente. Fue una época de sentir la presión de ser una víctima, de que "van a por ti", de las proverbiales puñaladas por la espalda. En pocas palabras: no fue nada bueno.

Y si esta es la peor experiencia de animosidad personal por la que pase en la vida, por supuesto seré un hombre muy afortunado. Porque, aunque fue tremenda, al menos estuvo moderada por el entorno cristiano y no duró mucho tiempo. Algunos estudiantes indios sabios y maduros me ayudaron a salir de mi ira y mi autocompasión, y a disfrutar de un estado mental más saludable. Pero me ofreció una pequeña visión del tipo de presiones bajo las que viven los cristianos en el mundo pagano, secular, cuando se ven sometidos al odio y al desprecio de otros. El proverbio que habla de ser «echado a los leones» no es una metáfora exagerada de las cosas a las que se enfrentan algunos creyentes en nuestro mundo.

Uno de los sermones más contundentes que he escuchado o leído sobre Daniel 6 fue el que pronunció el ya difunto arzobispo de Kenia, David Gitari. Su condena directa de la injusticia política y social en su país lo convirtió en blanco de ataques gubernamentales. No solo recibió amenazas de muerte, sino que en cierta ocasión él y su familia fueron atacados en su hogar por unos matones enviados para acabar con él. Como

Daniel, sobre el que había predicado, fue librado de la muerte. Sin embargo, otros cristianos, incluyendo un obispo que él conocía, murieron por sus convicciones.

De modo que Daniel 6 tiene una profunda relevancia para todos los cristianos a quienes las autoridades someten a presión, en especial en aquellas partes del mundo donde ponerse del lado del Dios vivo puede ser una cuestión de vida o muerte. Hay muchos miles de nuestros hermanos y hermanas en este mundo que se enfrentan a este tipo de presión y de peligro como parte "normal" de su vida.

¿Dónde encontramos a Daniel en esta historia final de la primera mitad del libro?

Daniel había sobrevivido al colapso del Imperio babilónico y había ascendido hasta los cargos más elevados de la administración gubernamental en el Imperio persa que lo sustituyó. Como dicen (al menos en Gran Bretaña), los gobiernos vienen y van, pero los funcionarios permanecen para siempre. A estas alturas, Daniel debía de ser un hombre ya muy anciano, pero una vez más lo vemos sometido a una prueba intensa de su fidelidad a Dios, una prueba incluso más dura que cualquiera que hubiese encontrado siendo un joven estudiante de la academia de Nabucodonosor en el capítulo 1.

El hecho de que Daniel se enfrentase a este reto para su fe siendo anciano es una lección que da que pensar. En esta vida nunca llega un momento en que podamos sentarnos tranquilos y pensar que nuestra fidelidad a Dios está tan bien fundamentada que nunca volverá a ser desafiada o probada. Siempre me ha impresionado la sabiduría de Josué, quien, cuando era anciano, se dirigió a la asamblea de los que habían participado en la conquista con él muchos años antes. Estos componían la generación más anciana, como el propio Josué. Sin embargo, los retó diciendo: «Escogeos *hoy* a quién sirváis» (Jos 24:15; *cf.* 23:1, 2). La lealtad al pacto de ayer no era suficiente; hoy demanda una decisión nueva. ¿Cuándo fue la última vez que *optaste* por servir a Dios en cualquier situación para la que hubiera una alternativa real?

Entonces, ¿cuál fue la elección a la que se enfrentó Daniel? Antes que nada, nuestro narrador monta la escena recordándonos la integridad de nuestro personaje principal.

La excelencia de Daniel (6:1-4)

> Pareció bien a Darío constituir sobre el reino ciento veinte sátrapas, que gobernasen en todo el reino. Y sobre ellos tres gobernadores, de los cuales Daniel era uno, a quienes estos sátrapas diesen cuenta, para que el rey no fuese perjudicado. Pero Daniel mismo era superior a estos sátrapas y gobernadores, porque había en él un espíritu superior; y el rey pensó en ponerlo sobre todo el reino. Entonces los gobernadores y sátrapas buscaban ocasión para acusar a Daniel en lo relacionado al reino; mas no podían hallar ocasión alguna o falta, porque él era fiel, y ningún vicio ni falta fue hallado en él. Entonces dijeron aquellos hombres: No hallaremos contra este Daniel ocasión alguna para acusarle, si no la hallamos contra él en relación con la ley de su Dios. (Dn 6:1-4)

Daniel no había llegado adonde estaba por suerte o por pertenecer a una élite privilegiada por nacimiento (más bien al contrario, había superado las desventajas de su trasfondo racial y social). Tampoco estaba allí por el favoritismo del rey. Los primeros versículos de este capítulo nos despejan intencionadamente las dudas: el alto cargo de Daniel era totalmente merecido e idóneo para sus elevadas cualidades como persona. Aquí destacan dos cosas.

1. *Su capacidad personal.* Daniel era sobresaliente. Este hecho se expresa en la frase «había en él un espíritu superior». Él mismo, y todo lo que hizo, destacaban notablemente gracias a una cualidad superior. Era un hombre de grandes talentos naturales, que usaba al máximo por medio de un trabajo arduo y

concentrado. Las cualidades que habían llamado la atención al rey Nabucodonosor cuando Daniel era joven no habían representado un breve destello efímero de un empollón académico que aprobaba los exámenes sin casi estudiar, pero que luego se vendría abajo frente a las presiones de la vida real en el duro mundo de la política. Daniel destacaba en todos los sentidos.

2. *Su integridad personal.* Esta es la otra cara vital de la historia. A veces las personas con grandes habilidades carecen de integridad, de modo que usan sus dones de forma corrupta. En los últimos años, el mundo financiero se ha visto conmocionado por los fraudes casi increíbles que han perpetrado personas extremadamente inteligentes, cuya enorme experiencia se ha torcido para facilitar la codicia y el robo a gran escala. Dentro del mundo de la política leemos regularmente historias de corrupción en oficiales públicos que usan su cargo para llenarse los bolsillos. Sin duda, la administración de una burocracia tan vasta como la de Persia ofreció a los hombres en la posición de Daniel mucho espacio para realizar maniobras como esas en el mundo antiguo. Podían enriquecerse por medio de toda una gama de prácticas corruptas y explotadoras.

Pero Daniel era digno de confianza. Podían confiar en él quienes estaban por debajo, la gente a la que servía. Los oficiales superiores no podían sobornarlo para que actuase contra sus intereses. Y podían confiar en él los que estaban por encima, en especial el propio rey. El rey sabía que a Daniel no podrían sobornarlo los conspiradores de la corte o los oficiales corruptos que pudieran conspirar contra él. Es decir, que hasta sus enemigos eran incapaces de hallar ni rastro de corrupción.

Sin embargo, no era solo que Daniel no fuera corrupto. Era "fiel" y en él no se hallaba "ningún vicio o falta". Hay algunas personas que son bastante inofensivas, pero solo porque son demasiado perezosas como para ser cualquier otra cosa. Todos conocemos a ese tipo de funcionarios en un cargo público que irritan no porque estén haciendo algo *malo*, sino porque no hacen *nada*. Mantienen calientes sus asientos y mueven los papeles sobre su escritorio, pero eso no afecta al mundo real. Daniel no era uno de ellos. Hacía cosas. Era "fiel", no negligente. Por estos dos motivos (su capacidad y su integridad), el rey sabía que teniendo a Daniel al mando no saldría perdiendo. Aquí había un hombre al que se podía confiar el desempeño del trabajo. Aquí había un hombre que protegería los intereses del Estado. Ni el rey ni el país padecerían detrimento alguno mientras Daniel estuviese al mando.

Desde el punto de vista de la historia del capítulo 6, queda clara la idea de centrarse en estas características de Daniel. Pretenden subrayar el hecho de que la persecución y la prueba que de repente se cruzaron en su camino eran totalmente injustas. En esta historia, Daniel tiene una cualidad semejante a la de Job. En el libro de Job se nos invita a contemplar a un hombre que era tan justo como era posible, pero que padeció las peores calamidades que podamos imaginar debido a factores de los que no sabía nada y que no podía controlar. Aquí en Daniel 6 vemos a un hombre que es el ejemplo perfecto de excelencia e integridad en su profesión, pero quien a pesar de ello padece un odio y unos ataques injustificados.

De hecho, la ironía de la historia estriba en que Daniel se vio sometido a esa presión a manos del propio Estado al que tan bien servía. Tal como señala más tarde, cortés pero contundentemente (a la vista del lugar donde estaba cuando lo dijo), no solo era inocente a ojos de Dios, sino que jamás había causado ningún perjuicio al Estado (v. 22). *¿Ningún perjuicio?* ¡Eso es quedarse corto! Daniel había beneficiado más al Estado por medio de su administración honesta y eficaz que todos sus enemigos juntos. Pero aun así padeció.

Y lo que llama incluso más la atención es que *después* de su encuentro con los leones, Daniel siguió sirviendo al Estado. No presentó su dimisión dominado por un ramalazo de justa indignación. Igual que ejemplificó de antemano el dicho de

Jesús sobre amar a los enemigos, es también un ejemplo de lo que Pedro exhortó a hacer a los cristianos de su época. Él dijo que incluso si padeces por hacer el bien debes soportarlo con paciencia, *y seguir haciendo el bien*. Daniel es una ilustración perfecta de la enseñanza de Pedro en los siguientes pasajes.

> Someteos a toda institución humana. [...] Porque esta es la voluntad de Dios: que haciendo bien, hagáis callar la ignorancia de los hombres insensatos. (1 Pd 2:13, 15)

> ¿Y quién es aquel que os podrá hacer daño, si vosotros seguís el bien? Mas también si alguna cosa padecéis por causa de la justicia, bienaventurados sois. Por tanto, no os amedrentéis por temor de ellos, ni os conturbéis, sino santificad a Dios el Señor en vuestros corazones, y estad siempre preparados para presentar defensa con mansedumbre y reverencia ante todo el que os demande razón de la esperanza que hay en vosotros; teniendo buena conciencia, para que en lo que murmuran de vosotros como de malhechores, sean avergonzados los que calumnian vuestra buena conducta en Cristo. Porque mejor es que padezcáis haciendo el bien, si la voluntad de Dios así lo quiere, que haciendo el mal. (1 Pd 3:13-17)

> Pero si alguno padece como cristiano, no se avergüence, sino glorifique a Dios por ello. [...] De modo que los que padecen según la voluntad de Dios, encomienden sus almas al fiel Creador, y hagan el bien. (1 Pd 4:16, 19)

Aquí cabe destacar otra idea. Toda la capacidad y la integridad de Daniel se habían puesto a disposición de esta autoridad secular, pagana, política. Su trabajo cotidiano era su oportunidad y su forma de servir tanto a su gobierno como a Dios. Aparte de su oración diaria, no sabemos nada de la vida personal o religiosa de Daniel. No sabemos si participaba en algún tipo de buena causa social o religiosa. No sabemos si era un líder laico destacado en su sinagoga local. No sabemos si iba por ahí exponiendo a los babilonios la *buena noticia* de lo que Dios había hecho por Israel y exhortándolos a creer en el único Dios verdadero. Lo que *sí* se nos dice es que en su empleo secular diario era el mejor. Incluso aparte del resto de la historia y su idea central, esto es algo digno de asimilar.

Es muy triste que los cristianos tengan la idea de que un empleo secular es solo un medio para alimentar el cuerpo y vestirlo, y por consiguiente se sientan con la libertad de invertir el grado justo de su capacidad y su esfuerzo para conservar su puesto. Así, piensan, pueden reservar sus mejores talentos y su tiempo para "la obra de Dios". Semejante dicotomía no logra entender la totalidad de la vida como "la obra de Dios". En contraste, Pablo urgió aun a los esclavos que eran creyentes a que trabajasen dura y honradamente para sus amos —incluso para aquellos que no eran cristianos— sobre la base de que, al hacerlo, en realidad servían al Señor.

> Siervos, obedeced en todo a vuestros amos terrenales, no sirviendo al ojo, como los que quieren agradar a los hombres, sino con corazón sincero, temiendo a Dios. Y todo lo que hagáis, hacedlo de corazón, como para el Señor y no para los hombres; sabiendo que del Señor recibiréis la recompensa de la herencia, porque a Cristo el Señor servís. (Col 3:22-24)

All Nations Christian College, donde fui profesor y luego director durante trece años, se dedica a la obra de formar y equipar a personas para cumplir una amplia variedad de llamados en la misión cristiana transcultural. Cuando alguien se presentaba como candidato para estudiar allí, le pedíamos como mínimo tres cartas de referencia: una de un amigo personal, una de un ministro cristiano o un líder, y otra de un jefe secular (la mayoría de los alumnos de All Nations habían trabajado antes en empleos seculares). Antes de entrevistar a los candidatos, yo siempre examinaba con interés la tercera referencia. Puedes esperar que los amigos cristianos y el pastor de un candidato digan cosas agradables de esa persona, pero yo quería conocer la impresión que había dado en el entorno laboral *no cristiano*. ¿Había sido confiable, honrado, esforzado? ¿Se relacionaba bien con sus compañeros? ¿Destacaba por hacer un buen trabajo? Porque si había dudas sobre la calidad de su trabajo en la vida secular, ¿qué garantía había de que se comportaría de otro modo en medio de las presiones de la obra cristiana? Lo que más solía conmoverme era cuando la referencia del jefe secular decía algo que indicaba que, a pesar de que respetaba la decisión y la vocación de su empleado (aunque no la entendiera), lo cierto es que le gustaría que *no* se fuera de la empresa, porque sería una pérdida importante. Y solía pensar que si aquel candidato o candidata sería echado de menos en su trabajo secular, ¡habíamos encontrado a alguien que merecía la pena tener!

El ejemplo de la excelencia de Daniel, por lo tanto, nos reta a pensar a fondo en nuestras vidas cotidianas como cristianos en el mundo. Por un lado, nos advierte de que no nos sorprendamos (como escribieron Pedro y Santiago) si experimentamos injusticias en el trato que nos dispensan otros; por otro, escudriña nuestros motivos y nuestra integridad presentes en la manera en que desempeñamos nuestro trabajo en la esfera secular.

Los enemigos de Daniel (6:4-9)

> Entonces los gobernadores y sátrapas buscaban ocasión para acusar a Daniel en lo relacionado al reino; mas no podían hallar ocasión alguna o falta, porque él era fiel, y ningún vicio ni falta fue hallado en él. Entonces dijeron aquellos hombres: No hallaremos contra este Daniel ocasión alguna para acusarle, si no la hallamos contra él en relación con la ley de su Dios. (Dn 6:4, 5)

En la vida es muy habitual que quienes son buenos y competentes despierten el desagrado de quienes no son ni una cosa ni otra. Esta es solo una de las muchas perversidades de la naturaleza humana. El cuento infantil *El patito feo* —de manera análoga a muchos otros cuentos y canciones para niños— ilustra una verdad de la experiencia: a nadie le gusta alguien que es distinto a la multitud cómoda, que no es "uno de nosotros", en especial si la diferencia tiene que ver con la moral o con algo que amenace con revelar lo que está pasando de verdad. De modo que este relato de cómo un hombre competente como Daniel tenía tantos enemigos es un espejo de la experiencia vital y real de muchas personas. Lo que pensaron e hicieron es tremendamente plausible.

Su odio

¿Qué les indujo a odiar tanto a Daniel? El pasaje nos da algunas pistas sobre las razones tras su pensamiento y sus tácticas maliciosas.

1. *La envidia.* Se enteraron del ascenso de Daniel (Dn 6:3). En el gabinete real había un soplón: alguien que contaba con la confianza de los consejeros reales habló a sus colegas de la intención del rey de ascender a Daniel hasta el cargo más alto, como jefe de toda la administración gubernamental. Así es como se instala una epidemia aguda de celos en el entorno laboral. Por supuesto, la vida política es una incubadora para este tipo de envidia. Sabemos cuánto nos lamentamos con cinismo cuando vemos a muchos políticos modernos dándose codazos para ser el centro de atención, obtener la mejor ocasión de hacerse fotos, el comentario más sobresaliente, los empleos más rutilantes. Se defienden con sentimiento (pero de boquilla) los ideales del servicio público, y la falsa modestia abunda por todas partes; sin embargo, para muchos la realidad es una lucha por el poder y la influencia, o los beneficios en términos de riqueza o de prestigio que puedan proporcionar.

Pero los cristianos y sus instituciones no son inmunes, en absoluto, a los estragos de los celos profesionales. Las iglesias y las denominaciones a veces tienen su "estructura profesional", su jerarquía (el término por sí solo ya desentona en el paradigma bíblico del ministerio). Y en algunas partes del mundo, la gente lucha (a veces literalmente) por los cargos eclesiásticos mediante todo tipo de prácticas terribles y corruptas, simplemente por el acceso al dinero y al poder que ofrecen esas posiciones.

2. *El racismo.* Los enemigos de Daniel decidieron atacarlo al respecto de su religión («la ley de su Dios»), pero por supuesto esta no era una cuestión de creencia privada. También afectaba a su identidad étnica. La actitud racista de aquellos hombres se revela por la manera como describen al rey, en el versículo 13, cómo era Daniel. Con tono burlón dicen que es «de los hijos de los cautivos de Judá». Ahora bien, este incidente tiene lugar más de cincuenta años después de que los israelitas hubieran sido llevados a la fuerza a la región por el poderío militar de Babilonia. Los habitantes de Judá se habían asentado en Babilonia hacía ya dos generaciones. Muchos, como Daniel, estaban totalmente integrados en el sistema sociopolítico del país después de pasar por una exhaustiva reeducación académica y cultural (como vimos en Dn 1). Y ahora Babilonia había sido sustituida por Persia. Sin embargo, estos oficiales hostiles siguen refiriéndose a él con términos probablemente tan despectivos como llamar "inmigrantes" a los ciudadanos negros británicos de segunda y tercera generación. Daniel 6 no es solo una historia espiritual de coraje frente al peligro: transmite un tufo inconfundible de antisemitismo, y así desenmascara el rostro perverso del racismo.

Si ya resulta difícil tolerar que alguien sea ascendido, es incluso más difícil si esa persona proviene de un grupo étnico o una clase social o un trasfondo regional despreciados o si es, simplemente, del género equivocado. Entonces la envidia personal se conjuga con el orgullo de grupo, y surge con fuerza todo nuestro instinto humano para proteger al grupo frente a los forasteros. El racismo es un cáncer social horrible y destructivo, y esta historia indica adónde puede llevar.

3. *El despecho.* Jesús dijo en cierta ocasión que las personas aman las tinieblas porque sus obras son malas, de modo que odian la luz. La bondad no es popular a menos que coincida con el interés propio de otros. Dado que las personas íntegras suponen una amenaza constante de sacar a la luz a quienes son malos, a menudo corren peligro. Los que son corruptos intentarán erradicar la amenaza de personas cuya integridad resulta incómoda con el objeto de proteger sus propios privilegios. Seguramente, aquellos oficiales se dieron cuenta de que si Daniel era ascendido a lo más alto de la administración civil, les resultaría difícil seguir con sus prácticas corruptas. Serían desenmascarados y expulsados. De modo que su reacción fue hacer todo lo que pudieron para arrastrar a Daniel a su propio nivel, haciendo que *él* fuera expulsado bajo una acusación de corrupción antes de que fuera señalada la suya propia. Lo sabían todo sobre las "campañas negativas" y la búsqueda de trapos sucios. Probaron con todas las tácticas de la crucifixión política. Sin embargo, al final tuvieron que admitir su derrota. No podían acusar a Daniel de nada. Su currículo estaba tan limpio que cualquier acusación hubiera carecido hasta tal punto de credibilidad que haría parecer necios a sus acusadores.

«No os sorprendáis», dice el Nuevo Testamento. Vivimos en un mundo que está en rebelión contra Dios. Por tanto, mostrará todas las señales de esa rebelión cuando se enfrente a alguien que defiende los valores del reino de Dios: verdad, honestidad, integridad, bondad e, incluso, mera habilidad. Esas cosas no son bienvenidas en nuestro mundo.

Sus métodos

1. *Explotaron los puntos fuertes de Daniel.* Dado que no pudieron hallar ninguna grieta en la armadura de Daniel, decidieron atraparlo dentro de ella. Al no haber encontrado una debilidad,

decidieron provocar su caída usando sus puntos fuertes contra él. Se preguntaron qué era lo más distintivo de Daniel. ¿Qué le importaba más? Se dieron cuenta de que por encima y por detrás de todo su currículo excelente se hallaba el hecho de su lealtad a su Dios. En la práctica no había conflicto entre esta fidelidad a Dios y su lealtad y su servicio evidentes al Estado, pero si podían organizar una situación en la que *forzasen* un conflicto para que la fuerza de la convicción religiosa de Daniel provocase su propia caída. Era un plan brillante.

De hecho, fue diabólicamente astuto. Y es que las tácticas de Satanás a menudo son así. En los primeros tiempos de la vida de un cristiano, Satanás puede "disfrutar" haciéndonos caer debido a nuestras debilidades: las viejas costumbres, los rasgos de personalidad intrínsecos, las actitudes y prejuicios que aún no se han convertido, la simple ignorancia de la enseñanza bíblica o la falta de buenos consejos y guías sobre cómo vivir siendo cristianos. Pero a medida que el cristiano crece mediante la enseñanza, la experiencia y la gracia de Dios, esas debilidades se superan. Las cualidades nuevas, semejantes a Cristo, comienzan a ocupar su lugar. Por supuesto, no es cierto que nos desprendemos de todas nuestras debilidades. Pensar eso sería una tontería o pura ignorancia. Pero por la gracia de Dios y los frutos de su Espíritu, nuestras debilidades se convierten en fortalezas.

Y en ese momento Satanás cambia de táctica. Si no puede derribarnos mediante tentaciones y pecados obvios y simples, usará las cosas que considerábamos nuestros puntos fuertes o nuestros dones para atraparnos en situaciones en las que morderemos el polvo de nuevo, habiendo pecado y siendo derrotados.

Por ejemplo, ser cristiano fortalece el sentido de responsabilidad de una persona joven al respecto de sus padres, dado que forma parte evidente del deber bíblico y cristiano. Por lo tanto, dejamos que ese compromiso reforzado de respetar y obedecer a los padres crezca y se desarrolle hasta convertirse en una virtud definida, consciente. Este joven cristiano siente el deseo renovado de honrar y amar a sus padres, cosa que estos pueden recibir con alegría, si es que no son hostiles a la fe cristiana de su hijo o hija. Pero entonces, si la firmeza de ese compromiso con sus padres entra en conflicto con la lealtad al llamado del propio Cristo, ¿cómo superarán ese conflicto entre ambas cosas?

Una mujer india que se contaba entre mis alumnos en All Nations experimentó esta tensión intolerable en su joven vida tras convertirse al cristianismo en un hogar hinduista. Quería obedecer a sus padres en todo (esa era también una obligación cultural india, y su fe cristiana no hizo más que reforzarla). Pero no podía ceder a la presión severa y prolongada de sus padres para que renunciase a su lealtad a Jesús como su único Dios y Señor y adorase junto a ellos a las deidades del hinduismo. Con la ayuda de Dios, se mantuvo firme. Pero, tal como explicaba ella misma, lo que hacía que la tentación fuese tan aguda era que, si hubiera cedido a las demandas de sus padres y adorado a sus dioses, no habría parecido que hacía nada malo o inmoral. Por el contrario, habría parecido que cumplía con el deber de una hija obediente. Eso es lo que esperaban sus padres, ¿y acaso no lo enseñaba también la Biblia? Para ella, la enseñanza del propio Cristo, el hecho de que seguirlo pudiera introducir "espada" en las familias, fue una dolorosa realidad.

También es un hecho triste que muchos pastores cristianos caigan en tentaciones sexuales que surgen de la propia naturaleza de su obra. Según una encuesta realizada hace años en *Christianity Today*, el 12 por ciento de los que respondieron a un cuestionario distribuido entre mil pastores admitió haber mantenido un encuentro sexual ilícito a lo largo de su desempeño pastoral. El 18 por ciento reconoció un involucramiento sexual más general. Estoy seguro de que es muy improbable que estos hombres y mujeres se hicieran pastores con la intención o el deseo de hacer algo así. La mayoría, si no todos, probablemente nunca imaginó al principio de su ministerio pastoral que se verían involucrados en un asunto así. Sin embargo cayeron, tropezando precisamente en lo que era su don y su fortaleza: un corazón pastoral y un espíritu de cuidador… pero con unos ojos descuidados. Aquello que pensaban que era una fortaleza resultó esconder una debilidad vulnerable.

La lección es: no protejas solo tus puntos débiles; vigila también los fuertes. Satanás sabe cómo atacar ambos.

2. *Transgredieron la constitución.*

> Entonces estos gobernadores y sátrapas se juntaron delante del rey, y le dijeron así: ¡Rey Darío, para siempre vive! Todos los gobernadores del reino, magistrados, sátrapas, príncipes y capitanes han acordado por consejo que promulgues un edicto real y lo confirmes, que cualquiera que en el espacio de treinta días demande petición de cualquier dios u hombre fuera de ti, oh rey, sea echado en el foso de los leones. Ahora, oh rey, confirma el edicto y fírmalo, para que no pueda ser revocado, conforme a la ley de Media y de Persia, la cual no puede ser abrogada. Firmó, pues, el rey Darío el edicto y la prohibición. (Dn 6:6-9)

La propuesta que hicieron al rey era muy halagadora. Tenía que serlo, porque solo deslumbrándolo a base de halagos pudieron apartar su atención del hecho de que su propuesta era bastante inconstitucional.

El hecho era que el Imperio persa concedía un grado considerable de libertad religiosa a los pueblos sometidos. Uno de los primeros actos de Ciro el persa cuando derrotó a Babilonia y se hizo con todo su imperio fue emitir un edicto que liberaba a los pueblos cautivos y a sus dioses (Dn 1:21; 6:28; Esd 1:1-11). Fue este edicto el que dio a los exiliados de Judá (junto a otros pueblos que habían sido capturados por Babilonia) la libertad para regresar del exilio a Jerusalén y reconstruir el templo de Yahvé, su Dios. La parte del edicto de Ciro relevante para los judíos se recoge en Esdras 1:1-4. Los detalles completos de sus políticas se conservan en un cilindro de piedra, conocido como cilindro de Ciro, que se puede contemplar en el Museo Británico.

La idea de Ciro, que se convirtió en la política colonial oficial del Imperio persa, fue la opuesta a las políticas asiria y babilónica previas. Ellos habían adoptado la postura de que la mejor manera de mantener a las naciones sujetas al poder imperial era romperlas, dispersar y deportar a sus poblaciones y, especialmente, capturar a sus dioses llevando sus ídolos a la capital. Yahvé no tenía ídolo, de modo que, como vimos al principio del libro de Daniel, Nabucodonosor trajo otros recipientes sagrados del templo de Jerusalén. Parece ser que Ciro pensó que esa política era una receta para el descontento y la rebelión constantes. ¿Por qué guardar todos los dioses apiñados en tu capital, favoreciendo que se enojen contigo, cuando podrías permitirles volver a sus hogares? Construye templos hermosos para ellos y entonces los pueblos sometidos te estarán agradecidos, orarán a sus dioses por ti y tendrás un imperio en paz, satisfecho. Esto es lo que aparentemente pensó Ciro.

Por consiguiente, la política oficial del Imperio persa era conceder una libertad religiosa relativa a sus súbditos, dentro de los límites de la lealtad general al propio Estado persa. En este sentido, era un régimen más liberal que los anteriores. Constitucionalmente, por lo tanto, no había ningún motivo por el que, en el caso de Daniel o el de cualquiera de los judíos, los requisitos de "la ley de su Dios" entrasen en conflicto con "las leyes de los medos y los persas". Pero sus enemigos tuvieron éxito en obtener lo que supuso una suspensión temporal de la constitución con objeto de crear precisamente ese conflicto. Sabían que si obligaban a Daniel a elegir entre la ley de su Dios y la del Estado, elegiría la primera. Pero solo podían forzar esta elección si cambiaban la ley del Estado. De modo que fueron a Darío para hacer justo eso, aunque ocultaron su verdadera intención (destruir a Daniel) bajo la pantomima del halago positivo (que honrase al rey). Sin duda añadieron algunos argumentos para que los respaldasen, quizá como estos:

- «Tenemos que fomentar la armonía y la unidad entre todas las razas de nuestro imperio, de modo que nuestra propuesta será buena para las relaciones entre las razas». (Recuerdo que en el aeropuerto de Bombay —antes de que la ciudad se rebautizase como Mumbai— vi un enorme cartel que proclamaba: «Ya seamos hindúes, musulmanes, cristianos, sij o jainistas, antes que nada y después de todo somos indios»).
- «Está bien que la gente siga su propia religión en privado, pero todo el mundo debe admitir que la lealtad al rey y al Estado es lo primero».
- «En el fondo solo existe una religión patriótica, y todo el mundo debe admitirla durante un periodo concreto, y luego pueden retomar sus propias religiones».

Y el rey se lo creyó. Engañado por los halagos, selló la nueva propuesta, de modo que se convirtió en ley, sin más consultas ni reflexiones adicionales. El resto de la historia deja claro que más tarde se arrepintió de su decisión apresurada. Sin embargo, la cuestión quedó resuelta. La constitución se vio suspendida por una ley que en sí misma era inconstitucional, y dio a los enemigos de Daniel tiempo suficiente para atacarlo bajo un manto de legalidad.

Como cristianos y como ciudadanos, debemos estar en guardia frente al marco constitucional de nuestros países. Las constituciones tienen importancia porque enmarcan los valores y las condiciones bajo los que se lleva a cabo la vida social y política, y la Biblia nos dice que a Dios le importan estas cosas. Se ha dicho que el libro de Deuteronomio se parece a una constitución para el Israel del Antiguo Testamento. De modo que si creemos que toda autoridad humana es delegada por Dios, y si creemos que los derechos humanos básicos y las libertades constitucionales reflejan la voluntad moral de Dios y son para beneficio de todas las personas, y si —en otras palabras— nuestra fe bíblica nos dice algo sobre nuestra humanidad y no solo acerca de nuestro cristianismo, entonces nosotros, más que cualquier otro grupo humano, debemos defender los derechos y las libertades constitucionales.

Somos conscientes de cómo los derechos humanos en general se violan en muchos lugares del mundo. Conocemos las luchas de los cristianos en muchos países donde la ley los discrimina. Sin embargo, incluso si vivimos en una llamada democracia secular, debemos estar atentos a las sutiles maneras en las que los enemigos de la fe cristiana socavarán o eliminarán la libertad preciosa de adorar y de testificar.

En la década de 1970, en India, una serie de Estados de la unión india emitieron leyes sobre "libertad religiosa". Contrariamente a la impresión que da el título, el significado de estas leyes era que las personas eran libres de tener su propia religión, pero *no* de convertir a nadie de otra religión, o incluso de decidir voluntariamente cambiar a otra religión, sin un proceso legal muy largo y complejo. En unos pocos Estados, estas leyes han sobrevivido y se usan duramente contra los cristianos. Esto es así a pesar del hecho de que se ha demostrado que contradicen el artículo 25 de la sección *Derechos fundamentales* de la constitución india, que garantiza «el derecho a profesar, practicar y *propagar* la religión».[14] Ciertamente, en India hay movimientos poderosos de nacionalismo hindú que preferirían que este país tuviera una constitución más parecida a la que solía gobernar Nepal, que prohibía la conversión de una

---

[14] «Sujetas al orden público, la moral y la salud y otras provisiones de esta Parte, todas las personas tienen el mismo derecho a la libertad de conciencia y el derecho a profesar, practicar y propagar libremente la religión» (Artículo 25 de la Constitución de India de 1949).

religión a otra, haciendo así ilegal la evangelización cristiana entre los hindúes.

> El artículo 19 del Derecho a la Religión (1) Toda persona tendrá libertad para profesar y practicar su propia religión tal como le haya sido transmitida desde tiempos antiguos, teniendo la debida consideración con las prácticas tradicionales; siempre que ninguna persona tenga derecho a convertir a alguien de otra religión a la suya propia.[15]

Por la transgresión de esta ley solían imponerse penas de cárcel de entre tres y seis años, y muchos cristianos han pasado ese tiempo en prisión. Desde entonces, Nepal ha seguido una dirección distinta y ha permitido la libertad religiosa, bajo la cual la iglesia cristiana ha crecido fenomenalmente durante el último cuarto de siglo. Entre tanto, en India ha alcanzado el poder un gobierno mucho más prohindú.

Sin duda, pensamos, nada como esto sucederá jamás en nuestras democracias liberales occidentales. Pero no deberíamos ser tan complacientes. Probablemente nadie sugeriría prohibir el cristianismo ni nada tan vulgar, pero podrían decirnos que cualquier forma de evangelización, en especial entre comunidades de otros credos, es perjudicial para la armonía racial o comunitaria, y por lo tanto cabe declararla ilegal. O podría identificarse como un "discurso de odio" y ser perseguida como tal. A día de hoy, al menos en el Reino Unido, las leyes de la igualdad se usan para impedir a los cristianos ejercer su derecho a la conciencia en áreas morales cuando esta choca con el concepto y la legislación sobre la homosexualidad de esa cultura, en especial en relación con el matrimonio entre personas del mismo género. No es que a la gente la echen precisamente al foso de los leones, pero la pérdida de empleo o de profesión puede ser devastadora para familias enteras.

[15] Citado de la Constitución de Nepal, 1990.

Aquellos de nosotros que vivimos en sociedades democráticas debemos estar en alerta para defender las libertades constitucionales por todos los medios legítimos. Hacer esto no tiene nada de "no cristiano". Pero, al mismo tiempo, debemos estar preparados para cualquier respuesta bíblica que sea necesaria si el Estado promulga leyes que nos prohíben cumplir parte de nuestro deber cristiano en obediencia a Cristo. Entre otras cosas, semejante realidad nos obligaría a escuchar y aprender de la gran mayoría de cristianos en todo el mundo que, de hecho, viven y testifican en medio de tales restricciones, particularmente aquellos que viven en Estados con sistemas legales controlados por los musulmanes, como Oriente Medio y el norte de África, Pakistán, Malasia, etc.

Esta realidad nos obligaría a aprender de nuevo de Daniel, un hombre cuya lealtad al Estado entra ahora en conflicto con su fidelidad a Dios. Cabe destacar, a la luz de lo que hemos estado comentando, que para Daniel la prueba tuvo que ver con que algo se *prohibiera*, no con que se *exigiera* (como en el caso de Sadrac, Mesac y Abed-nego en Dn 3). De algunas maneras, si el Estado te ordena que hagas algo que sabes que Dios prohíbe, es sencillo (¡aunque costoso!) negarte a ello. Pero si el Estado simplemente te dice que dejes de hacer algo, es bastante fácil acatarlo, especialmente si, como ocurre con el evangelismo, ¡de todos modos no lo estábamos haciendo mucho!

¿Quién se habría dado cuenta si Daniel hubiera dejado de orar durante un mes? ¿No podría haber dejado de lado la expresión física externa de la oración y seguir orando secretamente y en silencio? Pero hacer eso habría sido precisamente ceder ante la idolatría que exigía el Estado. Si el Estado empieza a reclamar ese estatus divino, entonces incluso la oración se convierte en un acto político, porque en la oración, especialmente si esta es visible y pública, estás afirmando la realidad de una autoridad superior a la del Estado. Estás apelando a algo mayor que el César. Estás negando las pretensiones del

Estado de tener poder y autoridad supremos sobre tu persona. La oración es una declaración política.

Es por eso que, en el Nuevo Testamento, las instrucciones dadas a los cristianos para que se sometieran a las autoridades políticas están vinculadas con el mandamiento de *orar* por ellas (1 Tm 2:1, 2). La oración pone en perspectiva a las autoridades políticas. Si oras por reyes y gobiernos, entonces automáticamente los ves en su lugar idóneo, subordinado: bajo el gobierno y el control del Dios al que oras. Por este motivo creo que no hay contradicción entre orar *por* aquellos en autoridad y en algunas circunstancias orar *contra* ellos. Es decir, que debemos orar por nuestros gobernantes políticos, como manda la Biblia, para que gobiernen bien, con justicia, integridad y compasión, y que puedan llegar personalmente a la fe en Cristo y ser salvos. Pero, al mismo tiempo, cuando sepamos que participan en prácticas corruptas o faltas de ética, o cuando promulguen una legislación contraria a los valores bíblicos, éticos (una legislación, por ejemplo, que penalice injustamente a los que ya son pobres mientras favorece a los que ya son ricos), o cuando el Estado perpetra una violencia excesiva e injustificada, ya sea internamente o en guerras externas cuestionables, o perpetúa prácticas que perjudican irreparablemente la creación de Dios y amenazan el clima de la Tierra, en esos momentos debemos *orar contra* esas políticas y, cuando sea pertinente, hablar contra ellas, como ciertamente hicieron los profetas bíblicos. No hay contradicción entre *orar* por el Estado (y someterse a él, como dice Pablo en Rm 13) y *criticarlo*. Por el contrario, cuanto más oremos por el entorno político, más aguda será nuestra capacidad de evaluar lo que sucede en él según los estándares de Dios revelados en la Escritura.

Creo que seguramente Daniel oraba por Darío, igual que creo que oró por Nabucodonosor y Babilonia, según las instrucciones de Dios por medio de Jeremías (Jr 29:7). Y es por eso que se negó a dejar de orar, incluso cuando el propio Darío se lo ordenó. La vida de oración de Daniel lo mantuvo en contacto con una autoridad superior a la de Darío, y ningún edicto podría cambiar eso, ni siquiera "las leyes de los medos y los persas".

Los valores de Daniel (6:10)

> Cuando Daniel supo que el edicto había sido firmado, entró en su casa, y abiertas las ventanas de su cámara que daban hacia Jerusalén, se arrodillaba tres veces al día, y oraba y daba gracias delante de su Dios, como lo solía hacer antes. (Dn 6:10)

El programa de oración disciplinada, regular y habitual de Daniel seguramente suponía que le habría costado más dejar de orar que seguir haciéndolo. Algunas características de su vida de oración se mencionan casi de pasada, pero de tal manera que nos demuestran que no era algo estrafalario o anormal:

- Oraba tres veces al día.
- Se arrodillaba.
- Daba gracias a Dios.
- Pedía ayuda a Dios. (vv. 10, 11)

Todas estas son cosas sencillas que podemos imitar.

La desesperación de sus enemigos y la profundidad de la maldad de su determinación a quitarlo de en medio se demuestran en que lo hicieron arrestar y lo acusaron de esa actividad. No solo no suponía una amenaza para el rey (la lealtad de Daniel al Estado era incuestionable), sino que, de hecho, si el rey hubiera sido consciente, redundaba en su beneficio, dado que parte de la oración de Daniel era *por* él. La oración del pueblo de Dios es para beneficio del mundo, no solo de la iglesia. Y esto aumenta la trágica ironía de la trampa en la que cayó Darío. Lo engañaron para evitar que alguien hiciese algo ¡que era para su propio beneficio!

Pero ¿qué pasa con esas ventanas de la habitación en la que oraba Daniel, las ventanas «que daban hacia Jerusalén»? No es casualidad que esas ventanas se mencionen aquí, como tampoco lo es que Daniel optase por orar en esta habitación con ventanas que daban al oeste. ¿Era simple superstición o nostalgia? ¿Quizá intentaba escapar con su mente a su tierra natal?

Recuerdo que cuando era un estudiante joven en Cambridge padecía la nostalgia de la separación de mi novia, Elizabeth (que ahora es mi esposa y es más conocida como Liz). Dio la casualidad de que la ventana de mi cuarto daba más o menos al noroeste, y yo solía mirar por ella, sobre todo durante la puesta de sol, pensando en todos los kilómetros que me separaban de ella, al otro lado del mar, en Belfast, Irlanda del Norte. Soñaba que podía cruzar como un rayo esos 6500 km para verla (¡y luego volver como otro rayo para acabar el trabajo en el que debería haber estado concentrándome!). De alguna manera parece improbable que Daniel, que ya tenía más de ochenta años, mirase por la ventana preso de una ensoñación semejante.

Seguramente había por lo menos dos razones por las que Daniel optaba por orar en una postura que miraba hacia Jerusalén. La primera era su profundo conocimiento de las Escrituras (*cf.* Dn 9:2). El relato de la oración de Salomón durante la dedicación del primer templo en 1 Reyes se refiere repetidas veces a personas que oraban "hacia" la ciudad, el templo o el territorio. Y hacia el final, esa oración anticipa precisamente la situación en la que estaban Daniel y sus amigos.

> ... y si [los miembros de tu pueblo] se convirtieren a ti de todo su corazón y de toda su alma, en la tierra de sus enemigos que los hubieren llevado cautivos, y oraren a ti con el rostro hacia su tierra que tú diste a sus padres, y hacia la ciudad que tú elegiste y

> la casa que yo he edificado a tu nombre, tú oirás en los cielos, en el lugar de tu morada, su oración y su súplica, y les harás justicia. (1 R 8:48, 49)

Gracias a Daniel 9 sabemos que este era exactamente el deseo del corazón de Daniel. Así que al orar hacia Jerusalén, con unas ventanas abiertas en esa dirección, estaba haciendo justo lo que decían las Escrituras. Daniel fue un hombre de la Biblia y no solo de oración.

Pero una segunda razón, más profunda, es que este acto revela toda la orientación y la inspiración de la vida de Daniel. Ahí estaba, viviendo y trabajando toda su vida en Babilonia, la ciudad de Nabucodonosor y de sus sucesores persas; pero todo el tiempo estaba mirando, orando, meditando, *volviéndose* hacia Jerusalén, Sion, la ciudad de Dios. Daniel extraía de esa fuente la identidad, el carácter y los valores de su propia vida.

Para el pueblo de Israel, Jerusalén no era solamente una atractiva ciudad en lo alto de una colina. No era meramente la capital del reino del sur, Judá. De hecho, no era siquiera una ciudad impresionante comparada con otras urbes del mundo, incluso en aquellos tiempos. En Jerusalén no había nada que la incluyese en la lista de las siete maravillas del mundo.

Pero era el lugar donde Yahvé, Dios de Israel, había hecho habitar su nombre. La presencia de Yahvé estaba allí en el templo; la ley de Yahvé se conocía y se proclamaba allí; la adoración de Yahvé se celebraba allí (o al menos fue así hasta que Nabucodonosor destruyó la ciudad y el templo). O sea que, aunque a menudo la realidad era otra (como nos revelan tan claramente los profetas), se suponía que era el lugar donde se ejemplificaban la rectitud y la justicia del Dios de Israel. Era el lugar celebrado en los Salmos como Sion, el corazón del reino de Dios.

Jerusalén era el lugar al que, según la visión profética, las naciones acudirían para aprender cosas sobre el Dios verdadero y sus caminos (Is 2:1-5). Jerusalén era el punto focal de la esperanza mesiánica y del reino futuro de Dios, quien gobernaría un día desde Sion. Jerusalén, incluso en ruinas (como estuvo durante la mayor parte de la vida de Daniel, aunque ya en la época de Daniel 6 se estaba repoblando), simbolizaba toda esa gran herencia de historia y de esperanza. Aunque arrasada físicamente, Jerusalén le recordaba a Daniel el reino de su Dios —pasado, presente y futuro—.

Es decir, orar "hacia Jerusalén" era alinearse con la dirección del Dios de Israel y aceptar los propósitos y los valores de ese Dios. Era como seguir el rumbo marcado en una brújula diaria, que le permitía ver todo lo demás en su verdadera perspectiva en relación con la realidad y los requisitos de Yahvé su Dios.

Por lo tanto, para Daniel, la clave para el futuro y todos los propósitos de Dios, el significado de la vida y la fuente de sus valores últimos *no estaban en la ciudad que había construido Nabucodonosor, sino en la que había destruido.*

Daniel vivía en medio de la cultura imperial y urbana deslumbrante del imperio mundial más poderoso de su época. El Imperio persa se extendía desde las fronteras de India hasta las de Grecia. Se codeaba con los grandes, los ricos y los poderosos. Transitaba por los pasillos del poder y la gloria terrenales. Podía estar en presencia del emperador. Sin embargo, cada día, tres veces, se arrodillaba y pensaba en Dios y en Jerusalén. Mantuvo la orientación correcta.

La oración le recordaba a Daniel sus verdaderos valores. La oración "hacia Jerusalén" realineaba su ajetreada vida política en la dirección de la voluntad de Dios y de sus mandamientos. La oración era el medio por el cual Daniel pudo ser un siervo fiel y honrado de uno de los reinos de este mundo y, aun así, al mismo tiempo, servir al reino de Dios. Daniel vivía en Sion, no cuando llegó al cielo, sino en medio del entorno ambiguo, complejo y potencialmente bestial (ver Dn 7) de la política humana del poder.

De modo que cuando pienso en aquellas ventanas abiertas no las veo como una escotilla de escape, sino como un punto de acceso. Es decir, no eran tanto *para que salieran las oraciones de Daniel*, sino más bien *para que entrase el Dios de Jerusalén*. La vida de oración de Daniel no era un escapismo *de* la vorágine cotidiana de la administración política. Más bien, su oración diaria era su medio de introducir el poder y la presencia del Dios de Israel *en* su trabajo inmediato. Daniel era la sal y la luz de Dios en el mundo secular en el que se movía. Su sabor se conservaba y su lámpara se mantenía limpia gracias a su contacto diario con su fuente, el propio Dios. La luz que relucía por aquellas ventanas daba a su vida el poder de brillar en un mundo a oscuras.

Sea cual fuere el patrón personal de nuestra vida devocional, es conveniente que nos formulemos esta pregunta: ¿cómo se relaciona mi vida de oración con el mundo real y cotidiano de la vida y el trabajo seculares? ¿Es un momento de alivio bendito y de escapatoria de las presiones que nos rodean? ¿O es el medio de atraer a ese mundo la presencia de Dios, junto con todos sus valores y sus prioridades? Esto se aplica no solo a nuestras oraciones privadas, sino también a nuestra participación en la adoración dominical y a nuestros momentos de comunión, oración o estudio bíblico con otros cristianos. ¿Son evasivos o invasivos? ¿Escapistas o transformadores? Asegurémonos de que las ventanas de nuestras oraciones están abiertas "hacia Jerusalén", que reorientamos diariamente nuestras vidas en la dirección del nombre de Dios, su voluntad, su misión, su dirección y sus estándares. Como Daniel, que una vez más es ejemplo de obediencia a uno de los mandamientos de Jesús, «busquemos primero el reino de Dios y su justicia».

La vindicación de Daniel (6:11-28)

El resto de la historia de este capítulo es el más conocido. Sin duda es la parte que más les gusta a los niños de la escuela dominical.

> Entonces se juntaron aquellos hombres, y hallaron a Daniel orando y rogando en presencia de su Dios. Fueron luego ante el rey y le hablaron del edicto real: ¿No has confirmado edicto que cualquiera que en el espacio de treinta días pida a cualquier dios u hombre fuera de ti, oh rey, sea echado en el foso de los leones?
>
> Respondió el rey diciendo: Verdad es, conforme a la ley de Media y de Persia, la cual no puede ser abrogada. Entonces respondieron y dijeron delante del rey: Daniel, que es de los hijos de los cautivos de Judá, no te respeta a ti, oh rey, ni acata el edicto que confirmaste, sino que tres veces al día hace su petición. Cuando el rey oyó el asunto, le pesó en gran manera, y resolvió librar a Daniel; y hasta la puesta del sol trabajó para librarle.
>
> Pero aquellos hombres rodearon al rey y le dijeron: Sepas, oh rey, que es ley de Media y de Persia que ningún edicto u ordenanza que el rey confirme puede ser abrogado.
>
> Entonces el rey mandó, y trajeron a Daniel, y le echaron en el foso de los leones. Y el rey dijo a Daniel: El Dios tuyo, a quien tú continuamente sirves, él te libre. (Dn 6:11-16)

El arte del narrador hebreo pone de relieve con brillantez la angustia y la sorpresa del rey cuando se dio cuenta de cuán astutamente lo habían atrapado. En Persia se ponía un gran énfasis en "la ley y el orden"; no por nada la expresión "la ley de los medos y los persas" se ha convertido en un dicho aplicado a normas duras y ejecutadas de inmediato. Ahora el rey se ve forzado a ignorar los derechos humanos básicos para mantener una ley que, por sí misma, violaba las libertades constitucionales, y todo porque se había dejado engañar a base de adulación. Las lisonjas, como el soborno, ciegan los ojos de aquellos que precisan verlo todo más claro que los demás. Y Darío no fue ni el primer ni el último político que se encontró en un callejón sin salida, frente a un dilema que había sido fruto de su interés propio y su orgullo. Tampoco fue el único en verse forzado a sacrificar al inocente (pero vulnerable) para contentar al malvado (pero influyente). Esta injusticia figura en el repertorio de la política local, nacional e internacional hasta el día de hoy.

Aquí hay una similitud con Poncio Pilato. Como Darío, Pilato también se vio acorralado para que le negase justicia a un hombre que sabía que era inocente, en este caso con el fin de mantener una paz basada en la opresión y la violencia. Como Daniel, Jesús aceptó la autoridad humana del gobernante pagano, sabiendo que el auténtico poder está en otra parte. Pilato actuaba con una autoridad delegada bajo el reino de Dios.

En la historia de la resurrección hallamos también ecos de Daniel 6. El arte cristiano primitivo a menudo representaba la historia de la liberación de Daniel en el foso de los leones como una prefiguración de la resurrección. Cuando leemos el relato, no es difícil entender por qué es así.

> Y fue traída una piedra y puesta sobre la puerta del foso, la cual selló el rey con su anillo y con el anillo de sus príncipes, para que el acuerdo acerca de Daniel no se alterase. Luego el rey se fue a su palacio, y se acostó ayuno; ni instrumentos de música fueron traídos delante de él, y se le fue el sueño.
>
> El rey, pues, se levantó muy de mañana, y fue apresuradamente al foso de los leones. Y acercándose al foso llamó a voces a Daniel con voz triste, y le dijo: Daniel, siervo del Dios viviente, el Dios tuyo, a quien tú continuamente sirves, ¿te ha podido librar de los leones?
>
> Entonces Daniel respondió al rey: Oh rey, vive para siempre. Mi Dios envió su ángel, el cual cerró la boca de los leones, para que no me hiciesen daño, porque ante él fui hallado inocente; y aun delante de ti, oh rey, yo no he hecho nada malo.

> Entonces se alegró el rey en gran manera a causa de él, y mandó sacar a Daniel del foso; y fue Daniel sacado del foso, y ninguna lesión se halló en él, porque había confiado en su Dios. (Dn 6:17-23)

Fijémonos en la piedra puesta sobre la "tumba" y el sello oficial para evitar que nadie la manipulase. Fijémonos en la visita de madrugada a la tumba, seguida del aplastante descubrimiento de la vida milagrosa en el entorno de la muerte cierta e ineludible. Sobre todo, fijémonos en que Daniel queda totalmente vindicado, igual que la resurrección fue la vindicación de Jesús y de todo lo que afirmó y enseñó. La fidelidad y la integridad de Daniel se pusieron a prueba hasta su extremo, y fueron respaldadas por un veredicto divino inconfundible. Daniel se había enfrentado a una elección entre sus principios y su seguridad personal (¡y decir eso es quedarse corto!), y sus principios resultaron vindicados.

Sin embargo, existe una diferencia notable. Jesús fue a la cruz conociendo perfectamente el horror y la agonía que encerraba, pero sabiendo también que Dios no lo abandonaría en la tumba, sino que resucitaría. En diversos momentos compartió esa confianza con sus discípulos. Pero, en el caso de Daniel, no podemos saber si él sabía de antemano que los leones padecerían un caso agudo de "mandíbula trabada". Es posible que descubrir que los leones no podían morderlo fuese una sorpresa tan grande para Daniel como para los propios leones. Como sus tres amigos mucho tiempo antes, Daniel confió en la capacidad de Dios para librarlo, pero estuvo dispuesto a pagar el precio final de su lealtad a Dios y dejar en manos de este su vindicación última. Y esto apunta a otra diferencia: Daniel fue librado *de* la muerte y justificado. Jesús fue librado *a través de la muerte y después de ella* y, por tanto, vindicado.

Pero la auténtica vindicación al final de la historia no es la de Daniel, sino la de su Dios. El testimonio de Darío se hace eco de las palabras de Nabucodonosor, tanto cuando se quedó atónito por la liberación divina de Sadrac, Mesac y Abed-nego como cuando a él mismo le fue devuelta la cordura (Dn 3:28, 29 y 4:34-37).

> Entonces el rey Darío escribió a todos los pueblos, naciones y lenguas que habitan en toda la tierra: Paz os sea multiplicada.
>
> De parte mía es puesta esta ordenanza: Que en todo el dominio de mi reino todos teman y tiemblen ante la presencia del Dios de Daniel; porque él es el Dios viviente y permanece por todos los siglos, y su reino no será jamás destruido, y su dominio perdurará hasta el fin. Él salva y libra, y hace señales y maravillas en el cielo y en la tierra; él ha librado a Daniel del poder de los leones. (Dn 6:25-27)

Lo irónico de esta proclamación estriba en que aquí tenemos a un hombre que había permitido que él mismo y su Estado se convirtieran en el reino último ante el cual todos sus súbditos debían inclinarse y orar, y, sin embargo, ahora ordena a todos en *su* reino que admitan un reino superior al suyo. Y esta, por supuesto, es la idea de todo el relato de Daniel 6.

Esta es también la realidad final hacia la que apunta todo el libro. La segunda mitad del libro seguirá reforzando la idea por medio de visiones que hablan del triunfo final de Dios y del pueblo de Dios gracias a uno «semejante a un hijo de hombre» sobre la arrogancia y la destructividad bestiales de los reinos humanos (Dn 7). A lo largo de los siglos y hoy también, multitud de judíos y de cristianos se han enfrentado a leones, literales y metafóricos. Muchos han sido librados y vindicados. Muchos no lo han sido en esta vida.

Pero el Dios de Daniel sigue siendo rey de cielos y tierra. Su reino sigue dominando a los reinos de este mundo. *Puede* librar, y a menudo lo hace. Pero llama a su pueblo a la fidelidad y a la integridad en nuestras vidas cotidianas, sea cual fuere el coste. Nos llama a edificar nuestras vidas sobre los valores del reino de Dios no "cuando todos vayamos al cielo", sino aquí y ahora.

Si también somos llamados a la prueba extrema del martirio por hacer esto —así como son llamadas tantas personas en nuestro mundo actual—, oremos para tener, como ellos, la gracia de Dios para soportarla con el coraje y la convicción de Daniel, confiados en esa vindicación final que está garantizada por la resurrección del propio Cristo.

CAPÍTULO 7

BESTIAS, TRONOS, SANTOS Y... UN HOMBRE

Este capítulo funciona como una bisagra o pivote entre las dos mitades del libro de Daniel. Al mirar atrás, su fecha introductoria nos devuelve a un periodo anterior al capítulo 6 y conecta con el sueño del capítulo 2. Al mirar adelante, el capítulo 7 nos presenta una cara distinta del Daniel que conocimos en los capítulos 1–2 y 4–6. Esos capítulos relatan historias *sobre* Daniel. Los capítulos posteriores se presentan como un testimonio *de* Daniel de sus diversas visiones, oraciones y conversaciones con mensajeros celestiales. Sin embargo, el mensaje fundamental es el mismo a lo largo de todo el libro: la soberanía del Dios de Israel en medio de las naciones e imperios humanos. En los capítulos 1–6 encontramos la soberanía de Dios en el contexto de las historias humanas; en los capítulos 7–12 la encontramos en el contexto de las visiones celestiales.

El capítulo se divide en dos mitades claras. Primero Daniel informa del contenido perturbador de una visión que tuvo en los últimos años del Imperio babilónico (vv. 1-14). Luego desarrolla cómo, todavía dentro de la visión, uno de los personajes le explica el significado de la misma (vv. 15-27), lo cual no hizo nada por aliviar su mente atribulada (v. 28). A continuación analizaremos ambas partes y luego reuniremos varios temas que las conectan.

La visión doble (7:1-14)

> En el primer año de Belsasar rey de Babilonia tuvo Daniel un sueño, y visiones de su cabeza mientras estaba en su lecho; luego escribió el sueño, y relató lo principal del asunto. (Dn 7:1)

La fecha es importante. Belsasar, como sabemos por el final del capítulo 5, fue el último gobernante de Babilonia antes de que fuera tomada por Ciro de Persia. Para los exiliados de Judá —la mayoría de ellos de segunda generación desde la caída de Jerusalén en el 587 a. C., y algunos ya muy ancianos, como Daniel—, debió de ser un tiempo de esperanza y ansiedad entremezcladas. Si Babilonia llegaba al final de su dominio (como había dicho Jeremías; ver Dn 9:2), ¿qué pasaría después? ¿Serían devueltos a su tierra natal, como había prometido Dios? Y si era así, ¿qué les aguardaba en el futuro? ¿Se cumplirían las grandes visiones de Isaías 40–55 en una era gloriosa de seguridad renovada y de prosperidad en su propia tierra?

No cabe duda de que el futuro albergaba una gran esperanza, y Dios no incumpliría (ni incumple) esas promesas. Pero la realidad histórica para el pueblo de Israel en los siglos venideros sería mucho más ambigua. Regresarían a la tierra, pero no a la independencia gloriosa. El final del exilio en Babilonia no supondría el fin del sufrimiento a manos de potencias hostiles. Vendrían otros imperios, algunos de los cuales serían más grandes que Babilonia y más opresores. De modo que el pueblo de Dios tendría que pasar por épocas de pruebas intensas.

No cabe duda de que Daniel, un hombre cercano al corazón del gobierno imperial de Babilonia, preveía muy bien, a un nivel puramente humano y político, cuáles serían las probables consecuencias internacionales si Babilonia caía. No es presumible que se relajase acostado en un lecho de ilusiones y de falso optimismo. Por el contrario, bien pudo ser un temor muy justificado por el futuro a largo plazo lo que preparó su mente para las visiones que ahora empieza a relatar.

Cuatro bestias y once cuernos (vv. 1-8)

> Daniel dijo: Miraba yo en mi visión de noche, y he aquí que los cuatro vientos del cielo combatían en el gran mar. Y cuatro bestias grandes, diferentes la una de la otra, subían del mar.
>
> La primera era como león, y tenía alas de águila. Yo estaba mirando hasta que sus alas fueron arrancadas, y fue levantada del suelo y se puso enhiesta sobre los pies a manera de hombre, y le fue dado corazón de hombre.
>
> Y he aquí otra segunda bestia, semejante a un oso, la cual se alzaba de un costado más que del otro, y tenía en su boca tres costillas entre los dientes; y le fue dicho así: Levántate, devora mucha carne.
>
> Después de esto miré, y he aquí otra, semejante a un leopardo, con cuatro alas de ave en sus espaldas; tenía también esta bestia cuatro cabezas; y le fue dado dominio.
>
> Después de esto miraba yo en las visiones de la noche, y he aquí la cuarta bestia, espantosa y terrible y en gran manera fuerte, la cual tenía unos dientes grandes de hierro; devoraba y desmenuzaba, y las sobras hollaba con sus pies, y era muy diferente de todas las bestias que vi antes de ella, y tenía diez cuernos.
>
> Mientras yo contemplaba los cuernos, he aquí que otro cuerno pequeño salía entre ellos, y delante de él fueron arrancados tres cuernos de los primeros; y he aquí que este cuerno tenía ojos como de hombre, y una boca que hablaba grandes cosas. (Dn 7:2-8)

El pensamiento de Daniel había regresado al sueño del rey en el capítulo 2. Aquel fue el curioso incidente nocturno que había conectado a Daniel y a Nabucodonosor casi cincuenta años antes. Quizá Daniel estuviera reflexionando sobre aquella estatua con sus cuatro sucesivos imperios metálicos: la cabeza de oro (el propio Nabucodonosor de Babilonia), y luego la plata, el bronce y el hierro mezclado con barro. El Imperio babilónico avanzaba claramente hacia su propia extinción, pero ¿qué vendría luego? El patrón del número cuatro se repite.

En primer lugar, el sueño de Daniel lo lleva al mar, que está agitado por la acción de los cuatro vientos del cielo; esta es de por sí una imagen que da miedo. Para el pensamiento israelita, el mar era un lugar peligroso, y llegó a simbolizar el caos y el mal incontrolable. Por eso era teológicamente importante afirmar, como hace el Antiguo Testamento, que Yahvé, el Dios de Israel, no solo creó el mar y es su dueño —al igual que del resto de la creación—, sino que lo controla, lo somete y lo limita.

Entonces, de ese mar turbulento, salen cuatro bestias enormes, una tras otra. Las primeras tres son animales reconocibles: un león, un oso y un leopardo. Todos ellos son depredadores, peligrosos para los humanos; pero en la visión cuentan con características adicionales (como alas y cabezas extra) que los vuelven más terroríficos y peligrosos. Y a cada una de estas tres primeras bestias se les da algo: una mente humana, el permiso para devorar y la autoridad para regir.

Luego viene una cuarta bestia, que es mucho más horrible y destructiva, a la que Daniel no puede comparar con ningún animal conocido. Es un monstruo aterrador, con dientes de hierro, y de un tamaño tan colosal que puede devorar y pisotear todo lo que haya en su camino. Encajaría perfectamente en los gráficos generados por ordenador de las películas modernas de monstruos: una figura de poder destructivo y crueldad aparentemente indestructibles.

Además de sus dientes de hierro y sus zarpas arrolladoras, esta increíble bestia tiene diez cuernos, símbolos de poder violento y agresivo sobre todos los puntos cardinales. Daniel, en su sueño, se siente fascinado por aquellos cuernos, pero de repente ve otro mucho más pequeño que los otros diez, pero aparentemente más poderoso. Solo por el hecho de irrumpir enérgicamente logra desplazar a tres de los otros cuernos. Y entonces, como sucede en los sueños, este pequeño cuerno adopta rasgos humanos, incluyendo la capacidad de hablar. ¡Y vaya cosas que Daniel escucha decir al pequeño cuerno! Este no deja de jactarse y soltar bravatas incluso mientras cambia la escena (v. 11).

Unos tronos y un hijo de hombre (vv. 9-14)

> Estuve mirando hasta que fueron puestos tronos, y se sentó un Anciano de días, cuyo vestido era blanco como la nieve, y el pelo de su cabeza como lana limpia; su trono llama de fuego, y las ruedas del mismo, fuego ardiente. Un río de fuego procedía y salía de delante de él; millares de millares le servían, y millones de millones asistían delante de él; el Juez se sentó, y los libros fueron abiertos.
>
> Yo entonces miraba a causa del sonido de las grandes palabras que hablaba el cuerno; miraba hasta que mataron a la bestia, y su cuerpo fue destrozado y entregado para ser quemado en el fuego. Habían también quitado a las otras bestias su dominio, pero les había sido prolongada la vida hasta cierto tiempo.
>
> Miraba yo en la visión de la noche, y he aquí con las nubes del cielo venía uno como un hijo de hombre, que vino hasta el Anciano de días, y le hicieron acercarse delante de él. Y le fue dado dominio, gloria y reino, para que todos los pueblos, naciones y lenguas le sirvieran; su dominio es dominio eterno, que nunca pasará, y su reino uno que no será destruido. (Dn 7:9-14)

Aquí se produce un súbito cambio de escena, algo que también es típico de los sueños y las visiones. Pero parece que no se trata de una sustitución completa; se parece más a lo que podemos hacer ahora con la tecnología de pantalla dividida. Porque Daniel dice que, mientras su atención se centra en el trono del Anciano de días, aún puede ver y escuchar lo que está pasando con la cuarta bestia y su cuerno pequeño. Por así decirlo, en esta pantalla de su visión hay un segmento arriba y otro abajo.

Esto es importante. No es que una imagen sustituya a la otra o simplemente la suceda. *Ambas se producen al mismo tiempo.* Daniel está viendo dos realidades, pero no están totalmente separadas ni son independientes. Más bien, de alguna manera, una sucede "por encima" o "detrás de" la otra. Existe (abajo) el mundo de destrucción de las bestias y (arriba) el mundo de la corte celestial. Ambos son reales y los dos están "presentes" en la visión. En el fondo se trata de una realidad integrada, pero Daniel la contempla desde dos ángulos.

Entonces, ¿qué sucede en "la mitad superior" de la pantalla dividida de Daniel? Ve tronos. Los tronos hablan de reinado y de autoridad soberana. Seguramente la forma plural simplemente intensifica esa verdad. El trono es la sede del gobierno efectivo y del poder ejecutivo.

Ve al Anciano de días. Ponemos la palabra en mayúscula porque sabemos que se refiere a Dios, pero la palabra significa tan solo "una persona muy vieja". Y la edad, por supuesto, en esa cultura, era señal de gran sabiduría y autoridad. La blancura de su ropa y de su cabello habla de pureza radiante (como durante la transfiguración de Jesús). El fuego es siempre el símbolo de la santidad y de la presencia de Dios (como en el monte Sinaí). Los millones de súbditos en torno al trono también señalan al poder ejecutivo inmediato del que está en el trono; cualquier susurro de su voluntad encuentra a un mensajero o un agente para cualquier misión, en todo lugar y momento.

Pero también es la escena de un tribunal, de modo que es un entorno de juicio y de decisiones sobre las cosas correctas y las incorrectas; y ¿cuán importante es esto, dentro del contexto de las bestias destructoras que hay en la escena inferior? Los libros se abren para que el tribunal pueda ver todo lo que se hace en la tierra y evaluarlo conforme a los estándares divinos, llevando la historia a la resolución justa y lícita que solo Dios puede ofrecer. El destino del mundo se decidirá no por las declaraciones jactanciosas y el poder de las bestias, sino por la voluntad y el propósito de Dios y su juicio definitivo sobre todo lo que sucede en su mundo.

De modo que, cuando la mirada de Daniel desciende a la pantalla inferior (vv. 11, 12), ve, para su gran alivio, que aunque durante un tiempo tres de las bestias siguen bajo la autoridad del que está en el trono, la cuarta con su cuerno jactancioso es aniquilada y destruida por completo mediante el fuego. Ni las bestias ni sus cuernos obtendrán la victoria; su condena está asegurada.

Volviendo a la "pantalla" superior, Daniel vuelve a estar en el mundo de los tronos (vv. 13, 14) y es testigo de una escena realmente impactante. Mientras la cacofonía de las bestias prosigue en la parte inferior, en medio del resplandor cegadoramente blanco y ardiente del trono de Dios en lo alto, de repente Daniel ve a "un hijo de hombre". Esta expresión significa sencillamente un ser humano. No es (en este contexto) un título o un rol, sino simplemente una descripción comparable a "como un león... como un oso... como un leopardo". Esta figura es, sencillamente, "como un hombre". En medio de un mundo de bestias que están destrozando la tierra, Daniel ve a un hombre que entra en la presencia de Dios en su corte celestial. Y entonces ese humano misterioso recibe el derecho de gobernar de un modo que parece propio de Dios. Viene con las nubes del cielo, una entrada muy indicativa de divinidad. Recibe no solo "dominio, gloria y reino" (que los reyes humanos también recibían con el permiso de Dios), sino también *adoración*. Este es realmente un hombre celestial. Pero aun así... es un hombre.

¡Qué final tan misterioso para una secuencia de escenas también misteriosa! Desde bestias que salen del mar, pasando por Dios sentado en su trono blanco y ardiente, hasta llegar a... un hombre. Pero ese hombre recibe un reino eterno que se describe con unas palabras que son un eco claro de la roca del reino de Dios que golpeaba la estatua en el sueño de Nabucodonosor (Dn 2:44).

De esta parte de la visión de Daniel podemos entresacar varias cosas, incluso antes de llegar a la interpretación en la segunda parte del capítulo, dado que el contraste con las bestias es obviamente radical y deliberado.

Primero, esto es claramente una investidura, no una invasión. Las bestias salieron del mar para pisotear y devorar el mundo, pero este humano viene con las nubes del cielo y es llevado adrede ante la presencia del Anciano de días. No está (en este momento) luchando contra las bestias; simplemente es investido de poder y autoridad divinos.

Segundo, a las bestias se les concede autoridad para hacer lo que hacen, pero solo "por un tiempo", y luego son destruidas. Pero a ese hombre se le da autoridad, gloria y poder soberano "eternos", que "nunca pasarán" y "nunca serán destruidos". El gobierno de las bestias es terrible, pero pasajero. El gobierno de este hombre será celestial y eterno.

Tercero, ellas son bestias y él es humano. Es decir, que el reinado caótico y rebelde de las bestias concluye con el reinado humano, restaurando la creación a lo que Dios quiso que fuera. Por supuesto, concedemos que las bestias de la visión se transforman en monstruos míticos. A pesar de esto, tres de ellas tienen el aspecto de animales conocidos. Pero Dios creó a los seres humanos a su imagen para que dominasen sobre el resto de la creación animal. Por lo tanto, el gobierno de este "hijo de hombre" en la visión de Daniel parece un eco deliberado del Salmo 8:4-8, donde la misma expresión "hijo de hombre" se refiere claramente a la humanidad en general. Su idea es que Dios dio a la humanidad la responsabilidad de gobernar la creación, pero ese gobierno debía reflejar el de Dios, a saber, el reinado del amor, la compasión, la provisión y la justicia. Sin embargo, la humanidad caída corrompe el dominio convirtiéndolo en dominación, y acaba creando estructuras de poder "bestiales" como los imperios de la visión de Daniel. La investidura de este "hijo de hombre" restaura el gobierno legítimo de la humanidad que, según la imagen verdadera de Dios, será "human(itari)o".

El significado doble (7:15-28)

En las historias de los capítulos 2 y 4, Daniel es quien puede interpretar los sueños de Nabucodonosor, de modo que podríamos esperar que se despertara, llamara a sus amigos y les contase tanto su sueño como su significado. Pero en la segunda mitad del libro no es así como suceden las cosas. En este caso necesita a alguien que interprete por él, y esa explicación tiene lugar dentro de la propia visión, que lo deja bastante atribulado cuando "despierta".

> Se me turbó el espíritu a mí, Daniel, en medio de mi cuerpo, y las visiones de mi cabeza me asombraron. Me acerqué a uno de los que asistían, y le pregunté la verdad acerca de todo esto.
>
> Y me habló, y me hizo conocer la interpretación de las cosas. Estas cuatro grandes bestias son cuatro reyes que se levantarán en la tierra. Después recibirán el reino los santos del Altísimo, y poseerán el reino hasta el siglo, eternamente y para siempre. (Dn 7:15-18)

Antes que nada, Daniel ofrece una explicación sumaria de las dos "pantallas divididas" de su visión. Las cuatro bestias representan cuatro reinos terrenales (algo que Daniel ya había adivinado seguramente basándose en su recuerdo de los cuatro metales en la estatua de Nabucodonosor), mientras que "uno semejante a hijo de hombre" representa a los santos, "el pueblo santo del Altísimo". Esta segunda idea significa que cualquier interpretación de la identidad de este hijo de hombre tiene que incluir un elemento colectivo. Esto se refuerza otra vez en los versículos 26 y 27, como veremos en breve. Esta persona humana única en la visión de Daniel es una figura *representativa* (igual que las bestias de la visión representaban imperios completos). Su identidad se combina con la identidad y el destino del pueblo de Dios.

La violencia de los enemigos de Dios (vv. 19-25)

Como dije, incluso en su propio sueño Daniel ya había identificado probablemente a las tres primeras bestias como transmisoras del mismo simbolismo que las tres primeras partes de la estatua del sueño de Nabucodonosor. Se trataba de reinos sucesivos que se extendían en el futuro. Y la primera, el león con alas de águila, era claramente la Babilonia de Nabucodonosor. La curiosa manera en la que el león, en el sueño, puede ponerse sobre dos pies como si fuera humano y se le concede inteligencia humana le recordó seguramente a Daniel al propio rey. Él había conocido a Nabucodonosor personalmente. El rey tenía su vertiente tiránica, pero era un hombre como cualquier otro. La combinación visionaria de bestia y humano señala a la ambigüedad de todos los imperios (más tarde volveremos sobre este punto).

La identidad de la segunda y de la tercera bestias está menos clara, y en realidad no importa tanto (como el propio Daniel descubrió cuando preguntó ansiosamente sobre la cuarta). Funcionan para crear un espacio entre el presente (el Imperio babilónico) y el futuro más distante (la cuarta bestia). Esta cuarta bestia del capítulo 7 —vista a la luz de todo lo que se presagia con detalle en los capítulos 8, 10 y 11— es casi con toda seguridad un retrato del gobierno del reino seléucida griego del siglo II a. C., con su era culminante de persecuciones bajo Antíoco IV Epífanes. Y a la luz del capítulo 8, la segunda y la tercera bestias parecen representar a los medos y a los persas, dos reinos que tenían historias y geografías separadas, pero que estaban unidos en el Imperio persa plenamente establecido. Pero ahora mismo esto no importa; en el capítulo 8 se explica todo mejor.

Daniel percibió que podía ignorar a las tres primeras bestias. Después de todo, él y su pueblo vivían y sobrevivían bastante bien bajo el dominio de la primera, de modo que la segunda y la tercera no representaban una amenaza demasiado grande. ¡Pero la cuarta bestia! Esta era de un orden totalmente distinto. Parecía demasiado horrible de contemplar, pero Daniel quería saber más. Incluso si estaba en el futuro lejano, ¿qué esperaba al pueblo de Dios si emergía aquella temible bestia?

> Entonces tuve deseo de saber la verdad acerca de la cuarta bestia, que era tan diferente de todas las otras, espantosa en gran manera, que tenía dientes de hierro y uñas de bronce, que devoraba y desmenuzaba, y las sobras hollaba con sus pies; asimismo acerca de los diez cuernos que tenía en su cabeza, y del otro que le había salido, delante del cual habían caído tres; y este mismo cuerno tenía ojos, y boca que hablaba grandes cosas, y parecía más grande que sus compañeros. Y veía yo que este cuerno hacía guerra contra los santos, y los vencía, hasta que vino el Anciano de días, y se dio el juicio a los santos del Altísimo; y llegó el tiempo, y los santos recibieron el reino.
>
> Dijo así: La cuarta bestia será un cuarto reino en la tierra, el cual será diferente de todos los otros reinos, y a toda la tierra devorará, trillará y despedazará. Y los diez cuernos significan que de aquel reino se levantarán diez reyes; y tras ellos se levantará otro, el cual será diferente de los primeros, y a tres reyes derribará. Y hablará palabras contra el Altísimo, y a los santos del Altísimo quebrantará, y pensará en cambiar los tiempos y la ley; y serán entregados en su mano hasta tiempo, y tiempos, y medio tiempo. (Dn 7:19-25)

Se han propuesto diversas interpretaciones históricas, y el mero hecho de que sean varias sugiere que aquí es correcto percibir no un único punto de referencia histórico, sino un patrón recurrente. Los imperios humanos surgen y caen, se solapan unos con otros, libran guerras entre sí, etc. Y en diversos momentos de la historia surgen regímenes especialmente crueles que parecen concentrar la maldad con una virulencia inimaginable. Esta cuarta bestia representa estas manifestaciones últimas del mal, contrarias a Dios y a los humanos, que rezuman arrogancia, respiran violencia y desatan la devastación y la destrucción a una escala descomunal, provocando un sufrimiento intenso al pueblo de Dios en esos momentos.

Se detallan las características del "cuerno pequeño", que incluyen:

- la arrogancia blasfema al hablar contra Dios;
- la opresión del "pueblo santo" de Dios;
- los tiempos y las leyes cambiantes (quizá se refiere a la prohibición de festivales judíos, pero habla en términos más generales de trastornos y caos de índole social y moral);
- la guerra contra los santos casi hasta el punto de extinguirlos, hasta que interviene el propio Dios.

Esta imagen encaja con más de un régimen o tirano individual en la larga historia de judíos y cristianos. El primer momento así en la historia tras la visión de Daniel en Babilonia fue, sin duda, la persecución de los judíos bajo el reino seléucida griego, y se interpretó el "cuerno pequeño" como Antíoco IV Epífanes. La primitiva iglesia cristiana percibió la creciente persecución del Imperio romano bajo el disfraz de esta cuarta bestia, y algunos sugieren que Pablo tenía en mente el "cuerno pequeño" cuando habló del "hombre de pecado" en 2 Tesalonicenses 2. Es trágico y aleccionador saber que algunos intérpretes judíos han equiparado la cuarta bestia al auge de la Europa cristiana después de la conversión del emperador romano, auge que dio pie en los siglos posteriores a la persecución destructiva de los judíos. Y el siglo xx fue testigo de la violencia opresora y masiva del nazismo y el comunismo, en los que el intento de exterminar a los creyentes judíos y cristianos alcanzó una escala industrial. ¿Y qué nos reserva el siglo xxi? Quizá los cristianos en Oriente Medio nos ofrezcan algunas predicciones sobre los estragos de una "cuarta bestia" en sus países.

La vindicación del pueblo de Dios (vv. 26, 27)

La última línea del versículo 25 es un mensaje de esperanza. El pueblo de Dios sufrirá, ciertamente Dios permitirá que sufra cuando "los entregue" en manos de monstruos tales como los que representan las cuatro bestias. Y bien pudiera ser que ese periodo de sufrimiento intenso introduzca una era escatológica última de oposición humana a Dios, como la que vemos en Apocalipsis. Pero hay un límite, que ha puesto el propio Dios. Será «por un tiempo, tiempos y medio tiempo». Sin duda no tiene sentido dar a esta expresión un significado numérico o cronológico preciso, ya sea en términos de la longitud del tiempo o de fechas concretas. La idea central es que, por muy largo que sea el sufrimiento de los santos, será temporal y tendrá un final. Dios está en control, y es el juez supremo en el tribunal de la historia humana. Y ese tribunal está a punto de dar su veredicto.

> Pero se sentará el Juez, y le quitarán su dominio para que sea destruido y arruinado hasta el fin, y que el reino, y el dominio y la majestad de los reinos debajo de todo el cielo, sea dado al pueblo de los santos del Altísimo, cuyo reino es reino eterno, y todos los dominios le servirán y obedecerán. Aquí fue el fin de sus palabras. En cuanto a mí, Daniel, mis pensamientos me

> turbaron y mi rostro se demudó; pero guardé el asunto en mi corazón. (Dn 7:26-28)

Los versículos 26 y 27 amplían el 18. El veredicto divino será en primer lugar negativo: destruirá las potencias del mal blasfemo y de la opresión. El poder temporal concedido a ese régimen bestial será arrebatado, y su destrucción será tanto total como permanente («destruido y arruinado hasta el fin»). Esto apunta hacia la imagen de la erradicación del mal que vemos en Apocalipsis.

Pero el gobierno y el poder que la cuarta bestia había usurpado tan cruelmente no será algo que simplemente Dios recupere. Más bien, el derecho y el poder para gobernar toda la tierra serán concedidos al pueblo de Dios. Pero ¿quiénes son estos? Aquellos que se habían simbolizado como «uno semejante a hijo de hombre», el ser humano cuyo gobierno fue autorizado en la misma presencia de Dios en los versículos 13 y 14. Su gobierno es el de ellos. El gobierno de ellos es el de él. Y es tan humano como lo son ellos.

Aquí hay un gran misterio, pero parece señalar como mínimo en dos direcciones. Primero, el reino de Dios (el reino eterno del Altísimo, v. 27) estará mediado por el gobierno de los santos, lo cual apunta a una creación restaurada en la que se pondrá por obra la intención originaria de Dios para la humanidad, porque los santos son la humanidad redimida de Dios, que ejercen su gobierno dentro de la creación. Y segundo, este reinado de los santos estará vinculado con la investidura y la autoridad de la figura celestial que, aunque es humana («semejante a un hijo de hombre»), viene con las nubes del cielo y recibe la adoración digna de Dios.

Sea como fuere, fue un misterio lo bastante grande como para preocupar a Daniel, y lo bastante amenazante como para hacerlo palidecer de miedo (7:28). La visión tiene un final feliz, pero un desarrollo aterrador hasta que se alcanza ese final.

Los tres reinos

¿Qué lecciones podemos aprender para nuestra instrucción y exhortación? Creo que en este capítulo podemos discernir tres tipos de "reino": los reinos representados por las bestias del mar; el reino simultáneo de los cielos, por encima y por detrás de ese reino terrenal —oculto, pero poseedor del control último—; y el reino de los santos, una realidad aparentemente futura que emergerá solamente cuando el reino bestial sea destruido para siempre.

Los reinos de las bestias

En su visión, Daniel percibe la maldad bestial subyacente en las potencias mundiales de su época y a través de la historia. Este tipo de visión reportada recibe el nombre de "apocalíptica". Daniel 7–8 y 10–12 son ejemplos tempranos de este género, que también se encuentra en Ezequiel y, por supuesto, en el libro de Apocalipsis del Nuevo Testamento. La palabra significa literalmente "desvelamiento", y esto es lo que está pasando. Dios está descorriendo el velo para mostrar lo que sucede por detrás y por debajo de toda la apariencia y la gloria (forjadas por los humanos) de los reinos y los imperios terrenales.

Este tipo de desvelamiento puede funcionar de distintas maneras. A veces puede revelar algo que parece asombroso y aterrador, y demostrar luego que es un fraude, lo cual hace que no merezca la pena tenerle miedo. El momento de *El mago de Oz* cuando el pequeño perro de Dorothy, Toto, tira de la cortina en medio de las aterradores visiones y sonidos para dejar a la vista a un viejecito asustado es un "apocalipsis" de este tipo. A veces el pueblo de Dios necesita ver los ídolos por lo que son: impotentes e inútiles. Esto es lo que el "desvelamiento" de Babilonia y de sus dioses hace en Isaías 40–48, sobre todo en los capítulos 46 y 47.

Pero en el sentido contrario, el apocalipsis desmonta la fachada de aparente benevolencia que a los gobiernos humanos les gusta levantar y saca a la luz la profundidad de la maldad, las mentiras, la corrupción y la violencia que hay tras ella, mostrando las huellas dactilares de la maldad satánica repartidas por toda la realidad subyacente. Y esto es lo que sucede aquí.

Quizá esto supuso una sorpresa genuina para Daniel (el v. 28 sugiere que pudo ser así). Había vivido durante el reinado relativamente constructivo de Nabucodonosor. Daniel no era ingenuo: Nabucodonosor podía amenazar con quemar a los disidentes. Pero Daniel llevaba toda una vida sirviendo a este gobierno humano e incluso tuvo una oportunidad (en el cap. 4) de influir para encauzarlo hacia la justicia social. Y como vimos, probablemente oraba por Nabucodonosor y buscaba el bienestar de la ciudad donde Dios lo había puesto, de acuerdo con las instrucciones de Jeremías 29:7.

Pero de repente se le muestra ese mismo reino (el gobierno de un hombre al que había respetado y por quien había orado) como una bestia de presa (de hecho una bestia y un ave, ambos carnívoros), tras la cual vendrían otras incluso peores. No debió de ser fácil reconciliar el gobierno humano familiar al que sirvió con esa fuerza bestial, devoradora, que su desvelamiento "apocalíptico" puso tan vívidamente delante de sus temerosos ojos soñolientos.

Pero esta es la realidad de la doble cara del poder político en este mundo, y como cristianos bíblicos deberíamos estar mucho más alerta ante él de lo que solemos estarlo. El "apocalipsis" bíblico nos abre los ojos. El Nuevo Testamento nos ofrece una dualidad semejante de la percepción.

Pablo admitió que el gobierno es nombrado por Dios y tiene la responsabilidad de administrar justicia (Rm 13). Por este motivo urgió a los cristianos a orar por las autoridades gobernantes, ninguna de las cuales era cristiana en su época (1 Tm 2:1, 2). Y pudo usar su ciudadanía romana cuando sirvió a la causa del evangelio, instruyendo a los cristianos a entender el pago de los impuestos como parte de su deber para con Dios

(Rm 13:6, 7 —versículos que, según parece, se han caído de la Biblia de algunos cristianos, movidos por su hostilidad hacia todo tipo de impuesto—). De igual manera, Pedro, aun cuando los cristianos estaban padeciendo persecución, les urgió a someterse a las autoridades humanas y a honrar al emperador (1 Pd 2:13-17).

Pero, al mismo tiempo, Pablo tenía una sólida teología de "principados y potestades", que percibía como fuerzas espirituales que, entre otras cosas, subyacen en las estructuras del poder político y económico en la sociedad humana y, en su rebelión contra Dios, pueden encauzar fácilmente el poder humano en direcciones malignas. Si 2 Tesalonicenses 2 es una referencia velada al poder potencialmente perseguidor del emperador romano, entonces entiende muy bien la visión de Daniel. También era muy consciente de la idolatría blasfema del culto al emperador, que ya había arraigado en el siglo I d. C. Una frase como «nuestro gran Dios y Salvador», que en Tito 2:13 se refiere claramente a Jesucristo, es una que Pablo ha robado deliberada y subversivamente de ese culto imperial, dado que era una expresión que ya se aplicaba al emperador romano. Y tal como se ha señalado a menudo, debemos equilibrar la visión positiva del Estado en Romanos 13 con la plasmación apocalíptica del mismo en Apocalipsis 13, donde las imágenes de las bestias que usa Daniel se desarrollan para exponer el potencial satánico y devorador de los imperios humanos.

Ahora bien, debemos ser prudentes a la hora de gestionar esta imagen doble. NO está diciendo que los gobiernos humanos tienen la apariencia de hacer cosas buenas (ley y orden, justicia, comercio, bienestar, etc.), pero *en realidad* son totalmente malos. NO está diciendo que los gobiernos no pueden hacer nada bueno y que están totalmente compuestos de engaños y maldades satánicas; eso sería caer en el tipo de obsesión con las teorías conspirativas que abundan tanto por todo el mundo.

No, la Biblia reconoce el lugar idóneo y positivo de las distintas formas de orden político humano en la sociedad, incluso en un mundo caído: desde las dictaduras a la democracia, y todo lo que hay entre ambas. Dado que las personas están hechas a imagen de Dios y debido a la gracia común divina, los gobiernos pueden hacer lo que es correcto y bueno, al menos durante una parte del tiempo. Pero *a la vez* existe esta ambigüedad subyacente en todos los gobiernos, regímenes e imperios, la misma ambigüedad que discurre por la propia humanidad desde la caída. Somos capaces simultáneamente de hacer el bien y el mal: tenemos la capacidad de inventar constructivamente y de crear belleza, pero somos también capaces de la violencia destructiva y la fealdad degradante; capaces de reflejar una parte de la gloria de nuestro Creador, pero también de repetir la rebelión blasfema y el odio orgulloso del Maligno contra Dios.

Parte de nuestro llamamiento cristiano estriba en tener sabiduría para discernir *ambas* realidades, que estarán presentes en toda manifestación de poder político en el nivel local, nacional o mundial. Pablo vio que el Imperio romano podía ser tanto una potencia para introducir progresos buenos y constructivos bajo el gobierno soberano de Dios como, *al mismo tiempo*, una fuente de mal satánico, edificado sobre los males de la esclavitud y la violencia militar y civil contra todos los que se oponen a él. ¿Estamos listos para aceptar la misma evaluación de los imperios modernos que hemos visto en los últimos siglos?

Uno de mis amigos en India tiene una abuela que vivió durante el Raj británico, posiblemente la manifestación más grande de colonialismo occidental en el planeta en aquella época. Me cuenta que, en los años posteriores a la independencia de India —en 1947—, ella (junto a muchos otros) se quejaba de que las cosas iban mejor bajo gobierno británico que bajo los sucesivos gobiernos indios (a pesar de su constitución notablemente secular y democrática). «Tendríamos que pedir a los británicos que volvieran —solía decir—. Son cristianos. Nos perdonarán». Admitía que había facetas positivas del Imperio británico que habían aportado beneficios al país. Sin embargo, sabemos perfectamente que llegó a altas cotas de flagrante superioridad racista, de control violento en determinados momentos y de terrible explotación económica que alimentaron la riqueza de la revolución industrial británica mientras empobrecían a India durante mucho tiempo. En la misma época, por supuesto, los intereses coloniales británicos y franceses fomentaron, alimentaron, pero finalmente traicionaron tanto a los árabes como a los judíos en Oriente Medio, contribuyendo al conflicto más duradero y destructivo de los últimos cien años.

Como ciudadano británico puedo emitir este tipo de evaluación discriminatoria sobre el Imperio británico. Lo veo como una mezcla de beneficios constructivos y, en ocasiones, de duplicidad, violencia y codicia horripilantes. ¿Podemos aplicar el mismo tipo de discernimiento al respecto de las décadas de hegemonía estadounidense en los asuntos mundiales? ¿Podremos eludir las opciones binarias simplistas de ser (desde fuera) "proamericanos" o "antiamericanos"? Seguro que reconocemos todo lo que ha beneficiado al mundo y ha contribuido al bienestar humano, pero siendo conscientes del interés propio, económico y político que ha generado actividades corporativas y de política exterior que se han asociado con la tiranía y la opresión en todo el mundo. La visión de Daniel nos llama a abrir los ojos y ver el mundo no con una aprobación ingenua de "nuestro propio bando" ni con un rechazo igual de ingenuo de toda ambición y toda acción políticas como cosas satánicas e irreversiblemente malas, sino más bien con "la pantalla dividida" que hace que el paradigma de Dios incida en la ambigüedad de toda vida humana.

Y esto nos lleva a nuestro segundo reino.

El reino celestial

Daniel recibe el privilegio de tener una visión parcial de la realidad celestial que se encuentra "por encima y por detrás" de la historia mundial, tanto contemporánea como (desde su punto de vista) futura. Es similar a la invitación que recibió Juan de cruzar aquella "puerta en el cielo" y ver el universo desde la perspectiva de la sala del trono de Dios (Ap 4–7).

Una vez más, debemos ser prudentes. Ni la visión de Daniel ni la de Juan son meramente visiones *del futuro*. Por supuesto, contienen un elemento predictivo. Por medio de esta visión, Daniel puede alertar a su propio pueblo sobre un futuro que traería consigo terribles momentos de prueba; era una visión que también los preparaba para ser capaces de resistirlos, sabiendo que incluso un futuro así estaba bajo el control del Dios que lo había revelado. El mismo propósito subyace en el libro de Apocalipsis. Pero en ambos libros es algo más que una predicción. Se trata de un "desvelamiento" que manifiesta la realidad de lo que está pasando en el presente. Y esa realidad es que Dios sigue en su trono.

Así prosigue la historia. Los imperios humanos vienen y van. Los reyes, los presidentes y los primeros ministros hacen lo que hacen. Pero en última instancia, Dios sigue siendo el gobernador supremo y el juez último. Y nada se pasará por alto ni se barrerá debajo de la alfombra. «Los libros fueron abiertos» (Dn 7:10). Este es el auditor jefe, aquel ante el que se abren todos los corazones, se conocen todos los deseos y de quien no se oculta secreto alguno. Este es el Dios que ve y conoce, que mira, considera y evalúa todo lo que hace cada uno de los seres humanos en el mundo (Sal 33:13-15), y no solo sus actos, sino también sus pensamientos y motivos.

Por lo tanto, toda autoridad terrenal (incluso la que se usa jactanciosa y destructivamente) es delegada y derivativa, sujeta a ser revocada y finiquitada. E incluso cuando las potencias humanas hacen lo peor que pueden, el reino de Dios sigue obrando.

Debemos cultivar la consciencia de esta dimensión celestial frente a todo lo que sucede en la tierra. No es una forma de escapismo. No supone salir de la realidad y caer en la fantasía. Por el contrario, supone hacer que la realidad genuina del reino de Dios incida en las imaginaciones, posturas y saqueos descabellados de los hombres que actúan mal. Supone vivir en el mundo del Salmo 2 y buscar las señales del reino de Dios en medio del desorden de las naciones. El reino de Dios no es solo una esperanza futura ("venga tu reino"), sino una realidad presente ("tuyo es el reino").

Por lo tanto, igual que nuestro primer punto nos alerta para detectar el elemento bestial y satánico en los asuntos del poder y de la autoridad humanos activos, este otro nos dice que percibamos la dimensión celestial y divina de las mismas realidades. Dios obra en medio de la normalidad o el caos de la historia. El cielo gobierna, tal como Daniel señaló a Nabucodonosor (Dn 4:26).

El reino "santo"

Volvemos a modo de conclusión a la parte más misteriosa de la visión de Daniel, aquel «semejante a hijo de hombre». Como hemos visto hasta ahora, esta expresión se refiere simplemente a un ser humano. Pero el detalle crítico es que se trata de un ser humano contrapuesto a las bestias rapaces. El gobierno de Dios será, en el sentido correcto de la palabra, "humano".

Pero luego vimos también que, en la interpretación del sueño, este ser humano es una persona representativa que integra al pueblo de Dios, los santos del Altísimo. Y esa fusión identitaria simbólica funciona de dos maneras:

- El destino de ellos será el destino de él —es decir, el sufrimiento, la persecución y la violencia—.
- El destino de él será el destino de ellos —es decir, la vindicación gloriosa y el reinado eterno en la tierra—.

Gracias a los Evangelios sabemos que esta figura en Daniel 7 tuvo una tremenda influencia sobre la autoconsciencia de Jesús. "El Hijo del hombre" era la expresión más habitual con que se refería a sí mismo. La usó de distintas maneras, como han señalado los expertos en Nuevo Testamento, pero algunos de los dichos que contienen esta expresión se basan claramente en las imágenes de Daniel 7. Hallamos el ejemplo más claro en su juicio; cuando el sumo sacerdote preguntó a Jesús si era el Mesías, él respondió: «Tú lo has dicho; y además os digo, que desde ahora veréis al Hijo del Hombre sentado a la diestra del poder de Dios, y viniendo en las nubes del cielo» (Mt 26:64).

Y esa afirmación (una combinación de Sal 110 y Dn 7), por supuesto, se repite en el resto del Nuevo Testamento, donde el Cristo ascendido se retrata "a la diestra de Dios", es decir, el lugar de supremo gobierno del universo. El reinado universal de Dios sobre "todas las naciones y pueblos de toda lengua" será ejercido a través del Hijo del hombre, el Jesús de Nazaret crucificado, resucitado y ascendido.

Pero igual que Jesús, como Hijo del hombre, padeció y dio su vida antes de su vindicación, gloria y reinado eterno, lo mismo sucederá con aquellos que pertenecen a él, quienes comparten su identidad y su destino: el sufrimiento, y luego la vindicación y el reinado eterno. Esta combinación se afirma claramente en Daniel 7:27. Sin embargo, no debemos interpretar esto como algún tipo de superioridad prepotente mediante la cual los cristianos se enseñorearán del resto de la población mundial. Ese tipo de arrogancia —que alimentó la cristiandad y a uno de sus resultados depravados, el colonialismo y el imperialismo— es precisamente a lo que se opone este texto. No: "los santos del Altísimo" estarán compuestos por toda la humanidad redimida, de toda tribu, lengua, pueblo y nación, cuyos miembros, como dijo Juan, serán «reyes y sacerdotes, y reinaremos sobre la tierra» (Ap 5:10).

En otras palabras, el futuro pertenece no solo al Hijo del hombre (el Señor Jesucristo), sino al hijo del hombre, es decir, los seres humanos. La criatura que Dios hizo a su propia imagen para que ejerciera dominio sobre la creación al final lo hará de la manera en que Dios pretendía, y de un modo que refleje a Dios y lo sirva en un mundo que Dios habrá limpiado.

Esta parece ser la visión que anima al escritor de Hebreos. Reflexiona sobre la gloria de la humanidad en palabras del Salmo 8.

> ¿Qué es el hombre, para que te acuerdes de él,
> o el hijo del hombre, para que le visites?
> Le hiciste un poco menor que los ángeles,
> le coronaste de gloria y de honra,
> y le pusiste sobre las obras de tus manos;
> todo lo sujetaste bajo sus pies.
> Porque en cuanto le sujetó todas las cosas, nada dejó que no sea sujeto a él; pero todavía no vemos que todas las cosas le sean sujetas. Pero vemos a aquel que fue hecho un poco menor que los ángeles, a Jesús, coronado de gloria y de honra, a causa del padecimiento de la muerte, para que por la gracia de Dios gustase la muerte por todos. (Hb 2:6-9)

Fuimos creados para ejercer un dominio piadoso sobre el resto de la creación, pero nuestra rebelión pecaminosa nos ha situado en una posición de servidumbre parcial a la creación que supuestamente debíamos gobernar: la servidumbre de idolatría (como esboza Pablo en Rm 1:18-23). De modo que todavía no vemos el gobierno justo de la humanidad sobre la creación. Pero, añade Hebreos, "vemos a Jesús". Porque en su humanidad y deidad combinadas descansa la verdadera soberanía sobre toda la creación, que un día compartiremos con él.

Entre tanto, las cuatro bestias siguen con su obra arrogante y destructiva, como los cuatro jinetes de la visión de

Juan (Ap 6:1-8), pero lo hacen bajo el control último de aquel que está en el trono. Y en medio de esos tiempos —que recordamos cuando oramos «tuyo es el reino, y el poder, y la gloria, por todos los siglos»— sabemos que también es cierto que, en Cristo y gracias a él, el *nuestro* es un reino que no puede ser destruido.

CAPÍTULO 8

UN CARNERO, UN MACHO CABRÍO Y UN FINAL

¡Más animales! ¡Vaya sueños raros que tenía Daniel! En el último capítulo había visto cuatro bestias extrañas que salían del mar tumultuoso. Aquí ve a un carnero de dos cuernos y a un macho cabrío con un solo cuerno que se baten en combate mortal. ¡Sin duda esto es la fantasía de una mente perturbada!

Pero no corramos tanto. Puede parecernos extraño, pero no es muy distinto a algunas de las maneras en que usamos a los animales en nuestras culturas.

Por ejemplo, antes que nada, es habitual que personifiquemos a los animales, convirtiéndolos en caricaturas de humanos. A veces lo hacemos mediante simples metáforas para hablar de ciertas conductas humanas. Hablamos de hacerse la mosquita muerta, de peces gordos, de tiburones empresariales y de niños que se aburren como ostras. Walt Disney levantó su imperio sobre Mickey Mouse, *El libro de la selva* y *El rey león*. Y más recientemente tenemos un género de fantasía infográfica de mundos virtuales en la que se combinan humanos, animales y criaturas míticas, como en *Avatar*. Y la literatura infantil está llena de animales humanizados, desde Peter Rabbit y Jemima Duck al Oso Rupert y Paddington.

En segundo lugar, también "animalizamos" países. Retratamos a naciones enteras con la imagen de un animal que parece expresar alguna faceta de su autoimagen o de su unicidad. Tenemos a los bulldogs británicos (o, en el rugbi, a los leones británicos e irlandeses), el águila estadounidense (y albanesa), el gallo francés, los kiwis de Nueva Zelanda, etc.

O sea, lo que hace Daniel en este capítulo con un carnero y un macho cabrío es un tipo de simbolismo que nos resulta familiar: "ve" a naciones reales y sucesos históricos, pero usando las imágenes de animales para establecer ciertas ideas importantes y formular algunas preguntas provocativas. En otras palabras, la imaginería es fantástica, pero habla de una realidad. Por ese motivo tenemos que preguntarnos qué tiene que decirnos hoy, cuando el sueño de Daniel llega hasta nosotros como parte de nuestras Escrituras reveladas.

El patrón de los imperios (8:1-12, 20-25)

> En el año tercero del reinado del rey Belsasar me apareció una visión a mí, Daniel, después de aquella que me había aparecido antes. Vi en visión; y cuando la vi, yo estaba en Susa, que es la capital del reino en la provincia de Elam; vi, pues, en visión, estando junto al río Ulai. (Dn 8:1, 2)

La fecha nos sitúa en el mismo periodo del rey del capítulo 5. Es decir, que seguimos en el Imperio babilónico, pero por los pelos. Daniel, que ya era anciano, debió de saber que el poder de Babilonia mermaba a gran velocidad. La escritura estaba en la pared. El último versículo del capítulo 5 y los primeros del 9 nos indican qué vino después, y que Daniel era muy consciente de los tiempos y de la mano soberana de Dios en el presente y el futuro.

Daniel nos dice que la visión expuesta aquí en el capítulo 8 vino «después de aquella que me había aparecido antes», es decir, la del capítulo 7. Esta consistió en una terrible secuencia de cuatro bestias que salían del mar. Representaba cuatro reinos humanos sucesivos y fue claramente una mutación del patrón de cuatro que vimos en la estatua del sueño de Nabucodonosor en el capítulo 2: oro, plata, bronce y barro mezclado con hierro. Y en esos dos sueños previos, ese patrón de imperios había sido destruido por el poder supremo de Dios: en el capítulo 2 por la roca no cortada con manos humanas, y en el 7 por aquel semejante a un hijo de hombre que recibe la autoridad celestial y el gobierno eterno.

Ahora bien, si queremos establecer identificaciones históricas precisas de los cuatro reinos, las cosas se complican un poco. Podemos tener claro el primero: la cabeza de oro (en el cap. 2) y el león alado (en el cap. 7) se refieren claramente a la Babilonia de Nabucodonosor. Y gracias a los detalles incluidos en los capítulos 10–11, parece que el cuarto reino, arrogante, violento y blasfemo, fue el Imperio seléucida de habla griega que gobernó desde Antioquía en Siria, y su "cuerno pequeño" fue Antíoco IV Epífanes. Esto significaría que el segundo y el tercero serían respectivamente los reinos originariamente separados de los medos y los persas. Sin embargo, el capítulo 8 junta a los medos con los persas (v. 20, cosa que el rey Ciro de Persia logró hacer en realidad), lo cual sugiere que los medos y los persas juntos constituyen el reino número dos, mientras que los griegos serían el tercer reino.

Pero más allá de esto, dado que el libro de Daniel también mira adelante, hacia el establecimiento del reino de Dios de una forma única y culminante dentro del contexto de un cuarto reino, era natural que la interpretación cristiana primitiva identificase el cuarto reino con el Imperio romano, en el cual Dios se encarnó en Jesús de Nazaret, quien anunció: «El reino de Dios se ha acercado. Arrepentíos y creed el evangelio».

¿No te había dicho que era complicado? Todo esto significa que podemos imaginar dos secuencias posibles que son compatibles con el pasaje de Daniel, dependiendo de la localización precisa del intérprete.

1	Babilonia	Babilonia
2	Medos	Medos y persas
3	Persas	Griegos (seléucidas)
4	Grecia (seléucidas)	Roma

Dada esta flexibilidad, lo mejor parece ser (como dije antes) pensar que el simbolismo de la estatua y de las bestias es el retrato de un patrón subyacente en la historia. Los imperios surgen y caen a medida que cada uno de ellos se muestra más arrogante que el precedente. A veces llegan a un punto de maldad y de violencia álgidos contra Dios y su pueblo. Pero al fin Dios los derrota. Y al final (el final definitivo, distinto a los muchos "finales" parciales que ilustra la historia), Dios acabará destruyendo todo lo que se le oponga y establecerá su propio reino plenamente y para siempre.

Así, aquí en el capítulo 8, la visión de Daniel retrata a las dos próximas potencias más importantes que gobernarían sobre el pueblo de Israel en los años venideros: el imperio de los medos y los persas, que Ciro había unificado y que expandió rápidamente, y el reino de la porción seléucida del Imperio griego, formado después de que Alejandro Magno de Macedonia conquistase el Imperio persa.

Vamos a tomar la secuencia de acciones en el sueño de Daniel junto con la explicación que este recibe en su visión de la segunda mitad del capítulo de parte de una figura angélica (vv. 15-18).

El carnero de dos cuernos (vv. 3, 4 y 20)

> Alcé los ojos y miré, y he aquí un carnero que estaba delante del río, y tenía dos cuernos; y aunque los cuernos eran altos, uno era más alto que el otro; y el más alto creció después. Vi que el carnero hería con los cuernos al poniente, al norte y al sur, y que ninguna bestia podía parar delante de él, ni había quien escapase de su poder; y hacía conforme a su voluntad, y se engrandecía. [...]
>
> En cuanto al carnero que viste, que tenía dos cuernos, estos son los reyes de Media y de Persia. (Dn 8:3, 4, 20)

Aquí tenemos el imperio de los medos y los persas. El reino de los persas era más reciente, pero creció más que el de los medos, motivo por el cual los dos cuernos del carnero se describen de esta manera. Ciro de Persia cohesionó los dos reinos, y después de él se lo conoce simplemente como el Imperio persa. En el 539 a. C., Ciro derrotó a Babilonia y entró en ella aparentemente sin combatir, poniendo fin al Imperio babilónico (como se dice en Dn 5:31, donde es probable que "Darío" se refiera a Ciro).[16]

Después Ciro siguió con su rápida conquista en todas las direcciones (como vemos en Is 41:2, 3, donde sus pies apenas tocan el suelo). Desde su capital en Susa extendió la soberanía de Persia por toda la región de Oriente Medio, incluyendo las regiones que hoy conocemos como Turquía, Palestina, Israel,

[16] Hay argumentos sólidos para considerar a "Darío" en el libro de Daniel como la misma persona que Ciro. El término "Darío" no es tanto un nombre personal como un alias monárquico. Estos temas se analizan en los comentarios más amplios. Quienes adoptan este paradigma están de acuerdo con la nota al pie de la NIV sobre Daniel 6:28, que dice: «Así que Daniel prosperó bajo el reinado de Darío, esto es, el reinado de Ciro».

Líbano, Siria, Jordania, Egipto, Iraq y, por supuesto, Irán (el Estado moderno que en su tiempo fue Persia). El imperio que fundó siguió dominando la región durante 200 años, incluyendo un periodo de guerra constante con Grecia. Fue el Imperio persa aquel al que las fuerzas griegas de Atenas y Esparta impidieron extender su poderío por Europa en las batallas de Maratón (490 a. C.), las Termópilas y Salamina (480 a. C.).

El macho cabrío de un cuerno (vv. 5-7 y 21)

> Mientras yo consideraba esto, he aquí un macho cabrío venía del lado del poniente sobre la faz de toda la tierra, sin tocar tierra; y aquel macho cabrío tenía un cuerno notable entre sus ojos. Y vino hasta el carnero de dos cuernos, que yo había visto en la ribera del río, y corrió contra él con la furia de su fuerza. Y lo vi que llegó junto al carnero, y se levantó contra él y lo hirió, y le quebró sus dos cuernos, y el carnero no tenía fuerzas para pararse delante de él; lo derribó, por tanto, en tierra, y lo pisoteó, y no hubo quien librase al carnero de su poder. [...]
>
> El macho cabrío es el rey de Grecia, y el cuerno grande que tenía entre sus ojos es el rey primero. (Dn 8:5-7, 21)

Aquí tenemos las conquistas de Alejandro Magno. Alejandro era el joven rey de Macedonia, un reino al norte de Grecia que había ascendido al poder en el siglo después de la "era dorada" de Atenas y su gran rival, Esparta. En un periodo de diez años, del 333 al 323 a. C., Alejandro barrió Oriente Medio, escindiendo el Imperio persa como un cuchillo corta la mantequilla. Impuso el gobierno griego en una inmensa región que iba desde el mar Egeo hasta las fronteras de India (punto en el que, según parece, sus soldados se negaron a seguir adelante).

Los cuatro cuernos (vv. 8 y 22)

> Y el macho cabrío se engrandeció sobremanera; pero estando en su mayor fuerza, aquel gran cuerno fue quebrado, y en su lugar salieron otros cuatro cuernos notables hacia los cuatro vientos del cielo. [...]
>
> Y en cuanto al cuerno que fue quebrado, y sucedieron cuatro en su lugar, significa que cuatro reinos se levantarán de esa nación, aunque no con la fuerza de él. (Dn 8:8, 22)

Alejandro murió repentina y trágicamente en el 323 a. C., en el punto culminante de su poder, a los treinta y pocos años de edad. Antes de su muerte dividió su imperio entre cuatro de sus generales: Casandro (que gobernó en Macedonia y Grecia); Lisímaco (en Tracia y Asia Menor); Seleuco (en el norte de Siria, Mesopotamia y las regiones orientales); y Ptolomeo (en Egipto, Palestina y el sur de Siria). En relación con la historia de Israel, solo los dos últimos fueron relevantes, dado que la pequeña provincia de Judá cayó bajo el control de los primeros gobernantes ptolemaicos de Egipto y, más tarde, de la dinastía seléucida en Siria.

De modo que durante los siguientes 250 años más o menos el mundo se volvió griego, extendiendo el idioma y la cultura griegos por toda la región, hasta que la propia Grecia fue conquistada por Roma y el mundo se hizo romano. Este es el mundo que encontramos en el Nuevo Testamento: un mundo de poder romano, pero de idioma y cultura griegos.

La pequeña tierra natal de los judíos —que había sido una provincia del Imperio persa (como vemos en los libros de Nehemías y de Esdras)— cayó así bajo el poder de los griegos. Pero al igual que a lo largo de su historia, se vio atrapada entre poderes rivales al norte y al sur. Durante unos 125 años, el poder dominante fue la dinastía ptolemaica que gobernó desde Egipto hasta el sur. Pero en el 198 a. C., Palestina cayó bajo el dominio de la dinastía seléucida que gobernó de Antioquía en Siria hasta el norte. Y fue entonces cuando empezó la época de los terribles problemas para los judíos.

El cuerno pequeño (vv. 8-12 y 23-25)

> Y de uno de ellos salió un cuerno pequeño, que creció mucho al sur, y al oriente, y hacia la tierra gloriosa. Y se engrandeció hasta el ejército del cielo; y parte del ejército y de las estrellas echó por tierra, y las pisoteó. Aun se engrandeció contra el príncipe de los ejércitos, y por él fue quitado el continuo sacrificio, y el lugar de su santuario fue echado por tierra. Y a causa de la prevaricación le fue entregado el ejército junto con el continuo sacrificio; y echó por tierra la verdad, e hizo cuanto quiso, y prosperó.
>
> Y al fin del reinado de estos, cuando los transgresores lleguen al colmo, se levantará un rey altivo de rostro y entendido en enigmas. Y su poder se fortalecerá, mas no con fuerza propia; y causará grandes ruinas, y prosperará, y hará arbitrariamente, y destruirá a los fuertes y al pueblo de los santos. Con su sagacidad hará prosperar el engaño en su mano; y en su corazón se engrandecerá, y sin aviso destruirá a muchos; y se levantará contra el Príncipe de los príncipes, pero será quebrantado, aunque no por mano humana. (Dn 8:9-12, 23-25)

Esto describe a uno de los gobernantes de las cuatro partes del mundo griego. De la dinastía seléucida en Siria salió un hombre llamado Antíoco IV. Adoptó el sobrenombre Epífanes, lo cual significa que se consideraba una manifestación del poder divino, un espejismo que asimiló hasta sus últimas consecuencias. En estos versículos hallamos un eco claro de la descripción del pequeño cuerno en Daniel 7:8, 11, 20, 21, 24 y 25. Gobernó desde el 175 a. C. hasta el 163 a. C.

Antíoco Epífanes actuó con increíble hostilidad, odio y arrogancia contra los judíos de Jerusalén y la región circundante. Ciertamente se convirtió, para el pueblo de Dios en aquella época, en la encarnación misma del mal blasfemo y en la causa de un sufrimiento y una opresión tremendos y prolongados. En nuestra siguiente sección tendremos que explorar esto un poco más.

Un retrato del mal (8:10-12, 23-25)

Estos versículos (Dn 8:10 12 y 23-25) resumen la maldad de Antíoco Epífanes y nos señalan algunas características claras de su pecado. Vemos una poderosa combinación de arrogancia, crueldad y engaño. O, para ser más precisos:

- pecó contra Dios (vv. 10, 11);
- pecó contra el pueblo de Dios (v. 24);
- y pecó contra la verdad de Dios (vv. 12b y 25).

Encarnó una mezcla tóxica de tres pecados graves: blasfemia, persecución y mentiras, todo lo cual lleva la impronta de la maldad satánica.

Los detalles de sus actividades se plasman en 1 Macabeos 1, que podrás leer si tienes acceso a una Biblia que contenga los deuterocanónicos. Es un catálogo espantoso de destrucción, abuso, asesinatos, profanación de lugares sagrados, personas y libros, y lo que hoy se llamaría "crímenes contra la humanidad". El capítulo acaba con estas palabras:

> Sin embargo, hubo muchos israelitas que tuvieron la fuerza y el valor para negarse a comer alimentos impuros. Prefirieron morir antes que profanarse comiendo tales alimentos y violar la alianza sagrada; y, en efecto, murieron. Fueron días de terribles calamidades para Israel. (1 Mac 1:62-64 DHH)

Ahora bien, aunque Antíoco Epífanes es el único personaje histórico en la visión de Daniel, no hay duda de que se trata de una especie de arquetipo. Es decir, representa una realidad que ha emergido en distintos momentos de la historia. Es típico de algo que sucede una y otra vez. Aquí vemos un patrón. La coalición de fuerzas y proyectos contra Dios, contra la iglesia y contra la verdad se opuso al pueblo de Dios en el Antiguo Testamento, se ha enfrentado al pueblo judío y a la iglesia cristiana en distintos momentos de los siglos pasados, y sigue oponiéndose al pueblo de Dios en muchos lugares del mundo moderno. Los judíos han visto a Antíoco Epífanes como quien prefiguró el horror de los pogromos de las naciones "cristianas" de Europa, que culminaron en el Holocausto. Los cristianos han padecido regímenes tiránicos que procuraron erradicar la fe y la iglesia, desde emperadores romanos hasta Estados comunistas ateos que prohibieron la Biblia y todos los otros símbolos de la profesión de fe cristiana, llegando a los excesos brutales de ISIS, Boko Haram y Al Shabab.

Esos son los extremos. Pero hemos de decir que hay formas de hostilidad menos violentas que pueden encarnar esas mismas tres características de maneras más sutiles. En las culturas occidentales que se secularizan rápidamente, podemos detectar el odio hacia Dios, ataques contra cristianos y engaños y mentiras al respecto de ambos. Por supuesto, debemos confesar inmediatamente que la iglesia ha sido culpable de algunas de las peores fechorías que han arruinado muchas vidas —pensemos en los escándalos de abusos infantiles que se han publicitado tanto en los últimos años, pero que se remontan a muchas décadas atrás y constituyen una ofensa terrible y condenable—. Pero aunque esos abusos de la iglesia ofrecen mucha munición a sus enemigos, sin duda también existe una hostilidad espiritual más profundamente arraigada, que se manifiesta en el ateísmo militante, la discriminación contra los cristianos en el lugar de trabajo, el privilegio judicial de los derechos sobre la preferencia sexual por encima de los derechos morales de conciencia, y toda una cultura de engaño y de sospecha en la que las personas exigen la verdad, pero no confían en que nadie la diga (y menos aún Dios o sus representantes).

Entonces, ¿cuándo y dónde acabará todo? Esta es la pregunta que el pueblo de Dios ha formulado durante generaciones, y es otra parte del mensaje de este capítulo. El intérprete angélico la menciona tres veces.

Un presagio del "fin" (8:15-19)

> Y aconteció que mientras yo Daniel consideraba la visión y procuraba comprenderla, he aquí se puso delante de mí uno con apariencia de hombre. Y oí una voz de hombre entre las riberas del Ulai, que gritó y dijo: Gabriel, enseña a este la visión.
>
> Vino luego cerca de donde yo estaba; y con su venida me asombré, y me postré sobre mi rostro. Pero él me dijo: Entiende, hijo de hombre, porque la visión es *para el tiempo del fin.*
>
> Mientras él hablaba conmigo, caí dormido en tierra sobre mi rostro; y él me tocó, y me hizo estar en pie.
>
> Y dijo: He aquí yo te enseñaré lo que ha de venir *al fin de la ira*; porque eso es *para el tiempo del fin.* (Dn 8:15-19, cursivas mías)

Fijémonos en esas tres frases en cursiva: «Para el tiempo del fin», «al fin de la ira» y «para el tiempo del fin» de nuevo. Hay cierta variación entre ellas, pero está claro que significan que lo que Daniel está viendo en su visión es un momento histórico significativo que se puede llamar "el fin". Pero ¿qué significa esto?

Bueno, antes que nada, obviamente, no puede significar "el fin del mundo", ¡dado que aquí seguimos, dos mil años más tarde! Parece más bien significar algo así como el último fotograma de una película larga, cuando aparece en pantalla la palabra "Fin". Cuando vemos esto, ¡sabemos que no se refiere al fin del mundo! Más bien entendemos que es el final del argumento, con todos sus personajes, actos, tragedias y todo lo demás que ha dado forma a esa película particular. *Esa* secuencia, *esa* historia, ha llegado a su fin. Y si ha sido una buena película, deberíamos tener una sensación de satisfacción, de realización, de resolución para todas las complejidades de lo que hemos estado viendo durante la última hora y media o dos horas.

Es preciso que entendamos cómo la propia Biblia usa este lenguaje del "fin" y del "cumplimiento" (en el v. 23 leemos que «los transgresores llegan al colmo»).

En Génesis 15:16, Dios dijo a Abraham que iba a dar la tierra de Canaán a sus descendientes… pero todavía no. Más bien, dice Dios: «En la cuarta generación volverán acá; porque aún no ha llegado a su colmo la maldad del amorreo hasta aquí». De modo que Dios no hubiera estado justificado en caso de haber actuado punitivamente contra ellos en la época de Abraham. Pero ese momento llegaría. Los pecados de toda esa cultura llegaron a tal nivel de degradación (incluyendo el sacrificio de niños) que alcanzaron una "plenitud" que condujo a la conquista de Canaán a manos de Israel. Y Deuteronomio 9 deja claro que en ese evento Dios usó a Israel como el agente de su juicio moral contra las naciones malvadas de la tierra. De modo que, para esa generación de cananeos, "el fin" había llegado. Para ellos fue el final.

Pero Dios había amenazado con hacerle exactamente lo mismo a Israel si el pueblo se comportaba como lo habían hecho los cananeos (Lv 18:24-28; 20:22-24). Trágicamente, esto es justo lo que hizo Israel: una generación tras otra de idolatría, injusticia y opresión. Hasta que al final, Dios dijo: «Ya basta. Es hora de ponerle fin a esto». De modo que el profeta Amós usa la imagen de la cosecha para dejar clara esta idea. Igual que la cosecha llega cuando el fruto está maduro, el momento está maduro para Israel, pero para su castigo (Am 8:2). Y ciertamente, para esa generación del reino del norte de

Israel fue realmente "el fin". Samaria fue destruida en el 721 a. C., y las tribus del norte fueron esparcidas en el exilio. No fue el fin *del* mundo, pero sí de *su* mundo. E incluso un "fin" más culminante fue la destrucción de Jerusalén en el 587 a. C. Ezequiel la describe repetidamente como "el fin" en Ezequiel 7:2-9. Fue realmente el final para su generación, que murió en el exilio. Pero no fue el fin del mundo ni el final de los propósitos de Dios para Israel y para las naciones.

En el Nuevo Testamento, Pablo considera el intenso sufrimiento de los nuevos creyentes en Cristo como evidencia del mismo patrón en funcionamiento; es decir, fue una ilustración de la compleción del pecado y de la ira en esa generación (2 Ts 2:16). Y el lenguaje que usa Jesús para decir lo que sucedió en el 70 d. C. —a saber, otra ocasión en que Jerusalén y el templo fueron destruidos, esta vez por los romanos— retrata una época de angustia terrible que señalaría hacia "el fin" (Mt 24).

Por lo tanto, estos diversos acontecimientos funcionan en la Biblia como presagios o prefiguraciones del fin definitivo, cuando las potencias del mal alcancen su culmen. Son indicadores de carretera que nos recuerdan que habrá momentos en que parecerá que el mal triunfa, y algún día ese triunfo alcanzará su punto álgido, y entonces será destruido definitivamente y para siempre por el poder de Dios.

Entonces, ¿estamos viviendo en "los últimos tiempos"? Es una pregunta que me hacen a menudo, a veces quienes parecen inquietos ante la idea de que, si así fuera, sería una perspectiva aterradora; y otras veces quienes parecen querer poner a prueba mi ortodoxia, por si no comparto su misma visión sobre el arrebatamiento, la tribulación y el milenio. Mi respuesta habitual es: «Sí, lo estamos, y de hecho lo hemos estado desde que Jesús fue resucitado de los muertos».

Porque así es ciertamente como el Nuevo Testamento usa el concepto de los últimos tiempos o, para ser más precisos con la terminología, "los últimos días". Si examinas esos pasajes verás claramente que los apóstoles creían que la resurrección había inaugurado el gran acto final de la obra divina en la tierra. Dado que Dios había resucitado a Jesús de los muertos, sabían que ya estaban viviendo en «los últimos días» o «la última hora» (Hch 2:17; Hb 1:2; 1 Pd 1:20; 1 Jn 2:18).

A la luz de estos pasajes, el fin, en cierto sentido, ya se ha anticipado. El mal ha sido derrotado en la cruz; el Cristo resucitado y ascendido reina; se ha derramado el Espíritu Santo. Todas estas son señales y pruebas de "los últimos días", como afirmó Pedro el día de Pentecostés.

Y sin embargo, claro está, sabemos que la gran obra cinematográfica de la historia no ha llegado aún al "Fin". Este sigue en el futuro, cuando Cristo regrese. Y hasta que él vuelva y alcancemos ese "Fin" definitivo (que en realidad será un nuevo comienzo, la venida de una nueva creación, como en Ap 21–22), podemos experimentar otros "fines" en la vasta extensión de la historia humana, finales que el catálogo de "últimos tiempos" que hay en la Biblia (incluyendo a Antíoco Epífanes) nos ayuda a anticipar, comprender y soportar. En otras palabras, dentro de la era de "los últimos días" (*i. e.*, desde la resurrección de Cristo hasta su regreso) pueden darse muchos "últimos tiempos", antes de que alcancemos el "Fin" último que solo Dios conoce y decretará.

Por ejemplo, parece que nos encontramos en medio del lento colapso de la superioridad segura de sí misma y el dominio de la civilización occidental (sobre todo europea y estadounidense) en el mundo. Hay muchos indicios de esto. Seguimos practicando una adoración increíblemente arrogante y (según mi punto de vista) blasfema a los dioses de Mammón y el consumismo. Sacrificamos sumas astronómicas de dinero (y de vidas) en el altar del militarismo, la guerra y la violencia que se opone a la violencia. Perseguimos sin pensar niveles insostenibles de consumo económico y de indiferencia ecológica que conducen a los efectos destructivos del cambio climático. Y luchamos contra el auge y la asertividad de nuevas potencias en el entorno geopolítico. Entre tanto, nuestra población se reduce y envejece, mientras que las poblaciones del mundo mayoritario rebosan juventud. Bien pudieran ser "los últimos tiempos" para la gran hegemonía europea-estadounidense occidental.

Pero el fin de la civilización occidental, ¿supondría el fin del mundo? La única respuesta bíblicamente justificable es que quizá sí, pero quizá no. Solo Dios lo sabe. La gente pensaba que el mundo acabaría en el año 1000 d. C. Ha pasado otro milenio. Tiempo extra. La gente pensaba que la aterradora peste negra que arrasó Europa en el siglo XIV, y que acabó con entre el 30 y el 60 por ciento de la población, indicaba sin duda el fin del mundo. Martín Lutero estaba convencido de que las guerras y rumores de guerras que convulsionaban Europa en su época eran una prueba de que el fin del mundo llegaría en su generación. Ha habido varios "fines" catastróficos a lo largo de toda la historia, incluyendo los de la Biblia. Pero Dios aún no ha decretado que uno de ellos sea el final definitivo y último. Pero un día lo hará.

Un día Cristo volverá. Y ese día, según el libro de Apocalipsis, vendrá precedido por el aparente triunfo del mal y de un gran sufrimiento para el pueblo de Dios. Por lo tanto, la intención de una visión como la de Daniel, o ciertamente del libro de Apocalipsis, no es intentar calcular y predecir un horario preciso, sino más bien estar listos en cualquier momento y ser fieles a cada instante. Y ahí es donde radica la exhortación de este capítulo: un mensaje de ánimo en el que por fin nos centraremos ahora.

Un mensaje de ánimo (8:13, 14, 26, 27)

Pero ¿cuánto tiempo tendremos que esperar "el fin", sea cual fuere el sentido en que entendamos ese término? Esta es una pregunta comprensible que recibe una respuesta en medio del capítulo y otra más alentadora al final.

> Entonces oí a un santo que hablaba; y otro de los santos preguntó a aquel que hablaba: ¿Hasta cuándo durará la visión del continuo sacrificio, y la prevaricación asoladora entregando el santuario y el ejército para ser pisoteados?
>
> Y él dijo: Hasta dos mil trescientas tardes y mañanas; luego el santuario será purificado. (Dn 8:13, 14)

El peor momento del reinado de terror de Antíoco Epífanes fue cuando abolió los sacrificios diarios en el templo y puso en su lugar una imagen que fue profanadora en algún sentido (12:11). El interrogador en el versículo 13 quiere saber cuánto durará esa profanación. La respuesta es misteriosa: «Hasta dos mil trescientas tardes y mañanas» podría indicar ese número de días completos, que serían aproximadamente seis años y medio. O bien «tardes y mañanas» se podría referir a los dos sacrificios que se realizaban en aquella época todos los días, en cuyo caso la cifra sería 1150 días, es decir, unos tres años. Aquel fue aproximadamente el tiempo que medió entre el angustioso momento en que Antíoco erigió un altar a Zeus en el templo y sacrificó cerdos en él (en 167 a. C.) y la purificación del templo tras la revuelta macabea (en el 165 a. C., celebrada en la fiesta judía de Janucá). Probablemente, como suele pasar con los números de este tipo en la literatura apocalíptica, no debemos esperar una cronología aritmética precisa. Más bien, las palabras implican un periodo limitado con una duración relativamente corta.

La idea principal es que la profanación del templo y el "pisoteo" del pueblo de Dios no durarán para siempre. El reinado del cuerno pequeño, ese «rey altivo de rostro y entendido en enigmas» (8:23), llegará a su fin. Llegará su momento, como siempre ha pasado y pasará con los enemigos de Dios y de su pueblo. Y su destrucción vendrá de la mano de Dios, como está implícito en las últimas palabras del versículo 25: «Será quebrantado, aunque no por mano humana». El sufrimiento será intenso, pero el fin llegará. Y este es el ánimo que ha necesitado el pueblo de Dios en muchos momentos de su historia, en el Antiguo Testamento y en la historia de la iglesia. Dios sigue teniendo el control, y quienes intentan destruir a su pueblo serán destruidos al final.

Sin embargo, para concluir, volvamos al principio, a la extraña visión de Daniel. Estaba llena de imágenes de animales: un carnero y un macho cabrío que se enfrentaban con sus cuernos. Es una imagen que simboliza a ese gran número de reyes y conquistadores humanos que se han enfrentado entre sí, embistiendo y arrasando a lo largo de la historia.

La Biblia también concluye con imágenes de animales. Juan, como Daniel, tiene una visión prolongada. Deberíamos leer Apocalipsis 4–7 como una sola visión. Ve el trono de Dios. Está rodeado por los tronos de veinticuatro ancianos (que seguramente representan a todo el pueblo de Dios, del Antiguo y el Nuevo Testamento) y por cuatro seres vivientes, con las cabezas de un león, un buey, un humano y un águila (representando seguramente todo el orden creado). Y en torno a ellos se encuentran las huestes innumerables de criaturas angélicas. Es una escena de adoración y de ejercicio del gobierno divino a través de todo el universo creado.

Pero al igual que las bestias en las visiones de Daniel en los capítulos 7 y 8, Juan ve a cuatro jinetes (Ap 6:1-8). No se trata de imágenes de cosas terribles que sucederán solo en algún punto lejano del futuro (como se los presenta a veces: "los cuatro jinetes del Apocalipsis"). No, representan la conquista, la guerra, la hambruna y la muerte, realidades que estuvieron tan devastadoramente presentes en la época de Juan en el Imperio romano como lo han estado a lo largo de toda la historia humana y siguen estándolo hoy. Estos caballos, aparentemente salvajes e incontrolados como las bestias de Daniel, llevan incontables siglos cabalgando por la historia y trayendo devastación en su estela.

Pero ¿de verdad están fuera de control? ¡No! Porque, ¿quién los convoca? Cada uno de ellos recibe una orden con autoridad —"ven"— que procede del trono de Dios. Cumplen órdenes. ¿Y de dónde vienen? Cabalgan cuando se abren los sellos del rollo en la mano del que está sentado en el trono. Ese rollo representa todo el propósito y el plan de Dios a lo largo de la historia humana. Son actores en un guion escrito por otra persona, no directores de su propia obra. Y, sobre todo, ¿quién tiene la autoridad de abrir el rollo, es decir, de interpretar y controlar todo el destino de la historia, incluyendo a los jinetes?

Cuando Juan preguntó eso por primera vez, se sintió consternado al ver que nadie era digno de asumir tal autoridad; ningún participante humano en la historia del rollo tiene la autoridad para interpretarlo y controlarlo en su totalidad. Pero ¡un momento! Hay uno que es digno. A Juan le dicen que busque un león, o más bien *el* León, el león de Judá, la raíz de David —el que cumple todas las promesas del Israel del Nuevo Testamento; Ap 5:5)—. Pero cuando Juan miró, ¿qué vio? «En medio del trono y de los cuatro seres vivientes, y en medio de los ancianos, estaba en pie un Cordero como inmolado» (Ap 5:6).

El León se transforma en Cordero; ¡qué asombrosa combinación de imágenes, que sobrepasan incluso a las de Daniel! El que triunfará y gobernará como el león-rey es el que dio su vida como Cordero de Dios crucificado. Y, por supuesto, en todas estas imágenes y las descripciones que las rodean, Juan ve un retrato del Jesús de Nazaret crucificado y resucitado, el León y el Cordero.

De modo que en medio del mundo de Juan, con sus jinetes arrolladores —es decir, en medio de los males con causas humanas, naturales y satánicas (desde nuestro punto de vista limitado)—, al igual que en el mundo de bestias, imperios y finales de Daniel, encontramos esta tremenda seguridad que ambos libros proclaman: que el gobierno del universo está en manos de Dios y (en Apocalipsis) en manos de aquel que murió y resucitó para nuestra salvación.

El Dios de Daniel, el Dios de Juan, sigue en el trono y recordará a los suyos. Y Dios al final derrotará y destruirá todo mal, incluso al Maligno, liberando así a su pueblo para siempre.

Y esto solo nos deja con el último versículo del capítulo, ¡que en varios sentidos es mi favorito!

> Y yo Daniel quedé quebrantado, y estuve enfermo algunos días, y cuando convalecí, atendí los negocios del rey; pero estaba espantado a causa de la visión, y no la entendía. (Dn 8:27)

Lo que me gusta es la sinceridad: «Quebrantado... enfermo... espantado». Bueno, si podemos imaginar qué significó tener semejante visión seguro que nos identificamos con esta condición. Y el hecho de que el propio Daniel diga, incluso después de haber recibido la formación angélica, que no entendía la visión significa sin duda que no deberíamos correr demasiado al afirmar la exactitud y la precisión en la interpretación que hacemos nosotros mismos de esta y de las otras visiones de Daniel. Como vimos, existe cierta flexibilidad en la manera en que se relaciona el patrón cuádruple con la historia real, y es probable que las cifras que aparecen aquí y en otros lugares se hayan "redondeado". Como Daniel, "captamos la imagen". Pero no tenemos por qué precisar todos los detalles.

Pero lo que más me gusta es el comentario sencillo y realista: «Y cuando convalecí, atendí los negocios del rey». ¡Daniel volvió a la oficina al día siguiente! De vuelta al despacho, de vuelta al empleo diurno (después de las visiones de la noche), de vuelta al lugar donde Dios lo había puesto décadas antes, para proseguir con la vida, el trabajo y todas las responsabilidades administrativas que le fueron confiadas. La cotidianidad que trasluce esta respuesta es asombrosa.

Daniel acababa de tener una visión increíble. Fue angustiosa y atemorizante, sí, pero también profética y, al menos en algunos sentidos, emocionante. ¡Había visto el futuro! PERO no fue correteando por ahí vociferando como un alocado profeta condenatorio. Tampoco montó un ministerio lucrativo "de los últimos tiempos", con página web, películas o libros (bueno, quizá un libro). No, simplemente se levantó y "atendió los negocios del rey".

- Sin duda adaptó su cosmovisión para tener en cuenta (incluso más de lo que lo había hecho durante su vida) la soberanía de Dios y la transitoriedad de los imperios humanos.
- Anticipó con temor los terribles males de un mundo totalmente bajo los pies de un régimen opuesto a Dios y a su pueblo.
- Sabía que el fin llegaría algún día, de alguna manera, en el momento y de la forma que Dios quisiera.

... y volvió al trabajo.

Aquí asistimos a un equilibrio maravillosamente maduro. Por un lado, el hecho de que estaba dedicado al servicio del gobierno, totalmente entregado a trabajar para lo que hoy llamaríamos "las autoridades seculares", no le cerró los ojos ante la admisión de que por debajo de las dimensiones positivas y constructivas del Estado yacía una "bestia" con tendencias idolátricas y una espantosa capacidad para la violencia, la persecución y las mentiras. Tenía discernimiento espiritual, además de compromiso ético e integridad en el entorno laboral.

Pero, por otro lado y al mismo tiempo, el hecho de que fuera muy consciente de las dimensiones espirituales potencialmente "bestiales" (y podríamos añadir satánicas) que actúan dentro de las estructuras sociales, políticas y económicas del Estado no lo indujo a optar por huir del empleo secular, rechazar toda participación en la vida política y habitar en un mundo marginal de piedad espiritual. No, entendía muy bien las dimensiones espirituales del presente y el futuro, pero insertaba esa comprensión *en* su trabajo. Atendió los negocios del rey sabiendo que, al mismo tiempo, se dedicaba a la obra del verdadero Rey de reyes, sirviendo a Aquel a quien más tarde Juan describiría como «el soberano de los reyes de la tierra» (Ap 1:5).

Sin duda, el reto para nosotros es poder abrir tanto nuestras mentes como nuestros corazones a la visión grande y exhaustiva de esta cosmovisión bíblica de la historia (pasado, presente y futuro), pero siguiendo con la vida y el trabajo al que Dios nos ha llamado, con la misma combinación de realismo y seguridad que nacen de la fe en el Dios de Daniel.

CAPÍTULO 9

UN MODELO DE ORACIÓN, UNAS PREDICCIONES MISTERIOSAS

«Para oración intercesora, marque 999», solía decir a mis alumnos cuando enseñaba Antiguo Testamento; el 999 es el teléfono que en el Reino Unido se usa para emergencias (el equivalente al 911 de Estados Unidos). El motivo es que en el capítulo 9 de diversos libros del Antiguo Testamento hay varios ejemplos muy instructivos de oración profunda e intercesora. Primero tenemos Deuteronomio 9, donde leemos el recuerdo de las oraciones que hizo Moisés por Israel en los dos grandes momentos de apostasía y rebelión, en el Sinaí (Ex 32–34) y en Cades-barnea (Nm 14). Luego tenemos Nehemías 9, donde este dirige al pueblo de Israel en una gran oración de confesión tras la lectura de la ley en el capítulo 8 y antes de la renovación del pacto en el capítulo 10. Esdras tiene una oración parecida, pero más breve también en Esdras 9. Y entonces, aquí en Daniel 9 tenemos otro ejemplo notable de la oración bíblica en acción.

Sería un ejercicio muy provechoso leer estos otros capítulos 9 antes de abordar Daniel 9. Sin duda encontrarás frases y temas parecidos, y descubrirás también cómo las oraciones posteriores de Nehemías, Esdras y Daniel están saturadas de pasajes previos de la Escritura.

El problema de Daniel (9:1-3)

> En el año primero de Darío hijo de Asuero, de la nación de los medos, que vino a ser rey sobre el reino de los caldeos, en el año primero de su reinado, yo Daniel miré atentamente en los libros el número de los años de que habló Jehová al profeta Jeremías, que habían de cumplirse las desolaciones de Jerusalén en setenta años. Y volví mi rostro a Dios el Señor, buscándole en oración y ruego, en ayuno, cilicio y ceniza. (Dn 9:1-3)

La fecha es importante. Sin entrar en argumentos detallados (que se pueden leer en los comentarios), hay buenos motivos para afirmar que el "Darío" del versículo 1 es la misma persona que Ciro el Grande, quien unificó el reino de los medos con el de los persas para crear el Imperio medo-persa. En el 539–538 a. C. había conquistado la ciudad de Babilonia y se había hecho con el imperio que había fundado Nabucodonosor. De modo que esta entrada en el diario de oración de Daniel se produce durante aquel trascendental primer año de la nueva realidad imperial.

¡Babilonia había caído! ¿No era esto lo que los judíos exiliados llevaban deseando desde que fueron arrancados de su tierra natal dos generaciones antes? ¿No era esto lo que habían predicho los profetas Isaías, Jeremías y Ezequiel? Si Ciro era el ungido del Señor como había afirmado notablemente Isaías 45:1, ¿no debería inaugurar toda una nueva era de libertad, bendición y prosperidad para el pueblo de Dios? Y aun así, ¿no podría el nuevo imperio ser tan malo como aquel al que sustituyó? En el ambiente de los exiliados de Judá, incluyendo a los amigos de Daniel que aún siguieran vivos, debía de respirarse una mezcla de esperanzas y temores.

Pensemos por un momento en lo que Daniel había *experimentado* en su larga vida. A estas alturas debía de haber sobrepasado los ochenta años. En un momento anterior, en el 605 a. C., había sido raptado y trasladado con sus tres jóvenes amigos al exilio en una tierra extranjera y desconocida, que sería su hogar hasta su muerte. No había sido testigo ocular de la destrucción de Jerusalén en el 587 a. C., pero sí participó de la conmoción, el dolor y la aplastante devastación de toda la comunidad judía en Babilonia cuando llegaron las noticias (ver Ez 25:15-27; 33:21-33). Había sido testigo de la subida al poder de Nabucodonosor, incluyendo la gloria deslumbrante de la ciudad de Babilonia que aquel levantó. Daniel había servido en el gobierno del hombre que había destruido la ciudad de Daniel y embellecido la suya propia. Y al tiempo que crecía el poder de Babilonia también lo había hecho la posición de Daniel como veterano en el servicio gubernamental. Había experimentado el éxito personal en su carrera y un gran prestigio. La historia de José encuentra ecos en la de Daniel: pasó de la cautividad a ocupar un alto cargo, conservando su fe, su integridad y su vida de oración al Dios de Israel.

Y pensemos en lo que *sabía* Daniel a esas alturas de su vida, desde las revelaciones que Dios le había dado por medio de los sueños de Nabucodonosor en los capítulos 2 y 4 hasta sus propias visiones en los capítulos 7 y 8. Conocía la dimensión espiritual "bestial" que subyacía en la realidad política humana del orden mundial político e imperial. Pero también conocía la realidad "celestial" de la soberanía del Dios de los cielos, que no era otro que el Señor Dios de Israel. Y sabía que al final el reino de este Dios saldría victorioso. Los enemigos de Dios y de su pueblo serían destruidos. Llegaría el final de la persecución y del sufrimiento de su pueblo. El reinado de Dios se extendería por toda la tierra. Daniel era un hombre con una intensa participación personal en el mundo sociopolítico de su época, y aplicaba toda su capacidad a ese ámbito. Al mismo tiempo, era un hombre con una profunda visión profética sobre las dimensiones espirituales del presente y los resultados garantizados del futuro.

Entonces, ¿por qué no sentarse a esperar que todo sucediera como se había predicho? Darse una vuelta por los jardines colgantes de Babilonia. Entonar unos cuantos salmos de alabanza más con sus amigos en la sinagoga. Relajarse. Dejarlo todo en manos de Dios.

Daniel no hizo eso. A partir del capítulo 6 sabemos que incluso durante el Imperio persa siguió comprometido con el servicio al rey. Era un hombre práctico, y el trabajo diario, con toda su veteranía y su responsabilidad, seguía ocupando su tiempo. Pero gracias a esos versículos vemos que todavía seguía comprometido con el estudio de las Escrituras. También era un hombre de oración, y combinaba sus oraciones a Dios con la búsqueda de un mensaje de su parte. En este sentido, tipifica lo que sabemos que sucedía entre el pueblo judío exiliado. Su templo, el lugar donde tenían por costumbre encontrar a Dios, había sido destruido, de modo que volvieron a encontrarse con él en las Escrituras y en la oración, los ingredientes básicos de la adoración en la sinagoga desde entonces.

Así pues, ¿cómo es que Daniel se dedicaba con tanta intensidad a su estudio de la Escritura y la oración? Respuesta: debido al problema que pesaba tanto en su mente. El problema era el propio Israel. Jerusalén. «¿Qué pasaba con ellos?», podríamos preguntar. A estas alturas, ¿no se han vuelto irrelevantes? Israel ya no existe, al menos no como un pueblo independiente que controla su propio destino en su propio territorio; Jerusalén tampoco existe, porque no es más que un montón de ruinas chamuscadas a muchísimos kilómetros de distancia. ¡Ah, pero no! Daniel no podía apartarlos con tanta facilidad de su mente o de sus oraciones. Y es que Israel no era cualquier pueblo; Jerusalén no era una ciudad cualquiera. No eran meras estadísticas en el catálogo de naciones y ciudades conquistadas por Nabucodonosor. El nombre de Yahvé, Dios de Israel, estaba entrelazado con su pueblo y su ciudad. Y el mensaje profético del mismo Dios era claro al respecto del futuro continuado de ambos.

Entonces, estando así las cosas (que el pueblo y la ciudad tenían una identidad y un destino vinculado con el nombre de Yahvé, el Señor Dios de Israel), ¿cómo iba Dios a abandonarlos y seguir siendo fiel a sí mismo y a su promesa? El problema se reducía a una cuestión de honor y de reputación del propio Dios en el mundo. Dios debe actuar, y rápido, si quiere defender su propio nombre. Debe existir un futuro. Para Daniel, como ya hemos visto —¿recuerdas esas ventanas abiertas en el capítulo 6?—, Jerusalén (incluso en ruinas) era un símbolo del futuro, no una víctima del pasado. La gran pregunta era: ¿durante cuánto tiempo? ¿Cuándo actuaría Dios? ¿Qué podía esperar? Y con esta actitud, Daniel había recurrido a las Escrituras.

Concretamente se centró en el libro de Jeremías. Esto indica dos cosas. Primero, respalda mi sospecha de que Daniel y sus amigos habían escuchado la lectura de la carta que Jeremías envió a los exiliados en los primeros años, entre la deportación del 597 a. C. y la destrucción final de la ciudad en el 587 a. C. Como dije antes, no hay pruebas de esto, por supuesto, pero la manera en la que aquellos cuatro muchachos se asentaron en Babilonia exactamente como Jeremías urgió a los exiliados a hacerlo sugiere que conocían la carta. Segundo, demuestra que había un rollo (o varios) de las profecías que circulaba entre los exiliados en Babilonia. Sabemos que Baruc escribió una copia cuando Jeremías se escondía de la ira del rey Joacim. El primer rollo de Baruc fue quemado (Jr 36), pero Jeremías le mandó que volviera a escribirlo para sustituir el primer documento, y sin duda Baruc siguió añadiendo, recopilando y editando su colección escrita del mensaje de Dios por medio del profeta Jeremías, incluso cuando este y Baruc fueron llevados con el grupo de judíos que huyeron a Egipto. En determinado momento una copia de ese documento debió de llegar a manos de los exiliados en Babilonia, donde quizá fue cuidadosamente conservado y copiado. Fue este rollo el que Daniel tenía en su posesión y al que recurre de nuevo para escuchar la voz de su Dios.

Ahora bien, hay dos pasajes en Jeremías que dicen que el gobierno de Babilonia duraría setenta años,[17] en Jeremías 25 y 29. Proceden de fechas distintas y tienen propósitos claramente distintos.

1. *Jeremías 25:1-11.* Este mensaje llegó en el 605 a. C., un año muy significativo para Daniel. Y es que este fue también el primer año del reinado de Nabucodonosor, el año en el que impuso su poder sobre Judá al llevarse a algunos rehenes de Jerusalén a Babilonia, entre ellos Daniel y sus tres amigos, que eran muchachos. Si Daniel hubiese escuchado esa profecía en aquel momento le habría hecho darse cuenta de que, sin que se produjera un improbable cambio en el corazón del rey pagano, él y sus amigos pasarían en Babilonia el resto de sus vidas.

Por tanto, así ha dicho Jehová de los ejércitos: Por cuanto no habéis oído mis palabras, he aquí enviaré y tomaré a todas las tri-

[17] Muy probablemente, "setenta años" es un redondeo. El propio exilio (desde la caída de Jerusalén hasta el decreto de Ciro que permitía a los judíos regresar a su tierra) duró unos cincuenta años, del 587 al 538 a. C. Si buscamos un periodo de unos setenta años, hay dos que encajarían: (1) del 605 a. C. (la fecha definitiva del reinado de Nabucodonosor después de derrotar a los egipcios en Carquemis) hasta el 538 a. C. (la fecha de la caída de Babilonia ante Ciro); (2) del 587 a. C. (la fecha de la destrucción del templo) al 516 a. C. (cuando se concluyó su reconstrucción). Daniel parece trabajar con la opción (1) al asumir que los setenta años de Babilonia llegan a su fin por medio de las victorias de Ciro. Zacarías 1:12-16 parece entender los setenta años en términos de la opción (2).

bus del norte, dice Jehová, y a Nabucodonosor rey de Babilonia, mi siervo, y los traeré contra esta tierra y contra sus moradores, y contra todas estas naciones en derredor; y los destruiré, y los pondré por escarnio y por burla y en desolación perpetua. Y haré que desaparezca de entre ellos la voz de gozo y la voz de alegría, la voz de desposado y la voz de desposada, ruido de molino y luz de lámpara. Toda esta tierra será puesta en ruinas y en espanto; y servirán estas naciones al rey de Babilonia setenta años. (Jr 25:8-11)

La idea principal de este pasaje es que, después de varias generaciones que se negaron a escuchar las advertencias de los profetas, Judá merecía plenamente el juicio de Dios que estaba a punto de sobrevenirle. Setenta años de Babilonia equivalían a setenta años de juicio sobre Israel.

2. *Jeremías 29:1-4.* Esta es la carta que Jeremías escribió a los exiliados poco después de la primera gran deportación en el 597 a. C. Dios le dijo que, aunque fue Nabucodonosor quien los llevó al exilio, de hecho había sido el propio Dios quien los había trasladado allí (fijémonos en los vv. 4, 7, 14). Y, además, Dios estuvo con ellos allí porque podían orar a él con tanta seguridad como lo hacían en el templo de Jerusalén. Por lo tanto, les dijo que se asentaran allí durante las dos generaciones siguientes. Y mientras estuvieran allí, que orasen por el bienestar de Babilonia y lo buscasen —un mensaje realmente sorprendente que Daniel y sus amigos habían propagado—. Entonces aparece de nuevo el mensaje de los setenta años.

Porque así dijo Jehová: Cuando en Babilonia se cumplan los setenta años, yo os visitaré, y despertaré sobre vosotros mi buena palabra, para haceros volver a este lugar. Porque yo sé los pensamientos que tengo acerca de vosotros, dice Jehová, pensamientos de paz, y no de mal, para daros el fin que esperáis. Entonces me invocaréis, y vendréis y oraréis a mí, y yo os oiré; y me buscaréis y me hallaréis, porque me buscaréis de todo vuestro corazón. Y seré hallado por vosotros, dice Jehová, y haré volver vuestra cautividad, y os reuniré de todas las naciones y de todos los lugares adonde os arrojé, dice Jehová; y os haré volver al lugar de donde os hice llevar. (Jr 29:10-14)

La idea principal de este pasaje es claramente una esperanza sorpresiva para el futuro, incluso dentro del contexto del juicio. Dios *mismo* los restauraría. Y por este motivo, se urge a los israelitas a manifestar el arrepentimiento pleno al buscar una vez más al Señor con todo su corazón. Los setenta años de Babilonia suponían esperanza para Israel cuando concluyera ese tiempo.

El énfasis doble de *ambos* pasajes en Jeremías (la realidad del juicio merecido y la esperanza de perdón y restauración basada en una búsqueda sincera y nueva de Dios) se entreteje en la mente de Daniel cuando medita; los dos temas aparecen en su gran oración del capítulo 9.

El problema de Daniel (el sufrimiento del exilio y su impacto sobre la reputación de Dios) fue fruto de que Dios actuase con juicio. Por lo tanto, la solución que Daniel buscó solo podría venir del propio Dios actuando como restaurador. Por eso se vuelve a Dios en oración. Ciertamente, la palabra que usa Daniel para describir su oración en 9:3 (en hebreo dice «*busqué* al Señor Dios») es exactamente la palabra que Dios urge a usar a los exiliados en Jeremías 29:13: «Me buscaréis y me hallaréis, porque me buscaréis de todo vuestro corazón».

La oración de Daniel (9:4-19)

Cuando Daniel empieza a orar, somos conscientes de inmediato de que tiene en mente más pasajes de las Escrituras fuera de Jeremías. Si tienes una Biblia con referencias, en muchas de las frases que usa Daniel verás numerosas referencias a libros previos de la Biblia. Esta es, en el mejor sentido, una oración litúrgica. Sigue una forma que encontramos en otros lugares (como Nehemías 1 y 9, o Esdras 9), y está saturada de ecos escriturales —de Levítico y Deuteronomio, de Salmos y, por supuesto, de Jeremías—. Ciertamente, vale la pena dedicar un momento a leer ahora los dos pasajes siguientes: Levítico 26:40-45 y Deuteronomio 30:1-10. Luego, busca las similitudes cuando leas la oración de Daniel justo después.

Sin embargo, claro está, solo porque esté llena de fraseología escritural no quiere decir que no sea una oración personal. Esta es la relación propia, urgente, intensa, íntima de Daniel con Dios. Pero cuando se dedica a esa actividad, las palabras de su boca reflejan las de la Escritura en su corazón, las palabras del propio Dios. Es un buen modelo a seguir.

Lo que confesó Daniel

> Y oré a Jehová mi Dios e hice confesión diciendo:
>
> Ahora, Señor, Dios grande, digno de ser temido, que guardas el pacto y la misericordia con los que te aman y guardan tus mandamientos; hemos pecado, hemos cometido iniquidad, hemos hecho impíamente, y hemos sido rebeldes, y nos hemos apartado de tus mandamientos y de tus ordenanzas. No hemos obedecido a tus siervos los profetas, que en tu nombre hablaron a nuestros reyes, a nuestros príncipes, a nuestros padres y a todo el pueblo de la tierra.
>
> Tuya es, Señor, la justicia, y nuestra la confusión de rostro, como en el día de hoy lleva todo hombre de Judá, los moradores de Jerusalén, y todo Israel, los de cerca y los de lejos, en todas las tierras adonde los has echado a causa de su rebelión con que se rebelaron contra ti. Oh Jehová, nuestra es la confusión de rostro, de nuestros reyes, de nuestros príncipes y de nuestros padres; porque contra ti pecamos. De Jehová nuestro Dios es el tener misericordia y el perdonar, aunque contra él nos hemos rebelado, y no obedecimos a la voz de Jehová nuestro Dios, para andar en sus leyes que él puso delante de nosotros por medio de sus siervos los profetas. Todo Israel traspasó tu ley apartándose para no obedecer tu voz. (Dn 9:4-11a)

Y aquí tenemos otro buen modelo a seguir. ¿Te has dado cuenta de cuántas veces Daniel dice "nosotros... nuestro"? Daniel no se mantiene apartado de su pueblo ni confiesa *el pecado de ellos* de forma acusatoria; más bien, se identifica con ellos. De hecho, al final de su oración, en el versículo 20, dice: «Aún estaba hablando y orando, y confesando mi pecado y el pecado de mi pueblo Israel...». Ahora bien, Daniel era un jovenzuelo cuando Nabucodonosor lo arrebató de Jerusalén. En cualquier sentido literal o físico, no se había visto personalmente involucrado en el catálogo de maldades, rebeliones y desobediencia que señala en su oración. Sin embargo, lo confiesa como propio, junto con su pueblo. Se siente tan parte de su propio pueblo, tanto en su pasado como en su futuro, que puede resumir pecados que habían tenido lugar durante muchas generaciones y contarse entre ellos.

¿Y te has parado a contar de cuántas maneras distintas Daniel describe el pecado de su pueblo? Yo cuento al menos diez: «Hemos pecado», «hemos cometido iniquidad», «hemos hecho impíamente», «hemos sido rebeldes», «nos hemos apartado» (v. 5); «no hemos obedecido» (v. 6); «nuestra es la confusión de rostro», «se rebelaron contra ti» (v. 7); «no obedecimos» (v. 10); «traspasó tu ley» (v. 11). En hebreo todas estas son palabras diferentes. No vemos una disculpa rápida y superficial, del estilo: «Perdona, Señor, la hemos pifiado un poquito». No, es una consciencia profunda del proceder endémico, incorregiblemente malvado, de toda una nación (fijémonos en «todo Israel», v. 11) durante muchas generaciones. Esta es una historia de rebelión y de rechazo empecinados de todas las advertencias y ruegos de los profetas sucesivos. Es una contrición genuina ante el Dios de su pacto.

Pero ¿por qué ahora? ¿Por qué en este momento preciso de la larga vida de Daniel? Y especialmente, ¿por qué se vuelve Daniel a la confesión de pecados justo en el momento en que ha descubierto, mediante las Escrituras, que el regreso prometido de su pueblo a su tierra debe de estar muy cerca, dado que ya han transcurrido los setenta años de Babilonia? ¿No debería estar celebrándolo con los amigos que hubieran sobrevivido tanto tiempo como él? ¿No serían la acción de gracias y la alabanza la respuesta correcta a lo descubierto en Jeremías, más que la confesión de pecados?

Una vez más Daniel nos sorprende. Entendió que el estado de su propio pueblo distaba mucho de estar preparado para la restauración que estaba a la vuelta de la esquina. Me pregunto si también conocía las Escrituras de Isaías 40–55. Esos capítulos están repletos de una esperanza gozosa sobre el futuro de Israel, cuando Dios los sacaría de Babilonia. Pero también son muy realistas: Dios no duda en explicar (de nuevo) por qué estuvieron en el exilio. Fue debido a su pecado y su rebelión (Is 42:18-25; 43:22-28). Precisaban urgentemente el perdón, que alcanzarían (según Isaías 53) por medio del sufrimiento y de la muerte sacrificiales del misterioso siervo del Señor. Tanto Isaías como Daniel entendieron que, aunque Ciro fuera el medio que usó Dios para devolver a los israelitas a Jerusalén, en un nivel más profundo, Dios necesitaba llevarlos de vuelta a sí mismo. No solo necesitaban que los sacaran del exilio, sino ser perdonados de sus pecados.

De modo que por esto es por lo que ora Daniel aquí. Confiesa la profundidad del pecado de Israel como fundamento único del arrepentimiento sobre el que levantar la esperanza para el futuro. Y solo si había un futuro para Israel podría haberlo también para el mundo. Porque, aunque Daniel no desarrolla esta idea, sabemos por las Escrituras que el plan último de Dios para Israel era que fuesen el medio por el que Dios cumpliría su promesa a Abraham de que en él todas las naciones de la tierra fuesen bendecidas. Esa historia debía continuar. Y la condición pecaminosa de Israel en ese entonces (como el siervo fracasado, ciego y sordo de Is 42:18-25) se erguía como un obstáculo para los propósitos universales y a largo plazo de Dios. Israel debía ser restaurado para que Dios prosiguiera con su misión cósmica. Y el anhelo de Daniel de que el reino de Dios se estableciera y se reconociese en la tierra entre los reinos de la humanidad lo indujo a confesar los pecados y los errores de la comunidad redimida del pueblo de Dios.

Con esta idea en su sitio, llega otra pregunta: ¿por qué Daniel hace una lista de los pecados de Israel en lugar de los de Babilonia?

Jeremías no solo entendió los setenta años de Babilonia como un juicio sobre el pecado de Israel, sino que consideró la compleción de esos setenta años *como el punto de partida del juicio divino sobre Babilonia*. Sus palabras siguen resonando:

> Y cuando sean cumplidos los setenta años, castigaré al rey de Babilonia y a aquella nación por su maldad, ha dicho Jehová, y a la tierra de los caldeos; y la convertiré en desiertos para siempre. Y traeré sobre aquella tierra todas mis palabras que he hablado contra ella, con todo lo que está escrito en este libro, profetizado por Jeremías contra todas las naciones. Porque también ellas serán sojuzgadas por muchas naciones y grandes reyes; y yo les pagaré conforme a sus hechos, y conforme a la obra de sus manos. (Jr 25:12-14)

Ahora, a la luz de esos versículos que acababa de leer, podríamos imaginar fácilmente que Daniel llenase su oración con un listado de "los hechos y la obra de las manos" de *Babilonia*. ¡Había vivido allí toda su vida! ¿Quién mejor para recordar a Dios la arrogancia, la corrupción, la opresión, la violencia y la injusticia de Babilonia que Daniel, que la había visto de primera mano? Podía dar a Dios mucha munición con la que "recompensarlos".

Sin embargo, en el momento en que se entera de que el juicio de *Babilonia* está a punto de empezar, ignora a ese imperio pagano maligno y se centra por completo *en el pecado del pueblo de Dios* en medio de él. ¿Qué lección hay aquí para nosotros?

Me parece que en los círculos cristianos existe a veces la tendencia a ser muy críticos con el mundo que nos rodea al tiempo que somos muy ingenuos, tolerantes o directamente triunfalistas al respecto de la iglesia. Puede que esto tenga algo que ver con una cultura "hollywoodense" de buenos y malos, donde nosotros somos los buenos. La autocomplacencia es un pecado en el que es muy fácil caer, casi tanto como el victimismo. La condena del mundo va fácilmente de la mano con el instinto a regodearnos en nuestra propia justicia y en el sufrimiento que esta pueda acarrearnos por parte del mundo.

Por lo tanto, ¿no es interesante que Jeremías dijera a los exiliados que orasen por el mundo que los rodeaba —la ciudad pagana en la que Dios los había puesto (Jr 29:7)—, mientras que Daniel, a pesar de que conocía plenamente los pecados del mundo pagano a su alrededor, optó más bien por confesar los pecados del pueblo de Dios? Aquí hay incluso un elemento subversivo, una aplicación demasiado simplista de las emociones de los Salmos, por comprensibles que estas sean dentro de su propio contexto. El Salmo 137 maldice a Babilonia, mientras que el capítulo 122 dice: «Orad por la paz de Jerusalén». Jeremías nos manda que oremos por la paz de Babilonia y Daniel confiesa los pecados de Jerusalén. Quizá algunas iglesias tengan que reajustar su equilibrio a la luz de este mandato y pasar más tiempo orando por el mundo y lamentando los pecados de la iglesia.

Lo que afirmó Daniel

> ... por lo cual ha caído sobre nosotros la maldición y el juramento que está escrito en la ley de Moisés, siervo de Dios; porque contra él pecamos. Y él ha cumplido la palabra que habló contra nosotros y contra nuestros jefes que nos gobernaron, trayendo sobre nosotros tan grande mal; pues nunca fue hecho debajo del cielo nada semejante a lo que se ha hecho contra Jerusalén. Conforme está escrito en la ley de Moisés, todo este mal vino sobre

> nosotros; y no hemos implorado el favor de Jehová nuestro Dios, para convertirnos de nuestras maldades y entender tu verdad. Por tanto, Jehová veló sobre el mal y lo trajo sobre nosotros; porque justo es Jehová nuestro Dios en todas sus obras que ha hecho, porque no obedecimos a su voz. (Dn 9:11b-14)

La oración no consiste solamente en pedir cosas. De hecho, Daniel no empieza a pedir nada hasta el versículo 16. Sigue afirmando los hechos. El hecho de los pecados de Israel está bastante claro, y todavía lo tiene en mente. Pero junto con estos hechos sombríos, Daniel reafirma la verdad que él mismo ha vivido siempre: la justicia soberana de Dios en todas sus actividades. La última frase recién citada (v. 14b) es un resumen de toda la oración hasta este punto: «Justo es Jehová nuestro Dios en todas sus obras que ha hecho, porque no obedecimos a su voz». Y esto repite lo que había dicho previamente en la oración: «Tuya es, Señor, la justicia, y nuestra la confusión de rostro» (v. 7).

Dios tuvo razón cuando, en el 587 a. C., permitió a Babilonia conquistar y destruir Jerusalén. Pero a pesar de que fue un acto de juicio divino, no complació en absoluto a Dios. Por el contrario, Jeremías derrama las lágrimas del propio Dios frente al sufrimiento, la muerte y la devastación. El libro de Lamentaciones expone el crudo horror de la situación. Pero ese evento aterrador y traumático fue consecuencia del pecado y la rebelión, una rebelión contra Dios en los ámbitos espiritual y moral, y una rebelión contra Babilonia en el entorno político (algo que Jeremías les había urgido repetidamente que no hicieran). Fue un acto del juicio justo de Dios después de siglos de advertencias que se remontaban hasta Moisés. Esta es la idea central de estos versículos. Dios actuaba según los términos del pacto sinaítico, siendo fiel a sus amenazas así como a su propia palabra en todas sus dimensiones.

Pero en ese hecho sencillo radicaba también la esperanza de Israel (y la nuestra), porque la justicia y la fidelidad de Dios actuarán también en los actos del perdón y de la restauración. Y en ese tema es en el que se centra ahora Daniel.

Pero antes de que pasemos al último movimiento de la oración de Daniel, debemos hacer una pausa para destacar la importancia de esta sección intermedia. Daniel no está rogando a Dios mientras finge que nada había sucedido. No intenta excusar a Israel, como si dijera: «¡Es que en el fondo no queríamos hacerlo! No ha sido más que un gran error. Intentaremos hacerlo mejor». No intenta "jugar con las emociones de Dios", igual que un niño puede lloriquear ante un progenitor enojado con la esperanza de que, al darle pena, pueda eximirlo del castigo. No, Daniel reconoce los crudos hechos sobre Israel. Pero también presenta y se aferra a los hechos sólidos sobre Dios. Yahvé, el Dios que es justo en todo lo que dice y hace, será por tanto fiel a las promesas de su pueblo, y por medio de su pueblo lo será al mundo. El Dios de justicia es el Dios de perdón y misericordia.

Nunca es fácil mantener estas dos afirmaciones a la vez en nuestras mentes, pero es vital que lo hagamos, especialmente en la oración. Daniel las sitúa en una estrecha proximidad. Fíjate en lo que dice el versículo 7: «Justo es Jehová nuestro Dios»; y veamos lo que dice dos versículos después, en el 9: «De Jehová nuestro Dios es el tener misericordia y el perdonar».

Por supuesto, estando donde estamos en la corriente del gran drama de la Escritura, ahora disponemos del hecho supremo de la cruz de Cristo para ayudarnos a conocer, comprender y confiar en ambas caras de esas afirmaciones, porque fue ahí donde la justicia suprema de Dios y la misericordia y el perdón de Dios (también supremos) se derramaron simultáneamente. Fue allí donde Dios llevó sobre sí mismo, en la persona de su propio Hijo, las consecuencias de nuestro pecado y nuestra rebelión, abriendo la puerta a la misericordia y el perdón. La oración de Daniel demuestra que conocía la profundidad del carácter del Dios al que oraba, porque conocía la historia de los actos de

Dios en la historia de su propio pueblo. Nuestra oración tiene incluso un fundamento más sólido, dado que sabemos cómo la historia de Israel alcanzó su punto culminante y su cumplimiento en la muerte y la resurrección del Mesías de Israel. Que nuestra oración sea una afirmación constante de la verdad bíblica (de ambos testamentos) sobre el Dios al que oramos.

Lo que pidió Daniel

> Ahora pues, Señor Dios nuestro, que sacaste tu pueblo de la tierra de Egipto con mano poderosa, y te hiciste renombre cual lo tienes hoy; hemos pecado, hemos hecho impíamente. Oh Señor, conforme a todos tus actos de justicia, apártese ahora tu ira y tu furor de sobre tu ciudad Jerusalén, tu santo monte; porque a causa de nuestros pecados, y por la maldad de nuestros padres, Jerusalén y tu pueblo son el oprobio de todos en derredor nuestro.
>
> Ahora pues, Dios nuestro, oye la oración de tu siervo, y sus ruegos; y haz que tu rostro resplandezca sobre tu santuario asolado, por amor del Señor. Inclina, oh Dios mío, tu oído, y oye; abre tus ojos, y mira nuestras desolaciones, y la ciudad sobre la cual es invocado tu nombre; porque no elevamos nuestros ruegos ante ti confiados en nuestras justicias, sino en tus muchas misericordias. Oye, Señor; oh Señor, perdona; presta oído, Señor, y hazlo; no tardes, por amor de ti mismo, Dios mío; porque tu nombre es invocado sobre tu ciudad y sobre tu pueblo. (Dn 9:15-19)

Estoy seguro de que coincidirás en que esta es una oración intercesora poderosa. Hay una gran pasión en las palabras y en las repeticiones. Pero aquí hay algo más que mera retórica y emoción. Hay algunas características adicionales de esta oración modelo que podemos tener en cuenta.

Partiendo de sus peticiones finales (enfatizadas por los signos de exclamación), queda claro que la oración fundamental de Daniel pide a Dios que perdone a su pueblo y lo restaure, junto con su ciudad y su templo («tu santuario asolado»). Cuando vemos el estado del pueblo de Dios a día de hoy, el estado de la iglesia en todo el mundo y en nuestros propios países, esta es una oración que podríamos hacer perfectamente, y probablemente con mucha más frecuencia de lo que lo hacemos. No es que estemos en la misma situación que Israel en el exilio, esperando una restauración física a su tierra y su ciudad o la reconstrucción de un templo material. Más bien, en el sentido que consideramos antes: que en tantos lugares y de tantas maneras, quienes dicen ser el pueblo de Dios apenas son aptos para cumplir su propósito, el propósito para el cual Dios nos llamó a la existencia —servir a la misión de Dios en el mundo—. Tenemos que ser restaurados, en humildad y penitencia, y tenemos que clamar a Dios pidiendo que lo haga.

Pero si esta es nuestra oración, si hacemos nuestro el anhelo del corazón de Daniel, debemos prestar atención a los fundamentos de su plegaria. ¿Qué base tenía Daniel para pedir a Dios que mirase y escuchase, perdonara y actuara?

Antes que nada, vemos de inmediato en qué NO basó su petición. «No elevamos nuestros ruegos ante ti confiados en nuestras justicias, sino en tus muchas misericordias» (v. 18). Daniel no ruega a Dios sobre la base de algún mérito suyo o de su pueblo. En su oración no hay ni rastro de exigencia por derecho («Merecemos un descansito, Señor»). Por el contrario, cualquier respuesta deberá fluir de la gracia inmerecida del propio Dios. Es muy probable que la hermosa "Oración de acceso humilde" del *Libro de oración común* anglicano aluda a este versículo de Daniel:

> No pretendemos acercarnos a esta tu mesa, oh Señor misericordioso, confiando en nuestra propia justicia, sino en tus múltiples y grandes misericordias. No somos dignos ni de recoger las migas bajo tu mesa, pero tú eres el mismo Señor, cuya esencia es tener siempre misericordia.[18]

[18] Esta oración se publicó por primera vez en el primer *Libro de oración común* de la Iglesia de Inglaterra en 1549, bajo el reinado de Eduardo VI.

Habiendo establecido esta idea negativa, aquí hay tres cosas que menciona Daniel y que llegan al corazón del Dios a quien ora: la coherencia de Dios, su reputación y su pacto.

1. *La coherencia de Dios.* Daniel empieza recordándole a Dios sus actos en la historia pasada, de los cuales el más grande fue, por supuesto, el éxodo. Ese había sido el acto monumental de redención por el cual Yahvé Dios había demostrado su poder superior al de todos los dioses de Egipto (incluyendo el faraón), y había librado a su pueblo de la opresión política, económica, social y espiritual. Era el evento sobre el que se basaba la fama de Yahvé como Dios (v. 15; ver Ex 15:14-16). Y fue el suceso sobre el que se estableció para siempre la fe de Israel en el amor redentor, la fidelidad y el poder de su Dios. De modo que, al remontarse al éxodo, lo único que Daniel le pide a Dios es que sea coherente con todos sus «actos de justicia» del pasado. Dios solo tenía que hacer lo que hace una y otra vez: ser él mismo y actuar en consecuencia.
2. *La reputación de Dios.* Si la fama de Yahvé se había levantado sobre sus poderosos actos de liberación del pasado, ¿qué pensaría de él el mundo en el presente, mientras su pueblo padecía la desgracia del exilio, y su ciudad y su templo estaban en ruinas? Eran "objeto de oprobio" y, por lo tanto, también lo era su Dios Yahvé. Ese fue exactamente el dilema al que se enfrentó Ezequiel (Ez 36:16-32). El nombre del Dios de Israel fue "profanado" (tratado como algo común y despreciado) entre las naciones debido a la desgracia del pueblo de Israel. La vergüenza de ellos era la de él. Por lo tanto, a través de Ezequiel, Dios prometió actuar no solo para limpiarlos y restaurarlos, sino, en última instancia, para limpiar *su propio* nombre y restaurar su reputación. Por esto ora Daniel aquí, recordando con tacto a Dios que la ciudad y el pueblo "llevan tu nombre". Ya que el destino de ellos y el nombre de él estaban unidos para bien o para mal, pues mejor que fuera para bien.

3. *El pacto de Dios.* ¿Te has fijado en la cantidad de veces que Daniel usa el adjetivo posesivo "tu"? Resuena como una campana en las últimas frases de su oración: «Tu pueblo... tu ciudad... tu monte santo... tu santuario asolado... tu ciudad... tu pueblo... tu nombre». Como dije antes, esto no es un mero énfasis retórico o emocional. Es teología profunda. En la esencia del vínculo de pacto entre Yahvé Dios e Israel había una relación intensamente personal y posesiva: «Yo os seré por Dios y vosotros me seréis por pueblo» —con la respuesta recíproca: «Tú serás nuestro Dios y nosotros seremos tu pueblo»—. Esto es afirmado de una manera hermosa por ambos signatarios del pacto en Deuteronomio 26.

    > Has declarado solemnemente hoy que Jehová es tu Dios, y que andarás en sus caminos, y guardarás sus estatutos, sus mandamientos y sus decretos, y que escucharás su voz. Y Jehová ha declarado hoy que tú eres pueblo suyo, de su exclusiva posesión, como te lo ha prometido, para que guardes todos sus mandamientos. (Dt 26:17, 18)

   Esta era la relación, establecida con el pacto en el Sinaí sobre la base de la redención alcanzada en el éxodo, a la que ahora apela Daniel: «Señor, recuerda quiénes somos. Recuerda a quién pertenecemos». Se hace eco de la misma petición que formuló Moisés unos siglos antes (lee Dt 9:26-29 y fíjate también allí en el uso múltiple de la palabra "tu" en la oración de Moisés).

¡Qué oración más notable tenemos aquí, en Daniel 9, para nuestra instrucción y uso! Nos ofrece un modelo muy poderoso para nuestra propia oración, poniéndose a la par de muchos de los salmos que realizan la misma función. Este es el tipo de oración que llega al corazón de Dios y lo encuentra aún más dispuesto a responder de lo que nosotros estamos a orar —como descubre Daniel antes incluso de haber dicho «Amén»—.

La perspectiva de Daniel (9:20-27)

> Aún estaba hablando y orando, y confesando mi pecado y el pecado de mi pueblo Israel, y derramaba mi ruego delante de Jehová mi Dios por el monte santo de mi Dios; aún estaba hablando en oración, cuando el varón Gabriel, a quien había visto en la visión al principio, volando con presteza, vino a mí como a la hora del sacrificio de la tarde. Y me hizo entender, y habló conmigo, diciendo: Daniel, ahora he salido para darte sabiduría y entendimiento. Al principio de tus ruegos fue dada la orden, y yo he venido para enseñártela, porque tú eres muy amado. Entiende, pues, la orden, y entiende la visión. (Dn 9:20-23)

La respuesta inmediata de Dios a la oración de Daniel (¡incluso antes de acabarla!) es un ejemplo de la promesa de Dios acerca de cómo será la vida en la nueva creación: «Y antes que clamen, responderé yo; mientras aún hablan, yo habré oído» (Is 65:24). Por supuesto, esto no implica que la oración de Daniel no tuviera sentido (¿para qué orar si Dios tiene la respuesta preparada desde el momento en que empiezas?). Esta es una interpretación demasiado "anquilosada" de lo que sucede aquí. La idea es más bien que la relación entre Daniel y Dios se había vuelto tan mutua e íntima por medio de aquella conversación tres veces al día —Daniel era un hombre "muy amado" ¡en el propio cielo! (9:23; 10:11, 19)—, que Dios sabía cuál serían la dirección y el contenido de la oración de Daniel incluso cuando empezaba a orar. Esto no resta importancia a su oración; ya hemos visto cuán profundamente relevante es como modelo para nosotros y para todo el pueblo de Dios cuando participamos en oración por los confusos asuntos del mundo y de la iglesia. De algún modo misterioso, Dios entreteje las oraciones de su pueblo en los medios con los que gobierna la historia universal.

Entonces, ¿qué diría Dios como respuesta a su oración? Recuerda: Daniel había entendido gracias al rollo de Jeremías que los setenta años de Babilonia tocaban a su fin y que, por lo tanto, el regreso de Israel a su tierra natal era inminente. Pero ve esto no solo como un motivo para regocijarse, sino como un estímulo para confesar el pecado de su pueblo (incluso a punto de iniciar el regreso) y para pedirle a Dios que actúe con misericordia y perdón. ¿Qué tiene que decir Dios ahora sobre esos "setenta" y ese perdón? Gabriel da la respuesta de Dios que, como él mismo señala, requeriría "sabiduria y entendimiento". ¡Qué razón tenía!

> Setenta semanas están determinadas sobre tu pueblo y sobre tu santa ciudad, para terminar la prevaricación, y poner fin al pecado, y expiar la iniquidad, para traer la justicia perdurable, y sellar la visión y la profecía, y ungir al Santo de los santos.
>
> Sabe, pues, y entiende, que desde la salida de la orden para restaurar y edificar a Jerusalén hasta el Mesías Príncipe, habrá siete semanas, y sesenta y dos semanas; se volverá a edificar la plaza y el muro en tiempos angustiosos. Y después de las sesenta y dos semanas se quitará la vida al Mesías, mas no por sí; y el pueblo de un príncipe que ha de venir destruirá la ciudad y el santuario; y su fin será con inundación, y hasta el fin de la guerra durarán las devastaciones. Y por otra semana confirmará el pacto con muchos; a la mitad de la semana hará cesar el sacrificio y la ofrenda. Después con la muchedumbre de las abominaciones vendrá el desolador, hasta que venga la consumación, y lo que está determinado se derrame sobre el desolador. (Dn 9:24-27)

Recuerda cuando Pedro le preguntó a Jesús si debía perdonar a alguien hasta siete veces y Jesús respondió (más o menos): «No siete veces, sino setenta veces siete. Dejad de controlar, apuntar ofensas y contar, ¡y ampliad vuestra mente!». Aquí pasa algo parecido. Daniel (y Jeremías) piensan "setenta años", pero Dios dice: «Necesitáis mirar mucho más allá de esto. ¡Probad con setenta "semanas" de años!» —la NIV traduce "semanas" como "sietes" para dejar clara la idea—. Esto suma un total de 490 años, pero, de nuevo, es más probable que esas cifras significativas ("setenta" y "semanas") sean redondeos, aproximaciones simbólicas. Nos dice que aunque estaba a punto de pasar algo importante aproximadamente en el lapso de una larga vida desde el ascenso de Babilonia (la profecía de los setenta años de Jeremías), en aproximadamente medio milenio (los setenta sietes de Daniel) tendría que suceder algo incluso más importante para responder a la oración de Daniel en su máximo cumplimiento. No solo necesitaba fe, sino también paciencia y una visión a largo plazo.

Parte del motivo por el que pienso que debemos tomar en sentido aproximado —en referencia a periodos relativos de tiempo— los setenta sietes (v. 24), y luego los siete sietes, los sesenta y dos sietes y el último siete (vv. 25-27), en lugar de intentar establecer fechas cronológicas precisas dentro de nuestro sistema de calendario, es que, con el paso de los siglos, muchas personas han intentado precisar exactamente qué fechas y eventos encajan con la secuencia literal de 49 años, 434 años y 7 años. Y han llegado a todo tipo de conclusiones distintas, que dependen sobre todo de la fecha que asuman como punto de partida (¿a qué fecha y a qué persona se refiere la frase «la salida de la orden para restaurar y edificar a Jerusalén»? ¿La profecía de Jeremías? ¿El edicto de Ciro?). Si te gustan este tipo de cosas, puedes consultar las diversas opciones que se ofrecen en los comentarios más exhaustivos (el de Ernest Lucas resulta especialmente detallado y útil). Pero francamente, como Lucas, creo que el intento de fijar las palabras de Gabriel como si fuesen predicciones precisas de eventos cronológicos y personajes detallados va seguramente desencaminado.

Otro motivo para no pretender ser muy dogmáticos y estrechos al resolver esas predicciones enigmáticas es que parecen operar en niveles distintos. Me parece que existe una diferencia entre aquello de lo que habla Gabriel en el versículo

24 y lo que añade después, con un nuevo comienzo, en los versículos 25-27.

El versículo 24

Daniel había rogado que Dios abordase el pecado de Israel, y Gabriel responde en el versículo 24: «Lo hará. Pero no solamente con el regreso desde el exilio. Más allá de eso, dentro de unos 500 años, Dios actuará tan decisivamente que producirá no solo una restauración temporal a su tierra de un pueblo todavía pecador, sino que dará una solución completa al problema del pecado».

El versículo 24 se divide en dos mitades, con dos grupos de tres verbos, el primero de ellos negativo y el segundo positivo. ¿Qué depara el futuro? Básicamente, el final del pecado y la introducción de la justicia divina.

Antes que nada, está "decretado" (es decir, que es la voluntad y el compromiso inquebrantables de Dios) que suceda algo dentro del pueblo de Israel y en Jerusalén que

- acabará con la transgresión...
- pondrá fin al pecado... [y]
- expiará la iniquidad.

En segundo lugar, lo que suceda en ese momento

- vindicará la justicia de Dios y traerá la justicia eterna;
- será el cumplimiento de las profecías escriturales; y
- ungirá al «Santo de los santos», que puede referirse a un lugar (el templo) o a una persona (las traducciones varían entre "lugar santísimo" y "el santísimo").

Bajo mi punto de vista, es difícil leer el versículo 24 como una descripción idónea de cualquier evento que sucediera en los siglos posteriores a la caída de Babilonia aparte de los sucesos de la vida, la muerte y la resurrección del Señor Jesucristo. Ciertamente, los escritores del Nuevo Testamento ven la cruz como "el punto final al pecado" definitivo y "la expiación de la iniquidad", y la resurrección como la vindicación última de Dios y de su ungido. Y todas estas cosas sucedieron (como lo expresa Pablo) «conforme a las Escrituras» (1 Co 15:1-3).

Los versículos 25-27

Estos versículos son mucho más enigmáticos, y es aquí donde muchos comentaristas sugieren posibilidades muy distintas. En general, creo que es muy probable que estemos de vuelta en el periodo cronológico que condujo a la terrible blasfemia y la persecución de Antíoco IV Epífanes, y especialmente a su profanación del templo en el 167 a. C. (que es probablemente a lo que se refiere el v. 27). Si esto es así, tenemos que reconocer que la palabra "Mesías" en los versículos 25 y 26 no se refiere a Jesús *el* Mesías (como parece indicar el uso de las mayúsculas en la Reina Valera 1960). En ambos casos, la palabra en hebreo es "un ungido" (sin artículo definido). Y el término hebreo *māsîah* ("ungido") se refería a cualquiera que era ungido para realizar una tarea o un servicio particular para Dios. Isaías lo usó para describir incluso al rey pagano Ciro, porque Dios lo levantó para cumplir su propósito para Israel (Is 44:28–45:1). Puede ser que Ciro sea a quien se refiere el versículo 25, aproximadamente «siete semanas» de años después de las profecías de Jeremías de que Jerusalén y el templo serían restaurados . O si «la salida de la orden para restaurar y edificar a Jerusalén» se refiere al decreto del propio Ciro, entonces "un ungido" podría referirse a uno de los primeros líderes de la comunidad restaurada, como Josué o Zorobabel, que fueron esenciales para iniciar la reconstrucción del templo (véase Hageo).

Después vendría un periodo mucho más largo (sesenta y dos semanas de años), cuando a otro "ungido" «se le quitará la vida, mas no por sí» (v. 26). Algunos entienden esto como una referencia al asesinato del sumo sacerdote Onías III en el 171 a. C., que tuvo lugar poco antes del punto álgido de los excesos de Antíoco Epífanes. De nuevo leemos las palabras "el fin". Antíoco haría todo el daño que pudiera. Erigiría en el templo una estatua idolátrica, la "abominación desoladora". Humillaría y mataría a un número muy elevado de miembros del pueblo de Dios. Pero su actividad sería relativamente breve en comparación con las otras cifras simbólicas, una mera "semana" final. Hay algo "que está determinado" y que vendrá sobre él, como sobre todos los tiranos que se levantan en una diminuta rebelión contra el Dios vivo.

Conclusión

Por lo tanto, me parece que lo que tenemos aquí es un esbozo esquemático de historia venidera, no una cronología detallada dentro de la cual podamos asignar dogmáticamente fechas, personas y eventos. En realidad, intentar obsesivamente hacer esto nos distraerá probablemente de la idea central del pasaje. Pero aunque los detalles puedan ser difusos o estar abiertos a distintas teorías plausibles, el esquema tiene la forma general suficiente para ayudarnos a captar el mensaje que Gabriel transmitió en su respuesta a la oración de Daniel. Este es el mensaje, en términos generales.

Daniel había rogado que Dios manifestara su perdón sobre la base de su confesión de pecado, y Dios promete que lo hará. Pero ese perdón funciona en dos niveles. Por un lado, el regreso de Israel a su tierra después del exilio se entendía como mínimo como una declaración parcial del perdón de Dios y de la restauración de su pueblo. Isaías 40–55 predica ese mensaje poderosamente. Pero por otro, quedaba claro incluso entonces para Daniel y los profetas de la era posexílica que Israel seguía siendo un pueblo de pecadores, con la necesidad constante de arrepentimiento y de perdón. Pero al final, declara Daniel 9:24, ese estado de cosas no durará para siempre. Dios actuará para poner fin a la transgresión, acabar con el pecado y expiar la iniquidad. Solo Dios podía hacer eso definitiva y totalmente, y dado que estamos a este lado de la cruz y de la resurrección de Cristo, tenemos el privilegio de mirar atrás, justo como Daniel miraba al futuro, para comprobar que realmente lo hizo. «¡Consumado es!».

Y Daniel también había rogado que Dios vindicase su propio nombre y su reputación. Eso también pasaría, pero a medida que progresara la historia habría reiterados e incluso eminentes desafíos al Dios de Israel (vv. 25-27). Su pueblo sería acosado, perseguido y asesinado; su templo volvería a ser profanado; el futuro distante dejaba entrever una acumulación de sucesos terribles. Pero la oración de Daniel y las de incontables miembros más de su pueblo no serían olvidadas. Habría un final para esas épocas de tribulación, y Dios permanecería fiel a su promesa y a su propósito a largo plazo para su pueblo en este mundo.

De modo que la respuesta divina a Daniel fue una combinación de exhortación y de advertencia. Como buena parte del resto del libro, fue un llamamiento a confiar en la soberanía de Yahvé, el Dios de Israel en medio de eventos históricos que parecían negar su poder. El cumplimiento definitivo de aquello por lo que oraba Daniel y la puesta por obra final de lo que vio en sus sueños y visiones estaban en el futuro lejano (desde su localización en la historia); pero no pasa nada: Dios tiene el control, y tal como dice uno de los Salmos (que Daniel seguramente conocía): «Mil años delante de tus ojos son como el día de ayer, que pasó, y como una de las vigilias de la noche» (Sal 90:4). Daniel se une así a todas las generaciones de su pueblo que habían hecho del Señor su habitación y siguen haciéndolo hasta el día de hoy (Sal 90:1).

El mismo salmo dice que Dios vuelve a los seres humanos al polvo (Sal 90:3). Ahí era ciertamente donde Daniel y su generación acabarían sus días, dormidos en el polvo de la tierra. Pero ese no sería el fin de la historia, como veremos en nuestro último capítulo.

CAPÍTULO 10

FINAL Y DESPEDIDA

El motivo por el que combino los capítulos 10, 11 y 12 de Daniel no es simplemente hacer que este libro sea más corto y tenga un número redondo de diez capítulos. Se debe a que estos tres capítulos de Daniel son, de hecho, una sola experiencia visionaria culminante que Daniel tuvo cerca del final de su vida terrenal. Sería buena idea que leas los tres capítulos juntos, de una tirada, antes de acompañarme a analizar su mensaje. ¡No dejes de leer a la mitad del 11! Sé como Daniel y persevera hasta el final.

Los tres capítulos se dividen en tres secciones claras:

- 10:1–11:1 La preparación de Daniel y su encuentro con Gabriel.[19]

[19] El nombre del ángel no se menciona aquí, pero el mensajero angélico se refiere a su actividad en «el primer año de Darío el medo» (11:1), lo cual indica que es el mismo emisor que el Gabriel que fue enviado a Daniel ese año en 9:21, y el mismo ángel que en 8:15, 16.

- 11:2–12:4 Un repaso de la historia hasta Antíoco IV Epífanes.
- 12:5-13 Las promesas finales a Daniel.

La última visión de Daniel (10:1–11:1)

La última visión adopta la forma de un testimonio (parecido al de Nabucodonosor en el cap. 4), aunque inicialmente se introduce en tercera persona (10:1), en una nota editorial que nos dice que la visión era confiable y cuál era su contenido sustancial, a saber, "una gran guerra". La nota de conflicto, entre los reinos terrenales y también en los celestiales, discurre por toda la sección. Como ha sucedido hasta ahora, tenemos mucho que aprender solo con observar al propio Daniel como hombre, incluso antes de que nos centremos en el contenido y el significado de su visión. En el capítulo 10 destacan al menos tres cosas.

La oración de Daniel: lamento en la tierra, guerra en el cielo

> En el año tercero de Ciro rey de Persia fue revelada palabra a Daniel, llamado Beltsasar; y la palabra era verdadera, y el conflicto grande; pero él comprendió la palabra, y tuvo inteligencia en la visión.
>
> En aquellos días yo Daniel estuve afligido por espacio de tres semanas. No comí manjar delicado, ni entró en mi boca carne ni vino, ni me ungí con ungüento, hasta que se cumplieron las tres semanas. (Dn 10:1-3)

Daniel era un hombre de oración. Esto ya lo sabíamos gracias al capítulo 6, pero aquí sus oraciones adoptan una intensidad emocional y un propósito. No se nos dice inmediatamente por qué había decidido lamentarse y ayunar por tres semanas, pero más tarde descubrimos (v. 12) que se esforzaba por obtener cierta comprensión de lo que sucedía en el terreno internacional. Esto incluiría un interés profesional, por supuesto, dado que estaba involucrado en la administración gubernamental de alto nivel. Pero está claro que Daniel era tan consciente como lo fue siempre en su vida de que Dios, su Dios, el Dios del pueblo de Israel, también participaba en los asuntos de los imperios —o, mejor dicho, que Dios era soberano sobre todos los imperios humanos—. Por eso procuraba discernir las realidades espirituales tras las contingencias terrenales que se arremolinaban en torno a él. Dios ya le había dado visiones que lo alertaban sobre las dimensiones "bestiales" de los imperios humanos (cap. 7). Recibió una especie de anticipo de la maldad que llegaría cada vez más rápidamente en los años venideros, cuando el Imperio persa, cuyos comienzos acababa de presenciar, sería dividido en dos reinos adversarios, griego/helenístico (cap. 8). Pero tal como nos dice él mismo, todo esto aún era incomprensible —«no lo entendía» (8:27)—. De modo que Daniel sigue orando, buscando la visión de Dios en el mundo que conocía y la historia en la que vivía. Su vida de oración no era un medio para huir *del* mundo, sino para insertar a Dios *en* él. O, como vimos en el capítulo 6, las ventanas de su habitación estaban abiertas hacia Jerusalén no para dejar que salieran sus oraciones, sino para que entrase el Dios de Israel.

Y ahora, hacia el final de su vida, Daniel parece casi desesperado por comprender el plan y el propósito de Dios; quizá, podríamos pensar, para morir con cierto grado de paz, esperanza y seguridad. Este es el objetivo de su lamento y su ayuno. Y eso fue lo que Dios acabó concediéndole, como veremos en el último versículo del libro.

A diferencia de otras visiones anteriores, que parecen haber tenido lugar de noche, bajo la forma de sueños dentro de los que Dios le hablaba por medio de mensajeros angélicos, esta se produce en medio de su jornada laboral diurna y estando en compañía de otros. El relato de 10:4-9 presenta cierta similitud con la experiencia de Saulo de Tarso en el camino a Damasco (Hch 9:7), en el sentido de que hubo otros presentes que se sintieron sobrecogidos por la presencia de Dios o de su ángel, pero no participaron en el evento —los compañeros de Daniel simplemente salieron corriendo despavoridos (10:7)—. Pero la diferencia principal es que fue el Señor Jesucristo resucitado quien se apareció a Saulo, mientras que la persona que se aparece a Daniel es claramente una figura angélica de gran magnitud, esplendor y poder, enviada con un mensaje de parte de Dios. Con gran valor, Daniel consigue contemplar al "hombre" el tiempo suficiente como para describir su apariencia con cierto detalle (10:5, 6), pero cuando habló, con una voz «como el estruendo de una multitud» (10:5, 6) —lo cual me hace pensar en el rugido de un estadio deportivo cuando se anota un tanto—, Daniel cayó postrado al suelo.

> Y he aquí una mano me tocó, e hizo que me pusiese sobre mis rodillas y sobre las palmas de mis manos. Y me dijo: Daniel, varón muy amado, está atento a las palabras que te hablaré, y ponte en pie; porque a ti he sido enviado ahora. Mientras hablaba esto conmigo, me puse en pie temblando.
>
> Entonces me dijo: Daniel, no temas; porque desde el primer día que dispusiste tu corazón a entender y a humillarte en la presencia de tu Dios, fueron oídas tus palabras; y a causa de tus palabras yo he venido. Mas el príncipe del reino de Persia se me opuso durante veintiún días; pero he aquí Miguel, uno de los principales príncipes, vino para ayudarme, y quedé allí con los reyes de Persia. He venido para hacerte saber lo que ha de venir a tu pueblo en los postreros días; porque la visión es para esos días. (Dn 10:10-14)

Ahora nos enteramos por el ángel de lo que había estado haciendo Daniel aquellas tres semanas. Fue un esfuerzo muy intencional en el que había "dispuesto su corazón" con un propósito claro: "entender" y "humillarse". La oración de Daniel fue decidida y persistente, y (como vimos en el cap. 9) se basaba en la profunda humildad de confesar el pecado de sí mismo y de su pueblo. Es posible que Daniel se preguntara por qué Dios parecía tardar tanto en responder su oración y darle el entendimiento que anhelaba. La explicación es sorprendente.

No se trataba —explica el mensajero reluciente con cierto tono de disculpa— de que Dios no hubiera respondido. Por el contrario, la oración de Daniel había sido escuchada, y se le dio respuesta "el primer día" que empezó a orar. La demora no fue culpa de Dios ni tampoco del mensajero. Había partido veloz, *pero* se había enfrentado con «el príncipe del reino de Persia», que le presentó una resistencia que duró veintiún días, todo el tiempo que Daniel había estado orando. Solo cuando «Miguel, uno de los principales príncipes», vino a ayudar, fue liberado Gabriel (porque casi con seguridad se trata de él), por así decirlo, para completar su misión y llegar hasta Daniel. ¿Qué está pasando aquí?

La respuesta sincera a esta pregunta es que no lo sé con detalle (y probablemente Dios no pretende que nos inventemos los detalles). Pero lo que queda claro es que la oración de Daniel en la tierra está conectada con el combate espiritual en "los lugares celestiales" (usando la palabra "cielo" aquí no solo como el "lugar" donde vive Dios, sino como el ámbito de los seres espirituales creados, incluyendo los que hacen la voluntad de Dios como sus mensajeros y agentes, y aquellos que se rebelaron contra él y se volvieron al mal). Existe un conflicto cósmico que subyace en todo lo que sucede aquí abajo en el mundo, e involucra fuerzas espirituales que podemos llamar "príncipes" o, en términos del Nuevo Testamento, "principados y potestades". La Biblia no nos dice mucho sobre estos poderes espirituales, pero afirma su existencia. Algunos de ellos, como en este caso, parecen estar asociados con naciones concretas y participar en las fortunas políticas y militares de ellas. Sean lo que fueren, son seres creados y están sujetos al Señor de señores y Rey de reyes, el soberano Dios creador. Deuteronomio 32:8 y 9, al afirmar que el Dios Altísimo tiene una relación única con Israel como su pueblo del pacto, dice también que Dios ha asignado a otras naciones su herencia concreta «según el número de los hijos de Israel» (Dt 32:8 NIV, nota al pie). En el Antiguo Testamento, la expresión "hijos de Dios" en la NIV (que seguramente es la lectura correcta de ese pasaje complejo en hebreo) se refiere a menudo a los seres angelicales.

Por lo tanto, la oración de Daniel ha conectado de alguna manera con ese reino de poder y de conflicto espirituales. ¿Por qué «el príncipe del reino de Persia» se enfrentó al mensajero que Dios había enviado con su mensaje a Daniel (v. 13)? Porque ese mensaje habla de la derrota de Persia a manos del Imperio griego de Alejandro Magno (11:2-4), y una vez se emite la palabra de Dios se cumplirá lo que decreta. De modo que el príncipe de Persia intentó evitar que el mensaje llegara a su destino, hasta que Miguel (el defensor angélico del pueblo de Dios) lo venció. De modo que el conflicto en el mundo refleja el conflicto en los lugares celestiales, y ahora Daniel es consciente de esto (aunque puede que ese concepto ya formase parte de su cosmovisión).

¿Adónde nos lleva esto en relación con nuestra vida de oración? Ciertamente, como el apóstol Pablo, debemos ser conscientes de que cuando nos sometemos al reino de Dios y lo servimos, participamos en una batalla espiritual. Ese conflicto se aprecia claramente en el ministerio del propio Jesús, y él se aseguró de que sus discípulos entendieran la naturaleza de la batalla que libramos. Tal como lo expresó Pablo: «No tenemos lucha contra sangre y carne, sino contra principados, contra potestades, contra los gobernadores de las tinieblas de este siglo, contra huestes espirituales de maldad en las regiones celestes» (Ef 6:12). Y en esa lucha, nuestro combate y nuestras armas también son espirituales:

> Porque las armas de nuestra milicia no son carnales, sino poderosas en Dios para la destrucción de fortalezas, derribando argumentos y toda altivez que se levanta contra el conocimiento de Dios, y llevando cautivo todo pensamiento a la obediencia a Cristo. (2 Co 10:4, 5)

Sin embargo, resulta cuestionable si la Biblia, con la información limitada que nos da sobre estos poderes espirituales, pretende que centremos nuestras mentes o nuestras oraciones concretamente en ellos. Sin duda necesitamos comprender que nuestras oraciones se relacionan con realidades espirituales que van más allá de lo que podemos ver, y que hay una lucha espiritual que se desarrolla detrás y alrededor de todo aquello en lo que estamos involucrados mientras servimos al reino de Dios en este mundo. Pero se nos manda que nos pongamos la armadura de Dios y oremos a él, no que nos enfrentemos directamente con esas potencias. Hay una teología y una práctica de la guerra espiritual que incluye el intento de identificar y poner nombre a "espíritus territoriales", enfrentándose luego a ellos mediante prácticas bélicas detalladas. Aunque estas prácticas son populares en algunos círculos como estrategia de misión, me pregunto cuánto fundamento bíblico pueden reclamar. También debemos tener cuidado con las afirmaciones excesivas que pueden hacer ciertos "expertos" en esas tácticas. A veces parece como si Dios estuviera esperando el resultado de nuestro combate espiritual, como si el éxito de la misión de salvación de Dios dependiera de que hagamos las cosas como debemos. Pero, por el contrario, como Dios dejó claro a Moisés y a los israelitas, la batalla es del Señor, y es Dios quien obtendrá la victoria (Ex 14:13, 14) —o, mejor dicho, ya la ha obtenido por medio de la cruz y la resurrección de Cristo (Col

2:15)—. Somos llamados a participar en el conflicto permanente, pero la victoria decisiva ya se ha obtenido.

En lo que respecta a Daniel, resulta llamativo que, aunque ahora es plenamente consciente de la existencia de estas fuerzas espirituales y "príncipes", y aunque sabe que algunos se opondrán y otros apoyarán la palabra y las obras de Dios, él mismo no recibe instrucción alguna para enfrentarse a ellos directamente, ni hace intento alguno de hacerlo. Ese es un ámbito de actividad que les deja a ellos y a Dios. Ora a su Dios y le confía el resultado. Quizá este sea también el mejor modelo para nosotros.

La humildad de Daniel: indefenso en la tierra, amado en el cielo

Daniel es implacablemente sincero al hablar de sí mismo. En este relato, su postura no tiene nada de heroica. No lo imaginamos llamando a sus amigos y diciéndoles: «Eh, colegas, que acabo de hablar un rato con el arcángel Gabriel». Por el contrario, subraya la naturaleza arrolladora del evento, que le redujo a caer al suelo hecho un guiñapo. En realidad, la secuencia de sus posturas es casi cómica. Primero cae de bruces (v. 9); luego se apoya en rodillas y manos, sin dejar de temblar (v. 10); luego consigue incorporarse (v. 11), solo para volver a inclinarse hacia tierra (v. 15). Fíjate cómo describe su estado mental y físico durante el encuentro:

> Mi fuerza se cambió en desfallecimiento, y no tuve vigor alguno. (v. 8)
>
> Con la visión me han sobrevenido dolores, y no me queda fuerza. ¿Cómo, pues, podrá el siervo de mi señor hablar con mi señor? Porque al instante me faltó la fuerza, y no me quedó aliento. (vv. 16, 17)

En tres ocasiones Daniel necesitó que el mensajero de Dios lo tocara para darle fuerzas y poder así hablar (vv. 10, 16, 18).

Daniel era un santo anciano. Tenía toda una vida de experiencia y de sabiduría a la que recurrir. Había transitado por los pasillos del poder desde joven, y pasaba parte de sus días en la presencia de Dios en oración. Sin embargo, no hay ni rastro de que se apoyara en su estatus o tuviera confianza en su capacidad de enfrentarse a toda eventualidad.

Quizá no debería haber escrito «sin embargo» al principio de la frase anterior, un mejor conector habría sido «y es por eso que...». Porque ciertamente, cuanto más nos acercamos a Dios en la conversación diaria, más se reduce nuestra propia importancia. Cuanto más entendemos la majestad de Dios y la sorprendente abundancia de su gracia amorosa, más fácil nos resulta ser humildes. Daniel parece una encarnación del deseo expresado en el himno que dice:

Que la santa caridad mi vestidura sea,
y la humildad mi prenda interior;
el corazón sumiso, que el humilde papel desea
y sus fracasos lamenta con dolor.[20]

Pero si así es como se veía Daniel, no era como Dios lo veía. Tres veces es tranquilizado con las palabras «eres muy amado» (9:23; 10:11, 19). El hebreo usa una forma intensiva, que implica literalmente "enormemente amado". Dios no tiene favoritos, pero la Biblia nos asegura que existe una intimidad con Dios a la que pueden acceder quienes cultivan su relación con él. Es una relación en la que, sin perder nada de la profunda humildad e indignidad que nace de caminar cerca de Dios, una persona puede tener momentos en los que sabe que Dios está complacido con él o ella. Esos momentos fueron sin duda la experiencia de Cristo en el mundo, especialmente, por supuesto, en el momento de su bautismo, cuando escuchó

[20] "Come Down, O Love Divine". Siena, B. da y Littledale, R. F. (trad.). (1867).

precisamente esas palabras de su Padre: «Este es mi Hijo amado, en quien tengo complacencia» (Mt 3:17).

Uno de mis versículos favoritos, especialmente en mis años como cristiano más joven, es el Salmo 25:14: «La comunión íntima de Jehová es con los que le temen». Me resulta reconfortante. Como les pasa a muchos cristianos, a menudo me ha agobiado la sensación de ser indigno, de "no estar nunca a la altura" de las expectativas que Dios tiene de mí, o incluso de las mías propias. Hay un estado mental muy estudiado y documentado, conocido como "síndrome del impostor", según el cual, por mucho que una persona trabaje o tenga éxito, siempre se siente un poco fraudulenta. El éxito está "fuera", pero el fraude acecha "dentro". Creo que existe un equivalente espiritual de esto, y a Satanás le encanta acosar a los cristianos con él. Lo he experimentado en diversos puntos de mi vida y de mi servicio cristiano. Pero la humildad genuina no significa ir por ahí sintiéndose un fraude o un impostor. Significa sencillamente saber quién y qué eres en la presencia de Dios y confiar en *su* veredicto sobre tu vida, no en el tuyo propio. De vez en cuando, Dios me ha dado "momentos Daniel" —¡pero no visiones como las suyas, por lo cual le doy las gracias!—, en los que he experimentado una percepción profunda de la sonrisa del Señor y me ha asegurado que está complacido con lo que intento hacer para él. No es arrogancia. Nunca conduce a la jactancia (ante mí mismo o ante otros), pero es un momento de "la amistad del Señor", y esos instantes son preciosos.

El entendimiento de Daniel: buscado en la tierra, procedente del cielo

«¿De dónde saca todo esto?». Esto también lo preguntaron al respecto de Jesús. La respuesta que podría haber dado, claro está, es que "lo sacó" de su Padre celestial, cuyas palabras pronunciaba y cuyas obras hacía (Jn 5:16-30). Sin embargo, no cabe duda de que Jesús debió de estudiar las Escrituras muy a fondo, hasta el punto de que incluso a la edad de doce años pudo debatir con los maestros de la Torá en el templo. Lo recibió de Dios, pero también de su estudio en la tierra.

A veces, aquellos de nosotros que predicamos recibimos una respuesta agradecida o de admiración del estilo: «¡No sé cómo consigue que la Biblia esté tan viva!». Mi respuesta habitual a los comentarios así es un apacible: «Bueno, es la Palabra de Dios. Lo único que hago es exponerla». Por supuesto, eso es cierto. Pero también sé que para preparar el sermón han sido necesarias muchas horas de duro trabajo, reflexión y oración.

En estos capítulos podemos ver la combinación de don divino y esfuerzo humano en Daniel. Desde buen comienzo, el visitante angélico de Daniel le dijo: «He salido para darte sabiduría y entendimiento» (9:22). Las visiones que tuvo y el significado de estas no fueron algo que "había soñado por su cuenta". Procedían de Dios por medio de sus mensajeros. Sin embargo, al mismo tiempo, a Daniel se le pide: «Entiende, pues, la orden, y entiende la visión» (9:23b). Pasó tres semanas de oración y ayuno antes de recibir el mensaje contenido en los capítulos 11 y 12. Y cuando el ángel acude a él al final de ese lapso de tiempo, empieza diciendo: «Desde el primer día *que dispusiste tu corazón* a entender y a humillarte en la presencia de tu Dios, fueron oídas tus palabras» (10:12, cursivas añadidas). Dicho de forma sencilla, lo que leemos en la segunda mitad del libro de Daniel (sus visiones y su significado) es una misteriosa combinación de revelación divina y esfuerzo intelectual humano. No es una cosa u otra.

En los seminarios de formación homilética que organiza Langham Partnership en muchos países de todo el mundo, a menudo nos encontramos con la actitud de quienes dicen: «No tengo que prepararme para predicar. Descanso en el Espíritu Santo». Hay algunos que incluso arguyen que todo tipo de preparación de antemano es "falta de espiritualidad", una señal de falta de fe en el Espíritu Santo. Justifican esta opinión al citar las palabras de Jesús: «No os preocupéis por cómo o qué hablaréis; porque en aquella hora os será dado lo que habéis de hablar. Porque no sois vosotros los que habláis, sino el Espíritu de vuestro Padre que habla en vosotros» (Mt 10:19, 20). Lo que pasan por alto es que Jesús hablaba de ocasiones en que sus discípulos serían arrestados y llevados a rastras ante el juez (el versículo empieza diciendo «cuando os entreguen»). En esos momentos no tendrían tiempo para preparar su defensa. Pero no tendrían que preocuparse, porque el Espíritu Santo les daría palabras. De modo que Jesús estaba hablando de un acusado ante un tribunal, no de un predicador en la iglesia.

Tenemos que *esforzarnos* para estudiar diligentemente la Palabra de Dios, como instruyó Pablo a Timoteo (1 Tm 4:13-15; 2 Tm 2:15), mientras al mismo tiempo oramos y dependemos del Espíritu de Dios para que nos ayude en la preparación de la exposición y durante la propia predicación. El resultado será una combinación del don de Dios y de nuestro esfuerzo, como lo fue en este caso para Daniel.

La historia, el orgullo desmedido y la esperanza (11:2–12:4)

Así llegamos por fin al mensaje en sí mismo, el último mensaje que recibió Daniel. Expone una historia que se extendería al futuro más allá de Daniel. Refuerza el tema de sus primeras visiones: que el final del Imperio babilónico no era el final de los sufrimientos de Israel; incluso de vuelta en su propia tierra llegaría un momento de persecución y de sufrimiento intensos. Pero también subraya la gran afirmación de las primeras visiones: que al final el reino de Dios triunfará y el pueblo de Dios no solo sobrevivirá, sino que se levantará para vida eterna; y Daniel no se vería privado, ni siquiera por la muerte, de su participación en ese futuro glorioso y definitivo.

La historia: control divino, pero decisiones humanas

El visitante angélico de Daniel empieza haciendo un comentario sorprendentemente desdeñoso sobre los años restantes del Imperio persa. Un único versículo (11:2) basta para resumir doscientos años de un imperio ¡que gobernó desde el mar Egeo hasta las fronteras de la India! Se nos dice que habrá unos cuantos reyes persas más hasta que llegue uno que atacará Grecia. De hecho, en los primeros años del siglo v a. C., dos reyes persas intentaron conquistar Grecia, pero fueron derrotados en algunas batallas críticas en el 490 y el 480 a. C. Entonces otro versículo (v. 3) basta para mencionar a Alejandro Magno (el macho cabrío de un cuerno del cap. 8) y su conquista de Persia a mediados del siglo IV a. C. De modo que cuando llegamos al versículo 4 ya tenemos los cuatro reinos separados que surgieron en la llamada era helenística. Si a ojos del Señor mil años son como un solo día, ¡quizá no sea ninguna sorpresa que dos versículos basten para abarcar varios siglos!

Esa época de dominio cultural griego sobre toda la región duró otros doscientos años hasta que Roma conquistó Grecia y amplió su gobierno sobre el Mediterráneo oriental y la región de Oriente Medio. Sin embargo, solo dos de los cuatro reinos helenísticos incidieron en la vida de los israelitas en Judea: el reino de los ptolomeos, que gobernaron en Egipto, y el reino de los seléucidas, que gobernaron en Siria. En el capítulo 11 de Daniel son llamados, respectivamente, el rey del sur y el rey del norte. Dado que la tierra de Palestina estaba entre dos reinos rivales, el destino de los judíos parecía estar a merced de uno o del otro. Así es como discurre el capítulo 11, esbozando el ciclo de planes y esquemas y batallas entre las dos potencias en el sur y en el norte. La verdad es que no tenemos que dedicar tiempo a los detalles (puedes leerlos en comentarios más extensos). El énfasis principal del capítulo es conducir al clímax de la historia: el reinado del rey seléucida Antíoco IV Epífanes (11:21-39), quien aparecía en las visiones anteriores (7:23-25; 8:23-25; 9:26, 27).

Pero antes de centrarnos en él, fijémonos en una característica importante de esta narrativa: el equilibro en tensión entre la soberanía que tiene Dios de los acontecimientos (es Dios, por medio de su ángel, quien está explicando lo que sucederá) y la libertad y la responsabilidad que tienen los humanos sobre sus propias decisiones y acciones.

Por un lado, leemos que algunas cosas sucederán «al tiempo señalado» (vv. 29, 35) y que «lo determinado se cumplirá» (v. 36). Pero, por otro lado, tres veces en el capítulo 11 leemos que este o aquel rey «hará su voluntad» (vv. 3, 16, 36). La frase se aplica al comienzo de la secuencia de Alejandro Magno y al final de Antíoco. Por eso abarca a todos los participantes humanos de la historia. Por lo tanto, no hay sitio para la acusación de que, dado que Dios presenta la historia venidera bajo la forma de una visión profética, los personajes son meros títeres, manipulados por el poder divino para actuar sin elecciones o decisiones propias. Por el contrario, actúan libremente y son responsables de sus actos, dado que pueden ser juzgados y castigados por ellos. Y la mayor parte del tiempo parece que estos reyes y comandantes humanos, como las fuerzas espirituales en oposición a Dios, actúan contra él y contra su pueblo en su disputa ambiciosa por el poder y la codicia terrenales. Pero Dios sigue teniendo el control. Ni Daniel ni su mensajero angélico, ni el libro entero, hacen ningún esfuerzo por resolver la tensión entre estas realidades gemelas. La Biblia simplemente afirma ambas. Las personas hacen lo que deciden hacer, en la búsqueda de sus propias metas elegidas, para bien o para mal; pero Dios sigue siendo soberano y dirige el curso de la historia a través de los siglos para cumplir los propósitos divinos de redención y de gracia, por un lado, y del juicio definitivo de los malos, por el otro.

Por supuesto, esta es la tensión de la que da testimonio toda la Biblia. No podemos huir de la tensión cayendo en el dualismo (la lucha infinita e irresuelta entre el bien y el mal) o en el fatalismo (la idea de que todos los actos humanos son el mero resultado de un destino cósmico, de modo que el libre albedrío y la responsabilidad moral son meras ilusiones). Daniel, como el resto de la Biblia, nos dice simplemente: la gente elige su curso de acción y asume las consecuencias, pero Dios sabe y ve, y al final obra en todas las cosas conforme a su propio propósito.

La persecución: letal, pero limitada

En esta combinación misteriosa de voluntad divina y libertad humana, el punto culminante llegará con la maldad aplastante, la violencia, la opresión y el sacrilegio que caracterizaron el mandato de Antíoco IV Epífanes. Algunos detalles aparecen en 11:31-35. Destacan tres cosas.

Primero, el pueblo de Dios sufrirá. Esto por sí mismo no es sorprendente; la Biblia señala que esta es una realidad recurrente cada cierto tiempo. Ahora bien, a veces ese sufrimiento es, podríamos decir, autoinfligido, cuando adopta la forma del juicio de Dios como respuesta a la rebelión y la maldad constantes. Así es ciertamente como los profetas interpretaron el terrible sufrimiento del pueblo de Jerusalén y de Judea bajo el asedio babilónico que acabó en la destrucción de Jerusalén y el exilio. Vimos esto claramente en la oración de Daniel en el capítulo 9. Pero la Biblia deja igual de claro que, a veces, el sufrimiento no puede y no debe explicarse en estos términos. Por ejemplo, no se nos dice que los hebreos en Egipto estuvieran padeciendo allí debido al juicio de Dios sobre su pecado, sino por la opresión pecaminosa de los egipcios. Y aquí sucede lo mismo. En Daniel no hay ningún indicio de que "la ira de

Antíoco" fuese una expresión de la ira de Dios contra Israel. Más bien, los israelitas fueron víctimas de un régimen malvado que se opuso al Dios de Israel y a su pueblo. Podían clamar con dolor y angustia, pero no fueron llamados al arrepentimiento.

Segundo, ese sufrimiento puede dividir al pueblo de Dios. Ciertamente, la táctica de sus enemigos puede ser precisamente la de crear semejante división. Parece que, para tentar a algunos de los judíos a colaborar con él, Antíoco utilizó tanto la persecución intensa y la violencia, por un lado, como los halagos seductores y el engaño, por el otro; hubo, sin embargo, quienes se mantuvieron firmes, resistieron sus presiones y llegaron incluso hasta la muerte. En tales momentos hay una gran necesidad de personas que entiendan qué está pasando y ofrezcan una guía y un liderazgo correctos al resto del pueblo. Aquí se hace referencia a estas personas como «los sabios» (vv. 33, 35). Sin embargo, ni ellos mismos escaparán necesariamente de los terribles fuegos depuradores de la persecución.

> Con lisonjas seducirá a los violadores del pacto; mas el pueblo que conoce a su Dios se esforzará y actuará. Y los sabios del pueblo instruirán a muchos; y por algunos días caerán a espada y a fuego, en cautividad y despojo. Y en su caída serán ayudados de pequeño socorro; y muchos se juntarán a ellos con lisonjas. También algunos de los sabios caerán para ser depurados y limpiados y emblanquecidos, hasta el tiempo determinado; porque aun para esto hay plazo. (Dn 11:32-35)

Sin embargo, en tercer lugar, el sufrimiento de la persecución tiene un límite: llegará a su fin o, más bien, llegará a muchos "finales". Como vimos en el capítulo 8, la palabra "fin" en un libro como Daniel no significa necesariamente "el fin del mundo tal como lo conocemos". Sabemos que en determinado momento se producirá un final definitivo, último, para este mundo de maldad. O dicho con más precisión, se pondrá punto final al mal de modo que el mundo pueda ser restaurado a la bondad, la belleza, el gozo y la paz que Dios desea para él. Pero incluso antes de ese momento, los periodos de sufrimiento intenso no duran para siempre. En la historia de la persecución y de la opresión del pueblo de Dios la marea fluye y refluye. Las visiones de Daniel subrayan que semejante "fin" llegará, en el momento indicado, incluso para la arrogancia excesiva, blasfema y violenta de Antíoco. Una y otra vez este capítulo señala que habrá un límite al sufrimiento; *sucederá*, pero solo durante un tiempo limitado, o en el «tiempo señalado» (11:24, 27, 29, 35, 36, 40).

Semejante seguridad no reduce el sufrimiento, pero da esperanza. Sin embargo, la esperanza tiene derecho a hacer preguntas. Y la pregunta más reiterada de los santos sufrientes de Dios es: «¿Hasta cuándo, oh Señor?». Esto resuena hasta los últimos capítulos de la Biblia, donde los creyentes reciben la misma seguridad sobre el control soberano de Dios y su justicia redentora última (Ap 6:9-11).

Mientras escribía este capítulo he pasado una semana de comunión y de retiro con mis colegas de Langham Partnership. Entre nuestros líderes hay una pareja siria, que vive y trabaja en el Líbano. Durante la semana leímos juntos el Salmo 119, y cuando llegamos a la sección de la *qaf*, la mujer comentó que el versículo 84 era uno que los cristianos sirios oraban intensamente, tanto en Siria como siendo refugiados en Líbano:

> ¿Cuántos son los días de tu siervo?
> ¿Cuándo harás juicio contra los que me persiguen? (Sal 119:84)

Por supuesto, oran por los perpetradores de la terrible violencia infligida por ISIS, para que Dios los lleve al arrepentimiento o los contenga. Por supuesto, están dispuestos incluso a expresar un amor difícil por las familias de algunos de esos luchadores que viven en los campos de Líbano. Pero mientras luchan por vivir, trabajar y dar testimonio como cristianos a esa cantidad inmensa de personas que tienen una necesidad desesperada, diariamente formulan al Señor la pregunta candente: «¿Cuánto tiempo durará esto? ¿Cuánto hemos de esperar el final de esta destrucción, muerte, dislocación y sufrimiento?». No buscan venganza, pero anhelan que Dios actúe en justicia, con un deseo expresado a menudo en la Biblia, convencidos de que Dios responde.

La esperanza futura: la resurrección y el juicio

Pero ¿qué pasa con aquellos para quienes la respuesta llega demasiado tarde, los que han muerto en «tiempo de angustia» (12:1)? Esa pregunta final (el enigma de la muerte injusta de los santos en tiempos de persecución) lleva a su punto culminante el libro de Daniel con una promesa inequívoca de resurrección personal (12:2). Digo "inequívoca" porque hasta ese momento el Antiguo Testamento ha dado pistas y esperanzas de que la muerte no será el final de la relación de pacto de Dios con los creyentes fieles, pero hay muy pocas promesas claras y específicas de una vida resucitada.[21] Los siguientes pasajes señalan en esa dirección, pero sin dar detalles:

[21] A menudo la gente pregunta por qué en el Antiguo Testamento hay tan poca enseñanza sobre la vida tras la muerte, la resurrección, la vida eterna, etc. Creo que un motivo es que Dios quería que Israel fuera muy distinto a las culturas circundantes, que, según parece, sentían una fascinación morbosa, o incluso obsesión, por la muerte y la vida de ultratumba. En Egipto, por ejemplo, las personas que se lo podían permitir (sobre todo los faraones) invertían grandes sumas de dinero y tiempo de vida en preparar su "hogar" futuro en el mundo de los muertos. Las evidencias siguen ahí en las pirámides, las tumbas, las momias, etc. El Antiguo Testamento aparta la atención de la obsesión por la muerte y afirma la bondad de la vida, la vida en esta creación buena, y llama a las personas a vivir ahora en la presencia de Dios "a tope", por así decirlo. Para el Israel del Antiguo Testamento, la muerte es un mal y un enemigo. Lo que está más allá es un misterio. Pero Yahvé, el Señor Dios, es Señor sobre la muerte y sobre la vida (Dt 32:39; 1 S 2:6), y era conocido por tener el poder de devolver a la vida a los que acababan de morir (1 R 17; 2 R 4), de modo que pudieran vivir confiados en él al respecto de lo que pudiese venir después.

- El Salmo 16 afirma que Dios no abandonará al salmista en la muerte. De algún modo incluso su cuerpo "reposará confiadamente" y hallará "vida", "gozo" y "delicias para siempre" en la presencia de Dios. Pero no se explica cómo puede suceder eso.
- El Salmo 49:15 afirma que Dios rescatará a su siervo fiel del destino de los malvados, que es el Seol, la tumba. ¿Significa eso que será preservado de la muerte, o después de ella?
- El Salmo 73:23 y 24 espera que Dios recibirá al salmista con honor/gloria "después", adverbio que muchos suponen que se refiere a después de la muerte.
- Job 19:25-27 incluye la famosa frase «yo sé que mi Redentor vive», y parece anticipar que, incluso si muere, Job será justificado delante de Dios. Pero este pasaje es notablemente difícil de traducir con seguridad.
- Isaías promete que Dios acabará con «la cubierta con que están cubiertos todos los pueblos» (la muerte), porque «destruirá a la muerte para siempre» (Is 25:7, 8). Es decir, que el pueblo de Dios puede mirar al futuro, al día cuando «tus muertos vivirán; tus cadáveres resucitarán. ¡Despertad y cantad, moradores del polvo!» (Is 26:19).

Aparte de estas referencias a la resurrección, hay otras que son colectivas o representativas. Israel en su conjunto será resucitado cuando se arrepienta y se vuelva a Dios (Os 6:1, 2). Cuando vuelvan del exilio, serían como un ejército de huesos secos restaurados a la vida (Ez 37:11-14). Y el Siervo del Señor (que comparte representativamente la identidad de Israel, después de haber entregado su vida por otros) «verá linaje, vivirá por largos días», y Dios lo justificará triunfalmente (Is 53:10-12).

Sin embargo aquí, al final del libro de Daniel, la promesa es clara y directa.

> Y muchos de los que duermen en el polvo de la tierra serán despertados, unos para vida eterna, y otros para vergüenza y confu-

> sión perpetua. Los entendidos resplandecerán como el resplandor del firmamento; y los que enseñan la justicia a la multitud, como las estrellas a perpetua eternidad. (Dn 12:2, 3)

La muerte ha dejado de ser una existencia interminable y sombría en el lúgubre inframundo del Seol para convertirse simplemente en «dormir en el polvo de la tierra». Y el futuro tampoco queda cerrado por la muerte, ni para quienes la han sufrido injustamente bajo persecución, ni para quienes han perpetrado grandes males en la tierra —pero parecían haber «salido impunes» al morir antes de enfrentar la justicia—. Porque la resurrección descrita aquí es discriminatoria. Para algunos traerá «vida eterna»; para otros, «vergüenza y confusión perpetua». El Dios que actúa con justificación y redención también lo hará con juicio. Por lo tanto, la resurrección no solo justifica al justo, sino también a la misma justicia de Dios.

Sin embargo, quedan dos cosas por decir. Primero, esto realmente ofrece una gran esperanza y garantía a los creyentes individuales cuando se enfrentan al sufrimiento y a la muerte. Pero no es algo meramente individual. A aquellos a los que llega esta promesa de vida eterna no se les garantiza solamente su propia felicidad futura y personal. Más bien participan de la redención colectiva del pueblo de Dios. Los dos versículos sobre la resurrección deben leerse a la luz del primero: «En aquel tiempo será libertado tu pueblo, todos los que se hallen escritos en el libro» (Dn 12:1). En otros lugares, la Biblia deja claro que el propósito último de Dios es una creación totalmente nueva en la que la humanidad redimida (el pueblo de Dios de toda tribu, lengua y nación) vivirá eternamente en la plenitud de la vida de resurrección.

Segundo, aunque la promesa está clara, los detalles no lo están. No se nos dice cómo será "despertar" del sueño de la muerte. No se nos dice cómo serán nuestros cuerpos en aquel estado de "vida eterna". Nos gustaría formular muchas preguntas (como seguramente lo hizo Daniel), pero en cambio se le dice «cierra las palabras y sella el libro hasta el tiempo del fin». Las respuestas deben esperar. No obstante, el "tiempo del fin" ya ha invadido la historia. Porque es así precisamente como se describe la resurrección de Jesucristo. El asombroso mensaje de los primeros discípulos fue que un suceso que ellos creían que tendría lugar «en el día postrero» (como dijo Marta a Jesús hablando de su difunto hermano Lázaro, Jn 11:24) se había anticipado en aquel primer día de la semana, cuando Dios devolvió al Cristo crucificado a una vida corporal, «las primicias de los que durmieron» (1 Co 15:20). Aquel día Dios introdujo en la historia una garantía de lo que al final será una realidad para todo el pueblo de Dios. La resurrección de Jesús es el modelo de lo que significará la resurrección para todos los que están en él por la fe. Y es que el mismo poder que levantó a Jesús de los muertos «transformará el cuerpo de la humillación nuestra, para que sea semejante al cuerpo de la gloria suya» (Flp 3:21).

Adiós, Daniel… por ahora (12:5-13)

Las palabras del mensajero (seguramente el ángel Gabriel, como vimos antes), que empezaron en 10:11, han llegado a su fin, y Daniel se queda solo a la orilla del río. Pero no solo del todo, porque su visión aún no ha concluido y quedan algunas preguntas sin responder.

> Y yo Daniel miré, y he aquí otros dos que estaban en pie, el uno a este lado del río, y el otro al otro lado del río. Y dijo uno al varón vestido de lino, que estaba sobre las aguas del río: ¿Cuándo será el fin de estas maravillas?
>
> Y oí al varón vestido de lino, que estaba sobre las aguas del río, el cual alzó su diestra y su siniestra al cielo, y juró por el que

> vive por los siglos, que será por tiempo, tiempos, y la mitad de un tiempo. Y cuando se acabe la dispersión del poder del pueblo santo, todas estas cosas serán cumplidas.
>
> Y yo oí, mas no entendí. Y dije: Señor mío, ¿cuál será el fin de estas cosas?
>
> Él respondió: Anda, Daniel, pues estas palabras están cerradas y selladas hasta el tiempo del fin. Muchos serán limpios, y emblanquecidos y purificados; los impíos procederán impíamente, y ninguno de los impíos entenderá, pero los entendidos comprenderán.
>
> Y desde el tiempo que sea quitado el continuo sacrificio hasta la abominación desoladora, habrá mil doscientos noventa días. Bienaventurado el que espere, y llegue a mil trescientos treinta y cinco días. Y tú irás hasta el fin, y reposarás, y te levantarás para recibir tu heredad al fin de los días. (Dn 12:5-13)

El libro llega a su final de una manera que es tan anonadante (apenas sorprendente, teniendo en cuenta lo que hemos leído hasta ahora) como curiosamente reconfortante y tranquilizadora. Ciertamente, el hecho de que el propio Daniel diga «escuché, pero no entendí» nos alivia de pretender obsesivamente establecer con precisión matemática las conexiones entre la visión de Daniel y los eventos de la historia contemporánea o un programa para los llamados "últimos tiempos". Cuando uno de los dos hombres en esta visión final pregunta «¿cuánto tiempo...?», y cuando el propio Daniel pregunta «¿cuál será el resultado de todo esto?», las respuestas son, casi con toda seguridad, misteriosas de forma adrede. Todos los intentos por descifrar el significado exacto de los "tiempos" del versículo 7 y los "días" de los versículos 11 y 12 parecen acabar en confusión. Señalan al sufrimiento y a la desolación venideros del pueblo de Dios, pero siguen subrayando el control último de Dios para asegurarse de que «todas estas cosas serán cumplidas».

Más allá de esto, la instrucción de Daniel suena como las famosas palabras: «Mantén la calma y sigue adelante». El “anda” repetido dos veces no es una despedida brusca, sino la simple indicación de que Daniel puede volver a su trabajo, a sus oraciones, a lo que quedase de su vida, «hasta el fin». Su propio “fin” personal llegaría pronto, sin duda. Pero también para él sería un mero sueño, el reposo que Dios prometió a su pueblo, en la vida o en la muerte. Y para él, como para los que permanecen fieles a Dios, en Babilonia, en Persia, en Jerusalén (el pueblo de Dios en todos los lugares y en todas las épocas, que son fieles en la vida y obedientes hasta la muerte), la promesa del último versículo sigue siendo la garantía divina. Y no se trata de una promesa puramente espiritual, inmaterial. Las palabras «tu heredad» hablaban claramente de la distribución entre Israel del territorio que Dios les dio, y apuntan a un futuro terrenal gracias al poder redentor de Dios. Participaremos de la realidad de la nueva creación, el nuevo cielo y la nueva tierra que Dios promete (Is 65:17; Ap 21:1-5).

Por lo tanto, para todos nosotros, si conocemos al Dios de Daniel como nuestro Dios, por medio de la fe en su Hijo, el Hijo del hombre, el Señor Jesucristo, viene la promesa de la palabra de Dios: «Descansarás… te levantarás… recibirás».

Con semejante mensaje en nuestra mente, ciertamente podemos, como Daniel, ir en paz, para amar y servir al Señor.

En el nombre de Cristo, amén.

ÍNDICE ESCRITURAL

ÍNDICE TEMÁTICO